应急管理
理论与实践

主　编　易承志
副主编　陈廷栋

内容提要

本教材由导言、应急管理理论、应急管理历程、应急管理主体、应急管理对象、应急管理过程、应急管理制度、应急管理能力和应急管理技术九个部分组成,力求体现整体性的特征。导论主要介绍应急管理的时代背景、相关概念和内容构成;第1章主要介绍复杂适应系统理论、脆弱性理论、抗逆力理论、风险社会理论、利益相关者理论等理论;第2章主要从古代、近代、现代几个时期介绍应急管理的实践历程;第3章分析应急管理主体,主要介绍政府组织、社会组织、企业、基层社区等主体的功能和特征;第4章主要从自然灾害、事故灾难、公共卫生事件、社会安全事件几个方面分析应急管理对象的概念和内容。第5章主要从应急预防与准备、应急监测与预警、应急救援与处置、应急恢复与重建几个阶段介绍应急管理的过程;第6章主要从应急预案、应急管理法制、应急管理机制等方面介绍应急管理制度的结构与功能;第7章主要介绍应急管理能力的基本内涵、影响因素和评价体系;第8章主要介绍应急管理技术,重点关注信息挖掘技术、风险评估技术、监测预警技术和应急疏散模型。本书适合作为高等学校应急管理相关专业本科生及研究生的教学用书,也可以供对应急管理感兴趣的社会人士参考使用。

图书在版编目(CIP)数据

应急管理 : 理论与实践 / 易承志主编 ; 陈廷栋副主编. -- 上海 : 上海交通大学出版社, 2025. 1. -- ISBN 978-7-313-32080-3

Ⅰ. D035

中国国家版本馆 CIP 数据核字第 2025R23U80 号

应急管理:理论与实践

YINGJI GUANLI: LILUN YU SHIJIAN

主　　编: 易承志　　　　副 主 编: 陈廷栋

出版发行: 上海交通大学出版社　　　　地　　址: 上海市番禺路 951 号

邮政编码: 200030　　　　电　　话: 021-64071208

印　　制: 上海景条印刷有限公司　　　　经　　销: 全国新华书店

开　　本: 710 mm×1000 mm　1/16　　　　印　　张: 15.75

字　　数: 266 千字

版　　次: 2025 年 1 月第 1 版　　　　印　　次: 2025 年 1 月第 1 次印刷

书　　号: ISBN 978-7-313-32080-3

定　　价: 59.80 元

目录 | Contents

导　　言

应急管理旨在对突发事件进行全过程管理。突发事件具有不确定性、紧迫性和危害性，需要采取有力的措施予以应对。本章将介绍应急管理的时代背景、相关概念和内容体系。

0.1　应急管理的时代背景

当前，应急管理已经越来越成为公共管理职能的重要组成部分。理解应急管理需要厘清其所处的时代背景。对应急管理的时代背景可以从应急管理的任务指向和应急管理的实践推进两个方面进行分析。

0.1.1　应急管理的任务指向

当今时代，人类社会已经进入了不确定性越来越高的风险社会阶段，不仅面临干旱、洪涝、火灾、海啸、地震等传统风险，也面临环境污染、网络暴力、生态破坏等非传统风险。在现实中，传统风险与非传统风险相互交织、相互影响，形成了复杂性越来越高、级联性越来越强、威胁性越来越大的风险网络，给应急管理实践带来了日益严峻的挑战。应急管理的主要任务就是预防和减少各种风险引发的突发事件，减轻突发事件造成的损失。突发事件涉及的领域主要包括自然灾害、事故灾难、公共卫生事件和社会安全事件。相应地，应急管理的任务指向也主要包括以上领域。

一是自然灾害。自然灾害是人类社会一直面临的严重威胁，主要涉及由自然因素异常变动引发、影响人类生存或生活环境的突发事件，如干旱、洪涝、暴雪、台风、地震、海啸、泥石流等。中国是自然灾害易发多发的国家之一。以 2021 年为例，中国全年因自然灾害造成 1.07 亿人次受灾，其中因灾死亡失踪 867 人，紧急转移安置 573.8 万人次。自然灾害造成房屋倒塌 16.2 万间，不同程度损坏 198.1 万间；造成农作物受灾面积 11 739 千公顷，带来直接经济损失 3 340.2 亿元①。

二是事故灾难。事故灾难主要涉及由人为因素引发的，已经造成或者可能造成严重人员伤亡、财产损失、生态破坏或社会稳定的突发事件。随着现代化、城市化、工业化的不断推进，人员流动加速，生产规模日益扩大，事故灾难发生的概率及带来的危害也在不断增大。改革开放以来，中国城市化和工业化不断加速，推动了经济社会的快速发展。在此过程中，由人为原因导致的事故灾难种类和数量也不断增多，具有严重的社会危害性。

三是公共卫生事件。随着自然环境的加速变迁、社会的快速流动，人类社会面临的公共卫生突发风险也日益凸显。公共卫生风险给现代社会带来了日益严峻的挑战。公共卫生事件主要涉及给社会公众健康带来或者可能带来严重损害的突发卫生事件，包括重大传染病疫情、群体性不明原因疾病、重大食物和职业中毒等。2003 年非典型性肺炎、2020 年开始的新型冠状病毒肺炎疫情等公共卫生事件都给人类社会带来了严重危害。

四是社会安全事件。社会安全事件主要涉及对个体生命财产和社会稳定秩序造成或可能造成严重威胁，需要采取特别措施予以处置的突发事件，如大规模群体性事件、恐怖袭击等②。随着现代化、全球化、信息化的推进，各种风险因素在全球化范围内加速流动，也给社会公共安全带来了更大的挑战。

0.1.2 应急管理的实践推进

随着各种风险因素和应急事件对人类社会的影响日益增加，各国政府对应急管理的重视程度不断提升，应急管理实践也在全球各地不断推进。

一是应急管理立法日益加强。应急管理是一个复杂的过程，受到诸多因素的影响。加强应急管理离不开立法提供的稳定和可靠保障。随着风险因素的不断增加和日益复杂，世界各国都纷纷加强了应急管理立法，力图对应急管理的原则、职责、流程等方面在立法上进行明确的规范。例如，美国于 1950 年制定了

① 《应急管理部发布 2021 年全国自然灾害基本情况》，2022 年 1 月 12 日，https://www.mem.gov.cn/xw/yjglbgzdt/202201t20220123_407204.shtml，2023 年 12 月 17 日。

② 钟开斌：《突发事件概念的来源与演变——基于对〈人民日报〉、党的中央全会报告、国务院政府工作报告的分析》，《上海行政学院学报》2012 年第 5 期。

《灾害救助和紧急援助法》,之后,又针对突发环境、卫生、社会风险等领域加大立法力度,构建了一个应急管理立法体系。基于对非典型性肺炎防治工作中的问题反思和经验总结,我国于 2003 年以行政法规的形式制定了《突发公共卫生应急条例》,2007 年制定了《中华人民共和国突发事件应对法》①,之后,又根据应急管理的实践需要制定了一系列相关法律法规。

二是应急管理组织建设不断推进。面对风险因素的增多和复杂化,为了更好地应对风险,提高应急管理的绩效,各国均不断推进应急管理的组织建设和机构改革。为了进一步整合和优化应急管理的力量和资源,构建统一指挥、专常兼备、反应灵敏、上下联动、平战结合的特色应急管理体制,我国于 2018 年组建了应急管理部,这是第一次以应急管理命名国务院组成部门。应急管理部整合了之前分散在多个部门中与应急管理相关的职能,如国务院办公厅的应急管理,公安部的消防管理、国土资源部的地质灾害防治、水利部的水旱灾害防治、农业部的草原防火、国家林业局的森林防火、中国地震局的震灾应急救援等职责,更好地适应了风险复杂化背景下整体性应急联动的需要。

0.2 应急管理的相关概念

应急管理、风险管理、危机管理等概念既有区别,又有联系。厘清这些概念之间的关系有助于深化对于应急管理内涵的认识和理解。

0.2.1 风险管理

风险管理是指对风险的管理。尽管风险是一个常用的概念,但对于什么是风险,研究者有着不同的界定。德国社会学家乌尔里希·贝克 1986 年提出了风险社会这一概念并系统地阐释了风险社会理论。此后,英国社会学家安东尼·吉登斯等研究者对风险社会作了进一步的分析。在风险社会理论中,风险是一个基本的分析概念。贝克认为在传统社会就存在着风险②。在贝克看来,风险意味着可能性,“风险总是可能性,仅此而已”③。吉登斯则认为风险是现代社会

① 以下简称《突发事件应对法》。
② [德] 乌尔里希·贝克:《风险社会》,何博闻译,译林出版社 2004 年版,第 18 页。
③ [德] 乌尔里希·贝克:《再造政治:自反性现代化理论新探》,载乌尔里希·贝克、安东尼·吉登斯、斯科特·拉什:《自反性现代化》,赵文书译,商务印书馆 2001 年版,第 13 页。

的特有概念，“传统文化中并没有风险概念，因为他们并不需要这个概念”①。吉登斯认为风险是指“在与将来可能性关系中被评价的危险程度”②。研究者也强调风险的可能性指向，“风险的本质并不在于是否发生，而是可能发生。”③马丁·冯和彼得·杨同样强调了风险的可能性和不确定性特征。在他们看来，“风险是确定性消失的时候世界存在不确定性的一种特性。客观上来说，风险是围绕相对于预期而可能出现的种种不同结果的变化；而主观上说，风险是我们对风险的态度和看法，这些态度和看法受不确定性、个人、社会以及文化因素的影响，风险还包括风险与（风险所处的）大的环境之间的关系等诸多因素的影响。”④由此可见，尽管研究者对风险的具体界定不同，但都倾向于认为风险意味着可能性和不确定性。

不过，风险社会理论中的风险概念和风险管理中的风险概念在侧重点上存在不同。风险社会理论中的风险概念主要是在广义层面上进行界定的，强调的是社会中的各种不确定性；而风险管理中的风险概念更多是在狭义层面上进行界定的，主要反映的是可能带来突发事件的不确定性因素。在可能性和不确定性的基础上，研究者进一步将风险视为造成损失的可能性和不确定性。这里的不确定性涉及突发事件是否发生、发生时间、发生地点、发生后果等多个方面。由于造成损失的可能性和不确定性可以与人类生产生活的许多方面关联，因此从上述视角理解的风险可以广泛地存在于各个社会领域。实际上，对于风险和风险管理的研究在经济学、管理学、社会学、法学、医学等诸多学科都受到重视。本文主要从公共管理的学科视角对风险和风险管理进行分析。

对于如何衡量风险，研究者也提出了不同的观点，主要可以分为以下几类。一是认为风险是由致灾因子与脆弱性共同作用的结果。该结果用公式可以表示为：风险＝致灾因子×脆弱性。尽管有些研究者在上述两个因素的基础上加入了其他因素来衡量风险，但这一类观点基本将致灾因子与脆弱性看成衡量风险的两个核心因素。其中，致灾因子是指在一定时空范围内存在的且具有潜在危险性、破坏性的因素。脆弱性是指在一定的环境中，特定承灾系统及其构成要素对外在不利扰动做出反应后表现出来的易受损性质⑤。可以说，致灾因子是影

---

① ［英］安东尼·吉登斯：《失控的世界》，周红云译，江西人民出版社 2001 年版，第 18 页。
② ［英］安东尼·吉登斯：《失控的世界》，周红云译，江西人民出版社 2001 年版，第 18 页。
③ Adam B，Beck U，Loon J V. The Risk Society and Beyond：Critical Issues for Social Theory. London：Sage，2000，p.2.
④ ［英］马丁·冯、彼得·杨：《公共部门风险管理》，陈通等译，天津大学出版社 2003 年版，第 3 页。
⑤ 商彦蕊：《自然灾害综合研究的新进展——脆弱性研究》，《地域研究与开发》2000 年第 2 期。

响风险损失的外在因素，而脆弱性则是影响风险损失的内在因素。风险的损失并不由致灾因子或脆弱性单独决定，而是两者综合作用的产物。例如，在远离人类社会居住的区域发生的火山爆发，尽管具有巨大的潜在破坏性，但因为远离人类的居住区，就不会带来很大的生命财产损失。二是认为风险是损失严重性和损失发生概率相互作用的产物。这类观点认为，风险带来的损失是由损失的严重性和损失可能发生的概率两个因素综合作用造成的。

马丁·冯和彼得·杨认为，在某种程度上，政府存在的目的就是为了管理风险①。对于风险管理，不同研究者也有不同的界定。张成福认为，“风险管理是指运用系统的方式，确认、分析、评价、处理、监控风险的过程。”②这一界定强调对风险的动态过程性管理，不过对风险本身的含义没有进行具体的分析。何文炯将风险管理界定为“经济单位通过对风险的识别和衡量，采用合理的经济和技术手段对风险加以处理，以最小的成本获得最大的安全保障的一种管理活动”③。张继权等将风险管理界定为“采用科学、系统、规范的办法，对风险进行识别、处理的过程，以最低的成本实现最大的安全保障或最大可能地减少损失的科学管理方法”④。上述界定强调了风险管理的目标导向。在此基础上，可以认为风险管理是对可能带来突发事件并造成损失的不确定性因素的管理。

0.2.2 危机管理

危机管理的对象是危机。有研究者在一篇广为引用的文章中认为，“组织的危机是一种发生概率低、影响大的事件，它威胁到组织的生存，其特点是发生的原因、结果和解决的手段不明确，而又需要迅速作出决策进行应对。”⑤从字面来看，危机由“危”和“机”两个字构成，意味着危险中孕育着机会和机遇。然而，危机更多地强调那些可能带来严重损失的危险因素。危机包括公共危机和非公共危机，公共危机是指会对公共利益、公共秩序、公共安全构成威胁和带来危害的危险因素，而非公共危机威胁和危害的可能是某些特定的个体。这里的危机管

---

① [英] 马丁·冯、彼得·杨：《公共部门风险管理》，陈通等译，天津大学出版社 2003 年版，第 1 页。

② 张成福：《公共危机管理：全面整合的模式与中国的战略选择》，《中国行政管理》2003 年第 7 期。

③ 何文炯：《风险管理》，东北财经大学出版社 1999 年版，第 15 页。

④ 张继权、冈田宪夫、多多纳裕一：《综合自然灾害风险管理——全面整合的模式与中国的战略选择》，《自然灾害学报》2006 年第 1 期。

⑤ Christine M. Pearson and Judith A. Clair. Reframing Crisis Management. Academy of Management Review, 1998, 23(1): 59 - 76.

理是指对公共危机的管理。一般认为，公共危机具有以下几个特征：一是公共危机对公共利益具有高度的威胁性。公共危机具有公共性，可能给公共利益带来严重的损失；二是公共危机发生的原因、导致的结果具有模糊性和不确定性。公共危机所涉及的危险因素具有一定的潜在性和不确定性，这就意味着特定公共危机是否发生在很大程度上取决于潜在的危险因素是否转变为现实的危机事件。可能性和不确定性是风险的重要特征，也是公共危机的重要特征。公共危机是否发生、什么时候发生以及可能带来哪些具体后果，是不确定的；三是公共危机的发生具有较低的概率性；四是公共危机的应对时间极为有限，需要迅速做出决策。公共危机具有高度的不确定性，可能带来重大的社会影响，需要政府在高度不确定性的情境下做出快速的反应。五是公共危机的应对往往涉及多个主体的协作。

研究者对危机管理也进行了不同的界定。在界定危机的基础上，有研究者也对组织危机管理进行了界定。在他们看来，“组织危机管理是组织成员与外部利益相关者进行的系统性协作活动，其目的是避免危机或有效地管理已经发生的危机。”[①]张成福认为，“危机管理是一种有组织、有计划、持续动态的管理过程，政府针对潜在的或者当前的危机，在危机发展的不同阶段采取一系列的控制行动，以期有效地预防、处理和消弭危机。”[②]也有研究者将危机管理界定为特定社会系统或个人在危机意识的指导下，基于对危机起因、特点、类型等基本要素的了解，采取监控、预测、科学解决等管理手段以消除危机、减少危害的过程[③]。综合上述研究者的观点，可以将危机管理界定为以政府为主导的组织采取措施对危机发生各个阶段进行的管理活动。

0.2.3 应急管理

应急管理是对突发事件的管理。突发事件，从字面含义来看，是指突然发生的紧迫性事件。而之所以被称为突然发生，一般有时间和心理上的两层含义。从时间来看，突发往往是指发生的迅即性，也就是说，这类事件经常是在很短时间内完成了爆发的过程。从心理上来看，突发往往是指事件的发生在人们的意

---

① Christine M. Pearson and Judith A. Clair. Reframing Crisis Management. Academy of Management Review, 1998, 23(1): 59 - 76.

② 张成福：《公共危机管理：全面整合的模式与中国的战略选择》，《中国行政管理》2003 年第 7 期。

③ 马琳：《我国危机管理研究述评》，《公共管理学报》2005 年第 1 期。

料之外或者是人们的准备之外。值得注意的是，这里的突发事件是指突然发生的、造成或可能造成公共危害的公共性事件。也就是说，突发事件和突发公共事件是含义相同的概念。实际上，这两个概念都曾经出现在应急管理的实践话语中。我国 2006 年发布的《国家突发公共事件总体应急预案》使用了突发公共事件的概念，并将突发公共事件界定为“突然发生，造成或者可能造成重大人员伤亡、财产损失、生态环境破坏和严重社会危害，危及公共安全的紧急事件”。2007 年通过的《突发事件应对法》采用了突发公共事件的概念，基于不同的类别将突发事件界定为“突然发生，造成或者可能造成严重社会危害，需要采取应急处置措施予以应对的自然灾害、事故灾难、公共卫生事件和社会安全事件”。有研究者认为应急管理面向的突发事件包括紧急事件和灾害事件，其中紧急事件通常是指影响范围有限的常规事件，而灾害事件则是指影响范围广、需要动员大量资源予以应对的事件[①]。例如，危险化学品泄漏事件需要消防部门或相关专业人员对泄漏物进行处置，但其仍然是有限影响的紧急事件，一般训练有素的人员能够凭借其专业技能和工具进行应对。上述观点对紧急事件和灾害事件进行了区分，有助于厘清应急管理对象的具体内容，然而对紧急事件和灾害事件的具体范围还有待进一步厘清。

应急管理是公共管理的重要组成部分。对于应急管理的概念，研究者也从不同的角度进行了界定。有研究者认为，应急管理是指在突发事件爆发前后的整个过程中，运用科学方法加以干预和控制以使得造成的损失最小[②]。有研究者强调，应急管理是由风险评估、监测监控、预测预警、决策指挥、救援处置、恢复重建等环节构成的整体过程，体现了多主体、多因素、多尺度、多变性的特征[③]。有研究者从狭义和广义两个层面对应急管理进行界定，其中狭义的应急管理主要指应急处置环节，强调的是为了应对突发事件而进行的计划、组织、指挥、协调、控制的过程。而广义的应急管理则是采用科学的方法对突发事件的全过程进行干预和控制，使其造成的损失达到最小的全过程管理[④]。也有研究者认为，广义的应急管理是指在突发事件的减缓、准备、响应和恢复四个阶段中，政府根据每一阶段的具体情况有针对性地实行资源配置和全方位动态管理的活动。而

① 美国加州大学伯克利分校：《城市的应急管理与计划》，中央广播电视大学出版社 1998 年版，第 2 页。
② 祁明亮、池宏、赵红等：《突发公共事件应急管理研究现状与展望》，《管理评论》2006 年第 4 期。
③ 范维澄：《国家突发公共事件应急管理中科学问题的思考和建议》，《中国科学基金》2007 年第 2 期。
④ 杨青、田依林、宋英华：《基于过程管理的城市灾害应急管理综合能力评价体系研究》，《中国行政管理》2007 年第 3 期。

狭义的应急管理则是指在突发事件的应急响应阶段，对所需的资源实施以追求效率、效果、效益、公平为目标的动态管理活动[①]。综上，可以将应急管理界定为以政府为中心的管理主体为了预防和降低突发事件的危害，针对突发事件的原因和可能后果，采取措施进行突发事件的预防、应对和恢复过程。上文已经指出，由于突发事件具有严重的公共危害性，因而需要政府在应急管理中承担核心的职能，发挥主导的作用。当然，随着风险因素的不断增多与日益复杂，单单依靠政府的力量已经越来越难以完成应急管理所需要完成的复杂任务，为此政府也需要充分发挥其他主体的优势，更好地应对现代社会中各种风险和突发事件带来的挑战。

0.3 本书的内容构成

本书主要由应急管理理论、应急管理历程、应急管理主体、应急管理对象、应急管理过程、应急管理制度、应急管理能力和应急管理技术等部分构成。具体而言，各部分的主要内容如下。

0.3.1 应急管理理论

应急管理实践的推进离不开理论的指导。应急管理理论提供了一系列分析和解决突发事件的规律认识、逻辑指导、思维训练和方法支持，对实践可以产生重要的作用。首先，指导应急管理工作和决策。应急管理理论是指导实际应急管理工作和决策的重要依据。理论中的模型和方法可以帮助应急管理人员在实践中做出科学、合理的决策，提高应急管理的效率和效果。其次，指导突发事件的全过程应对。通过学习这些理论，能够更好地识别和评估潜在风险，制定有效的预防和应对策略，以及进行灾后恢复和重建工作。最后，提升应急思维和能力。通过学习和分析应急管理理论，有助于提升批判性思维能力，从不同角度理解和评价应急管理问题。这种批判性思维对于应急管理人员在面对复杂和多变紧急事件时，做出合理判断和选择具有非常重要的作用。

本书主要选择复杂适应系统理论、脆弱性理论、抗逆力理论、风险社会理论和利益相关者理论等理论进行介绍。这些理论与应急管理实践具有非常密切的

---

① 刘霞、严晓：《我国应急管理“一案三制”建设：挑战与重构》，《政治学研究》2011 年第 1 期。

关联，学习和熟悉上述理论对于更好地认识应急管理中的多重关系和回应应急管理的实践需要具有非常重要的意义。

0.3.2 应急管理历程

应急管理的实践性非常强，自从人类社会产生之后，就有了应急管理。这是因为，人类社会产生之后，就不可避免地面临各种自然和人为的风险因素，遇到自然和人为的突发事件，因而应急管理成为人类社会生存和发展的内在要求。应该说，在早期的人类社会中，应急管理的形式相对简单，主要体现在对自然灾害的直接反应和处理上。例如，面对地震、洪水、干旱等自然灾害带来的严重影响，人类可能需要通过迁徙、仓储粮食等方式加以应对。随着社会的发展和技术的进步，人类在受到外界环境影响的同时，对外界环境的影响也日益加深，同时社会结构也变得更加复杂，在此背景下，人类面临的风险因素趋向多样化和复杂化，这使得应急管理的范围不断扩大，涵盖了更多的领域，如公共卫生、工业安全、城市安全等。随着科技的飞速发展和城市化进程的加快，人类社会的生产和生活方式发生了深刻的变化。这一时期，工业事故、网络安全事件等新型的突发事件时有发生，给公众的生命财产安全带来了严重威胁，迫切需要采取更为系统和科学的应急管理措施进行应对。在此背景下，现代的应急管理体系逐渐形成，不仅涉及突发事件的预防、准备、响应和恢复等各个阶段，还涉及立法体系的建设、应急资源的配置、应急人员的培训和公众意识的提升等多个方面。

应该说，突发事件的萌芽、发生和变迁过程体现了其内在的规律性，人类社会应对突发事件的实践也具有其共性，这就使得可以通过对突发事件应对经验的学习借鉴来提升应急管理的能力。同样需要注意的是，由于不同国家和社会所处内外环境不同，面临的主要风险因素和应急管理实践也具有差异性。本书主要立足我国自身的实际，基于历史的视野，对应急管理历程进行分析。通过梳理和总结古代、近代和现代社会的应急管理实践，力图为当前应急管理提供有益的启示。

0.3.3 应急管理主体

应急管理主体是应急管理体系的重要构成要素，研究者从不同角度对应急管理主体进行了界定。综合现有对应急管理主体的梳理和阐释，本书将应急管理主体界定为：依据法定原则，能够在突发公共事件中承担应急管理职责，并具有应对、处理突发事件能力的组织机构和相关人员，主要包括政府组织、社会组织、企业组织和基层社区。因此，为厘清应急管理主体的角色定位、权责体系、功能优势与实践策略等内容，需要分别对政府组织、社会组织、企业组织和基层社区主体展开具体介绍。从行动者视角出发，刻画应急管理领域不同核心参与主体的行动依据、作用模式和具体路径，能够为理解应急管理模式和运行机制提供一个有利的观察切口，也有利于更好地推进应急管理实践。

0.3.4 应急管理对象

应急管理对象是应急管理面向的客体，涉及应急管理需要关注和应对的各种风险因素和突发事件，这些风险因素和突发事件因其危害性和紧迫性，对人类社会可能造成严重影响。

本书将应急管理的对象具体区分为自然灾害、事故灾难、公共卫生事件和社会安全事件四类。一是自然灾害。这主要包括地震、台风、洪水、干旱、滑坡、海啸、火山爆发等自然现象引起的灾害。这些灾害往往具有较大的破坏力和影响范围，需要通过应急管理来减少损失和伤害。二是事故灾难。这主要涉及人为因素导致的各种事故和灾难，如交通事故、工业爆炸、化学泄漏、火灾等。三是公共卫生事件。这主要指因疾病暴发、流行或其他健康危机导致的公共健康威胁，例如传染病疫情、食品安全事件、环境污染等。公共卫生事件要求应急管理工作能够有效控制疫情扩散，保护公众健康。四是社会安全事件。社会安全事件主要涉及由人为因素造成的、危害社会秩序和公共安全的社会事件。应急管理对象的多样性要求应急管理主体能够针对不同对象的特征制定相应的预防、准备、响应和恢复措施。

0.3.5 应急管理过程

应急管理过程是由一系列前后衔接的应急管理阶段、环节组成的动态完整体系，旨在有效应对各种突发事件。本书从突发事件应对的顺序将应急管理过程主要划分为应急预防与准备、应急监测与预警、应急救援与处置、应急恢复与重建四个阶段，其中每个阶段都有特定的目标和任务，相互之间紧密相关，共同构成了一个完整的应急管理体系。有效的应急管理过程不仅依赖于各个阶段内部的具体活动和措施，还需要各阶段之间的无缝衔接和协调合作。通过这一动态完整体系，可以最大限度地减轻突发事件的不利影响，促进社会的快速恢复和持续发展。

0.3.6 应急管理制度

制度描述了规范人的行为和调整社会关系的规则体系。对于制度可以进行广义和狭义的界定，从广义上讲，制度包括由正式和非正式规则所构成的一整套规则体系，其中正式的制度如法律、法规、政策，非正式规则如道德、惯例、习俗等；从狭义上讲，规则主要指正式的规则体系。本书所指的制度涵盖了正式和非正式规则，但更侧重从正式规则的角度界定制度。应急管理制度是适用于应急管理领域的各类制度。本书主要从应急预案、应急管理法制和应急管理机制三个部分对应急管理制度进行分析。

0.3.7 应急管理能力

应急管理能力是应急管理绩效的一个关键影响因素，直接关系到个体或组织应对突发事件的水平和效果。良好的应急管理能力能够帮助主体准确预见并准备应对可能的紧急情况，从而提前采取预防措施，降低突发事件发生的概率和影响，也能够提升紧急情况下资源的配置效率，从而最大限度地发挥有限资源的作用。随着现代社会风险因素的不断增加和日益复杂，应急管理能力越来越重要的一个表现是对突发事件的强适应性，从而使得在发生灾害时能够最大限度地保护公众生命财产安全，减少灾害造成的损失，以及有效地实施灾后恢复和重建工作。需要注意的是，应急管理能力的提升需要通过持续的培训、演练、评估和改进来实现，其目的是构建一个能够适应不断变化的风险环境，并有效应对各种紧急情况的应急管理体系。本书将主要对应急管理能力的相关概念和主要内容进行介绍。

0.3.8 应急管理技术

应急管理是一个复杂的系统工程，离不开技术的支撑。技术的赋能对于应急管理不同阶段和环节目标的有效实现都必不可少。尤其是随着应急管理实践面临的风险因素日趋多样和复杂，以及技术的快速发展，技术在应急管理中扮演的角色越来越重要。应急管理技术主要涉及应急管理不同阶段可能运用的方法、工具、手段等内容。随着科技的不断进步，应急管理中可以应用的技术越来越多，本书主要从信息挖掘技术、风险评估技术、监测预警技术、应急疏散模型等方面对应急管理技术进行分析。

阅读材料

2023年中国面临的自然灾害基本情况

(一) 2023年中国自然灾害的总体情况

经国家防灾减灾救灾委员会各有关成员单位会商核定，2023年中国自然灾害以洪涝、台风、地震和地质灾害为主，干旱、风雹、低温冷冻和雪灾、沙尘暴和森林草原火灾等也有不同程度发生。全年自然灾害一共造成9 544.4万人次不同程度受灾，其中因灾死亡失踪691人，紧急转移安置334.4万人次；倒塌房屋20.9万间；农作物受灾面积10 539.3千公顷；直接经济损失3 454.5亿元。与近5年均值相比，2023年全年受灾人次、因灾死亡失踪人数和农作物受灾面积分别下降24.4%、2.8%和37.2%，但倒塌房屋数量、直接经济损失分别上升96.9%、12.6%。

(二) 2023年中国自然灾害的主要特征

1. 全国自然灾害时空分布不均，"北重南轻"格局明显。全年北方、南方地区因灾倒塌房屋数量分别占全国总损失的92.2%、7.8%，直接经济损失分别占比73.7%、26.3%。

2. 华北、东北遭受严重暴雨洪涝灾害，局地山洪地质灾害突发。尽管全年全国的平均降水量比往年平均水平低了3.9%，但也出现了35次区域暴雨，其中华北和东北地区遭受了严重的暴雨洪涝灾害。

3. 台风生成和登陆个数偏少、登陆强度偏强，带来多场极端强降雨。2023年，西北太平洋和南海共有17个台风生成，其中6个登陆我国，均少于往年。全年台风灾害共造成1 131.6万人次不同程度受灾，因灾死亡失踪12人，倒塌房屋7 000余间，直接经济损失474.9亿元。

4. 我国大陆中强震明显偏弱，甘肃积石山6.2级地震造成重大损失。2023年，大陆地区共发生5.0级以上地震11次，明显低于历年年均水平。地震也造成了严重损失，如甘肃积石山6.2级地震造成甘肃、青海两省151人死亡，983人受伤，导致直接经济损失146.12亿元。

5. 西南、北方、西北等地出现阶段性干旱，灾情总体轻于常年。2023年，全年干旱灾害共造成2 097.4万人次不同程度受灾，农作物受灾面积3 803.7千公顷，直接经济损失205.5亿元。与以往情况相比，2023年的干旱灾情总体轻于常年。

6. **风雹灾害多点散发，江苏等地遭受强对流天气影响。**2023年，全国共有1 100余个县（市、区）遭受风雹灾害影响，广泛分散在华北、黄淮、西北、西南等地。江苏盐城、宿迁、南通等地龙卷风灾害造成14人死亡。2023年，风雹灾害共造成605.3万人次不同程度受灾，因灾死亡57人，直接经济损失117.3亿元。

7. **东北华北遭受低温冷冻和雪灾，西藏林芝发生严重雪崩灾害。**2023年，全国共遭受31次冷空气过程影响，其中寒潮过程8次。1月17日西藏林芝派墨公路发生雪崩，造成28人死亡，为我国近年来死亡人数最多的一次雪崩灾害。全年低温冷冻和雪灾共造成322.5万人次不同程度受灾，因灾死亡30人，直接经济损失49.2亿元。

8. **森林草原火灾起数处历史低位，形势总体平稳。**2023年全国共发生森林火灾328起，主要集中在内蒙古、黑龙江、广西、云南，因灾死亡2人。全年共发生草原火灾15起，主要集中在内蒙古，因灾死亡1人。与以往相比，森林草原火灾起数处于历史低位。

资料来源：应急管理部，https://www.gov.cn/lianbo/bumen/202401/content_6927328.htm，2024年1月21日。

思考题

1. 请结合材料阐述我国应急管理的时代背景与价值意蕴。
2. 请结合材料分析我国自然灾害带来的影响及应对措施。
3. 请分析我国应急管理的结构特征及其功能定位。

第1章

应急管理理论

应急管理理论指导和推动应急管理实践的发展，也离不开应急管理实践的滋养和反哺，二者处在互动互促和互相转化的过程之中。应急管理是一门涉及公共安全、危机管理、灾害应对和工程技术等多个领域的交叉学科，其理论脉络丰富，相关理论基础众多，不同学科的理论在一定的适用条件下赋予了应急管理新的动力和活力，不断推动应急管理理论和实践创新。本章基于应急管理的交叉性和实践性特征，挑选了五个与应急管理实践及其发展密切相关的理论，包括复杂适应系统理论、脆弱性理论、抗逆力理论、风险社会理论和利益相关者理论，分别对这些理论进行总体概述，并分析其在应急管理实践中的应用价值。

1.1 复杂适应系统理论

1.1.1 相关理论基础

20世纪五十年代系统论和控制论的发展，为复杂适应系统理论(Complex Adaptive Systems Theory)的产生奠定了有利基础。随着20世纪六七十年代计算机科学的发展，人工智能、复杂性等新的研究议题兴起，人们试图采取模拟人类思维和行为来应对和解决复杂问题，助推了复杂适应系统理论的产生和发展[①]。20世纪八九十年代，复杂性科学的诞生为复杂适应系统理论发展注入了新的动力。

从理论来源来看，复杂适应系统理论的起源可以从多个学科及分支领域的

① 谭跃进、邓宏钟：《复杂适应系统理论及其应用研究》，《系统工程》2001年第5期。

贡献中追溯，包括复杂性科学、混沌理论、进化生物学、计算机科学和网络理论等。复杂性科学理论的基本观点是，系统内部元素之间的相互关联和互动可能产生出乎意料的全局行为。系统的行为不仅取决于个体元素的特性，还受到系统整体结构和关系的影响。该观点与传统的还原主义和决定论思维方式形成了鲜明对比，传统的思维方式认为系统的行为可由元素的特性和初始条件所确定。复杂性科学的发展主要集中在动力系统理论、非线性理论、图论、信息论、统计物理学等方面[①]。这些理论和方法的发展为复杂适应系统的研究提供了关键工具和思维方式。

兴起于 20 世纪七十年代的混沌理论对复杂适应系统的研究起到重要启发作用，用于描述非线性系统中所表现出的复杂和难以预测的行为和现象。混沌应用功能可分为混沌综合和混沌分析，前者利用人工产生的混沌从混沌动力学系统中获得可能的功能，如人工神经网络的联想记忆等；后者分析由复杂的人工和自然系统中获得的混沌信号并寻找隐藏的确定性规则，如时间序列数据的非线性确定性预测等[②]。混沌系统的研究揭示了科学研究从简化、确定性模型转向复杂多样、非确定性模型，这意味着复杂适应系统的研究需要采用新的方法和工具，从而更好应对复杂性和难以预测的难题带来的挑战。

进化生物学的基本原理和观点对复杂适应系统的理论发展起到了重要的作用。进化生物学研究生物进化的机制和规律，其中的核心概念包括自然选择、遗传变异和适者生存等。进化生物学的观点对于理解复杂适应系统的演化过程、个体间的相互适应和动态稳态的形成具有指导意义[③]。一方面，进化生物学中的适应性优化概念可以应用于复杂适应系统中，有助于理解系统内部各个元素之间的相互作用和互动如何导致全局优化结果。另一方面，从进化生物学的视角来看，在研究复杂适应系统时，不应仅仅关注系统的静态属性，还需关注系统的动态演化过程。

计算机科学和网络理论的发展同样对复杂适应系统理论产生了重要影响。一方面，计算机方法论不仅能够提供处理和模拟复杂系统的方法，也会推进计算思维的发展，实现复杂系统状态下的反复强化学习。计算机方法论可以对

---

① 宋学锋：《复杂性、复杂系统与复杂性科学》，《中国科学基金》2003 年第 5 期。
② 唐巍、李殿璞、陈学允：《混沌理论及其应用研究》，《电力系统自动化》2000 年第 7 期。
③ 双修海、陈晓平：《进化生物学与目的论：试论“进化”思想的哲学基础》，《自然辩证法通讯》2018 年第 5 期。

计算思维研究方面取得的成果进行再探索和吸收，最终丰富自身的内容体系；反过来，计算思维能力的培养效果也可以通过计算机方法论的学习得到更大的提高[①]。另一方面，网络理论探讨了复杂系统中元素间的内在关系和结构，帮助认清复杂系统的静态结构形态。复杂网络结构分析是为了通过研究结构来了解和解释基于这些网络之上的系统运作方式，进而预测和控制网络系统的行为[②]。应该说，复杂适应系统理论受到不同学科及其方法的影响，在实践中得到了不断发展。

1.1.2 主要内容与实践运用

1.1.2.1 复杂适应系统理论的主要内容

复杂适应系统理论中的基本概念包括自组织、适应性、非线性动力学和网络结构等[③]。自组织是指系统自发生成和调整其内部结构和行为的能力。适应性是指系统对环境的变化做出相应的调整和适应的能力。非线性动力学研究系统中的非线性关系和动力学行为，包括混沌和复杂性的产生。网络结构则关注系统中各个组成部分之间的相互连接和交互关系。

从组织结构来看，复杂适应系统包括系统的网络结构和层次结构。网络结构关注系统内部各个组成部分之间的连接方式，如复杂网络。系统的层次结构是指系统中存在多个层次的组成部分，并且不同层次之间存在着相互作用和约束关系，不同层次的主体之间以及主体和环境之间存在着复杂的非线性相互作用。一般而言，复杂适应系统带有如下特征：一是多样性和异质性。复杂适应系统包含了多样的组成部分，它们之间可能存在内在的差异。多样性和异质性能够增强系统的适应性和韧性，使得系统能够应对不同的环境。二是非线性和混沌性。复杂适应系统行为的非线性，是指个体以及它们的属性在发生变化时，并非遵从简单的线性关系。即系统的输出不是简单的输入的线性组合，系统中的复杂行为通过非线性相互作用而产生。复杂适应系统的混沌性表现为，由于对初始条件较为敏感，系统中出现的一些细微改变可能会导致行为的颠覆性变化。三是自组织和演化。复杂适应系统能够通过自组织和演化来适应环境变

① 董荣胜、古天龙：《计算思维与计算机方法论》，《计算机科学》2009 年第 1 期。
② 刘涛、陈忠、陈晓荣：《复杂网络理论及其应用研究概述》，《系统工程》2005 年第 6 期。
③ [美] 约翰·米勒、斯科特·佩奇：《复杂适应系统——社会生活计算模型导论》，隆云滔译，上海人民出版社 2012 年版，第 81—102 页。

化，主体在与环境的交互作用中遵循一般的刺激—反应规则。自组织指的是系统中的个体并行地对环境中的各种刺激作出回应，能够自动调整自身的状态、参数以适应环境，与其他个体进行合作或竞争。演化则强调系统随着时间推移或者环境变化而发生改变。

复杂适应系统理论涉及多个研究领域，涵盖了不同的观点。以下是复杂适应系统理论的一些代表人物及其主要观点：斯图尔特·考夫曼(Stuart Kauffman)认为生物系统和有机体的复杂性可能来自自组织和远离平衡的动力学，也可能来自达尔文的自然选择。自组织是指在没有外部指导或设计的情况下，系统内部相互作用能够产生出复杂的有序结构[①]。自适应选择是进化过程中塑造复杂有序结构和功能的关键力量。约翰·霍兰德(John H. Holland)提出了遗传算法和适应系统的概念。他认为自适应系统是一类复杂系统，可以根据环境变化调整其结构，许多复杂的自然和人工系统问题需要通过适应性方法来解决[②]。为了探究自适应系统的深层原理与应用方法，霍兰德介绍了遗传算法等一系列自适应方法，包括变异、选择、适应性函数等，通常用于解释自组织、学习和突发行为等，揭示了复杂的事物是由小而简单的事物发展而来这一涌现现象，有助于解决社会复杂问题。伊利亚·普里戈金(Ilya Prigogine)提出了耗散结构理论，以开放系统为研究对象，着重阐明开放系统如何从无序走向有序的过程。他指出，在不断的物质和能量交换过程中，系统形成了非平衡状态下新的、稳定的有序结构。在复杂系统的研究过程中，自然界存在的不确定性或混沌状态被研究者广泛关注。普里戈金认为，为理解自然界中的复杂性与变化，引领社会科学的新发展，应该进一步推动混沌和非线性动力学研究[③]，即寻求更具想象力和开放性科学方法的转变，不断适应自然界中的复杂性和不确定性。

1.1.2.2　复杂适应系统理论的实践运用

复杂适应系统理论广泛应用于经济学、管理学、社会学和生态学等领域，指导和推动着实践发展。在经济学领域，复杂适应系统理论被用于研究市场行为、组织决策和刺激反应等问题。例如，通过构建复杂网络模式研究不同市场参与

---

① Kauffman S A. The Origins of Order: Self-Organization and Selection in Evolution. Oxford: Oxford University Press, 1993, p.173.

② Holland J H. Adaptation in Natural and Artificial Systems: An Introductory Analysis With Applications to Biology, Control, and Artificial Intelligence. Cambridge: MIT Press, 1992, pp.1 - 5.

③ [比] 伊·普里戈金：《从混沌到有序：人与自然的新对话》，曾庆宏等译，上海译文出版社 2005 年版，第 263—269 页。

者的信息传播，构建以企业为主体的产学研合作系统刺激——反应模型，揭示出多主体的自适应机制，研究其决策行为和学习过程[①]。在管理学领域，该理论被广泛用于研究城市治理、合作治理与风险管理，不断探索出新的适用于实践发展的模型。例如，该理论用于对城市精细化治理系统的静态结构与动态运行的解释，描绘城市的“隐秩序”画像[②]。在社会学领域，该理论被用于研究社会互动、变迁和传播等。例如，通过建立动力系统模型来研究组织及其变迁，分析了技术的双重性和技术导致组织变迁的机制[③]。在生态学领域，该理论被用于研究系统变化、物种适应与生态平衡等。例如，通过建立动力系统模型来研究生态预算的维持机制，以实现生态预算的环境资源可持续配置目标[④]。

从实践运用来看，复杂适应系统理论虽然广泛应用于各个领域，在许多方面取得了重要成果，但仍然存在进一步探究和发展的空间。例如，复杂适应系统理论在更为复杂和不确定性的系统中，如何进一步提升理论的解释力与预测能力，发挥解决现实问题的功能。同时，在不同学科交叉进程中，如何推动复杂系统研究的跨学科合作，坚持微观分析与宏观综合分析以及还原论与整体论的结合，更好理解系统内部、系统与环境之间的相互作用，发挥其在高度复杂和不确定性情境中的决策支持、行动参与和过程牵引的作用。这些都是有待进一步研究的重要议题。

1.1.3 对应急管理的启示与借鉴意义

复杂适应系统理论为应急管理理论与实践发展提供了以下几方面的启示和借鉴意义。

第一，自组织与自适应性的启示。复杂适应系统理论认为，系统内部的自组织和自适应能力是应对复杂环境和不确定性的关键。在应急管理中，管理者通过提供一定程度的自主权和适应性，使系统能够自行应对和处置突发事件，而不仅仅被动依赖于命令和控制。譬如，通过培养和发展组织内部的领导能力和协作能力，使每个成员都具备应对突发事件的能力，而不仅仅单向依赖于上级行

---

① 曹薇：《复杂适应系统理论在企业为主体的产学研合作中的应用》，《系统科学学报》2015 年第 4 期。
② 余敏江、方熠威：《“隐秩序”画像：城市精细化治理的机制设计——以复杂适应系统理论为分析视角》，《求实》2022 年第 6 期。
③ 黄恒振、杨博文：《技术与组织变迁——基于复杂适应系统理论的研究》，《科学学研究》2008 年第 2 期。
④ 郝韦霞：《基于复杂适应系统理论的生态预算在我国的适应性演化研究》，《系统科学学报》2015 年第 2 期。

政命令。

第二,多样性与关联性的启示。复杂适应系统理论强调多样性和关联性对系统的稳定性和创新性的重要性。在应急管理中,可以通过鼓励多样化的应对方法和措施,并建立各级政府、机构和社区之间的紧密关联,以便于共享信息、资源和经验,增强整个系统的抗灾能力。譬如,在灾害发生时,通过建立一个跨部门、跨领域的多方合作机制,以更好地协调各方的行动和资源。

第三,自发性与创新性的启示。复杂系统内部存在的相互作用关系能够推动新的结构与功能的涌现,实现组织创新。在应急管理中,面对高度复杂的突发事件,应探究应急组织之间的自主链接关系,完善应急组织机制,发挥灾害情境下的组织自主创新功能。譬如,应鼓励政府、事业单位、企业等主体通过自适应行为,发挥应急管理系统的资源交互功能,推动应急管理系统优化[①]。

第四,原则性与灵活性的启示。复杂适应系统追求系统原则性和灵活性之间的平衡关系,实现系统有序演化。在应急管理中,规章制度通常发挥着原则性的指导作用,规定了应急行动如何开展,同时也应赋予行动主体一定的自主权,以便其在超出预期的情境中作出灵活性调整,以弹性适应突发情境的变化。

综上所述,复杂适应系统理论能够较为契合地解释应急管理系统面临的复杂环境和不确定性,为应急管理理论和实践发展提供支持。

1.2　脆弱性理论

1.2.1　理论缘起与形成过程

1.2.1.1　脆弱性的理论缘起

脆弱性(Vulnerability)的概念起源于自然灾害研究。20 世纪七十年代后期,环境、生态和地理学科开始使用脆弱性这个概念,用于描述生态系统和社会经济系统在面对威胁时遭受的风险。脆弱性被定义为生态系统或社会经济系统在面对威胁时,本身结构、功能和利用能力的损失程度。一个脆弱的系统具有以下特征:一是易受威胁。脆弱的系统面对各种潜在外在冲击时更加容易被打乱、破

① 钱洪伟、郭晶、李甜甜:《复杂适应系统理论视角下我国应急科技系统发展研究》,《科技进步与对策》2022 年第 17 期。

坏。二是损失严重。当威胁出现时，脆弱系统的功能和利用能力的损失程度较高。三是恢复能力较弱。脆弱系统在外在冲击的影响结束后，恢复的能力较差①。

脆弱性理论认为现代社会存在两大基本属性：一是脆弱性，指的是社会体系无法有效抵御外部环境变化的冲击，难以适应和应对变化带来的压力和需求。二是依赖性，指的是社会体系对其他体系的依赖程度，较高的依赖意味着漏洞和脆弱性更强，更易遭受攻击。脆弱性理论还涉及物质与非物质脆弱性以及主观与客观脆弱性等概念②。物质脆弱性与非物质脆弱性指的是社会体系在物质和非物质方面的承受力和适应能力的不同。主观脆弱性强调社会体系中个体在心态、信仰、道德等层面上的脆弱性和依赖性，客观脆弱性则更强调可被观察、测量的外在因素和条件对个体带来不利影响或造成损失的可能性。

1.2.1.2 脆弱性理论的形成过程

特定条件下的系统通常具有较强的稳定性，然而在外部环境或内部要素发生变化时，这一系统可能会突发崩塌，反映出系统的脆弱性。脆弱性是一个与资源环境、社会经济和政府政策相关的概念，根据脆弱性内涵和研究方向可以分为单要素脆弱性和耦合系统脆弱性③。系统的脆弱性表现在人类社会的方方面面，包括自然、金融等领域的风险都在深刻影响着人类社会正常运转，自然系统、文化系统、环境系统等存在的脆弱性在威胁人类的同时，也引起了人类高度关注。脆弱性理论在这种背景下应运而生，广泛运用于生态学、社会学、经济学和物理学等领域。

一是生态学中脆弱性的理论发展。生态学领域研究者在20世纪七十年代关注到生态系统的稳定性和复原能力，指出生态系统在外部冲击下会呈现不同的响应状态，不同响应程度反映出生态系统抵御外部干扰的能力，因此，将那些容易受到外部因素破坏或干扰的情况视为生态系统的脆弱性。这一概念对生态系统研究起到奠基性作用，脆弱性研究有助于生态环境的保护和利用。具言之，生态学中的脆弱性研究主要关注以下议题：一是生态系统稳定性。衡量生态系统遭受外界压力冲击的关键指标是稳定性，生态系统应从稳定性评估着手，从而判断其应对外部压力和扰动的能力。二是物种适应性。这一适应性体现在物种

---

① 于汐、唐彦东：《灾害风险管理》，清华大学出版社2017年版，第45—49页。

② 杨飞、马超、方华军：《脆弱性研究进展：从理论研究到综合实践》，《生态学报》2019年第2期。

③ 单要素脆弱性主要以某一种具体要素或系统作为研究对象，如灾害、水资源、经济脆弱性等；耦合系统脆弱性从系统整体角度出发，如城市、生态、人地耦合系统等。参见杨飞、马超、方华军：《脆弱性研究进展：从理论研究到综合实践》，《生态学报》2019年第2期。

适应性进化、迁移等方面，对生态系统稳定性和弹性起到重要作用。三是生态系统恢复能力。生态恢复能力较高的系统更易于恢复到既有的平衡状态，例如，评估各类生态系统对气候变化的敏感性、脆弱性和适应性，有助于生态系统可持续管理及生态安全建设①。

二是社会学中脆弱性的理论发展。社会学中脆弱性理论主要关注社会结构、社会福利、社会公平等脆弱性状态，揭示社会系统中各群体在外部压力冲击下的易受损性。社会学中脆弱性研究主要关注以下议题：一是社会结构和脆弱性。社会结构从深层次影响着社会脆弱性，社会分层或分化可能增强社会不稳定性，削弱社会群体的应对能力。二是社会不平等和脆弱性。社会不平等因素的增多会增加社会脆弱性风险，例如，社会不平等导致的贫穷、社会排斥和动荡等问题，使得社会群体面临更为复杂的冲击，增加灾害应对难度。三是社会福利和脆弱性。社会福利状况与脆弱性通常呈反比例的相关性，较高的社会福利保障水平能够使社会群体更易于抵御外部冲击，从而具有较低程度的脆弱性。四是社会灾害与脆弱性。社会脆弱性是指社会群体、组织或国家暴露在灾害冲击下潜在的受灾因素、受伤害程度及应对能力的大小②。因此，分析不同社会群体的灾害风险应对能力及其差异性，有助于为社会灾害预防与应对提供针对性的政策建议。

三是经济学中脆弱性的理论发展。经济系统在不确定性、复杂性风险的影响下会出现脆弱性，难以应对各类风险挑战，从而可能引发经济领域的各种危机。脆弱性这一理论范式在复杂系统的不确定问题分析、多重扰动的脆弱性评价、耦合系统的脆弱性评价等领域中发挥着重要作用③。经济学中的脆弱性研究主要关注以下议题：一是风险管理和金融稳定性。在金融市场中，随着风险不断积累和传播，金融系统脆弱性也会增加，这要求对金融系统加强风险管理，以提高金融体系稳定性和抵御外部冲击的能力。二是经济危机和不确定性。应对经济危机强调对经济系统外部冲击的有效抵御，其中建设经济韧性是一项重要工作，其作为抵御外部冲击能力的重要评价指标，为有效应对外部冲击、加强宏观调控提供了行之有效的政策路径④。

---

① 徐兴良、于贵瑞：《基于生态系统演变机理的生态系统脆弱性、适应性与突变理论》，《应用生态学报》2022 年第 3 期。

② 周利敏：《社会脆弱性：灾害社会学研究的新范式》，《南京师大学报(社会科学版)》2012 年第 4 期。

③ 李鹤、张平宇、程叶青：《脆弱性的概念及其评价方法》，《地理科学进展》2008 年第 2 期。

④ 苏杭：《经济韧性问题研究进展》，《经济学动态》2015 年第 8 期。

1.2.2 核心主张与应用现状

1.2.2.1 脆弱性理论的核心主张

现代化进程中人类社会普遍存在脆弱性，在科技进步与社会发展的同时，也面临着新的不稳定因素，各类风险和矛盾不断冲击着人类社会。脆弱性理论认为个体和社会在现代化进程中容易遭到伤害，为社会不确定性和风险性、个体脆弱性和有限性提供了理论解释，强调通过完善可持续性的社会政策，寻找全球层面的合作对话和协商共识，从社会和个体层面消解脆弱性，从而不断应对现代化和全球化所带来的挑战①。概言之，脆弱性理论呼吁政府、社会和市场等主体积极关注脆弱性风险并采取措施，如照顾弱势群体、治理生态脆弱性等，以有效回应全球化和现代化进程中的问题。

尼古拉斯·塔勒布(Nicholas Taleb)在著作《反脆弱——从不确定性中获益》中对脆弱性从理论上进行了阐释。脆弱性是指一个系统或个体在遇到外部冲击时的易碎性和易受损性，而反脆弱性则表示系统或个体在面对外部冲击时能够适应并变得更加强大②。脆弱性理论的核心观点是，许多事情可能无法预测或预测不准确，这就要求在设计和管理系统时注重强韧性和反脆弱性。具体而言，一是关注少而大的损失。管理者不能过分依赖过去的经验和数据，而需要考虑到不确定性因素，防范那些可能会导致大规模损失的“黑天鹅”事件③。二是增强复杂适应性。系统设计应注重增强复杂适应性，从而避免复杂风险的爆发④。三是正视不确定性。管理者应该正视并适应一定程度的不确定性，而不是试图完全消除或规避之⑤。四是把握核心尺度。管理者需要关注那些在系统中具有关键作用的某些要素，减少不利因素。如果这些要素出现故障或不稳定，系统可能会崩溃⑥。

---

① 陈尧：《全球民主化进程中公民社会的脆弱性》，《上海交通大学学报(哲学社会科学版)》2010年第2期。

② [美]尼古拉斯·塔勒布：《反脆弱——从不确定性中获益》，雨珂译，中信出版社2014年版，第24—26页。

③ [美]尼古拉斯·塔勒布：《反脆弱——从不确定性中获益》，雨珂译，中信出版社2014年版，第74—75页。

④ [美]尼古拉斯·塔勒布：《反脆弱——从不确定性中获益》，雨珂译，中信出版社2014年版，第26页。

⑤ [美]尼古拉斯·塔勒布：《反脆弱——从不确定性中获益》，雨珂译，中信出版社2014年版，第37—38页。

⑥ [美]尼古拉斯·塔勒布：《反脆弱——从不确定性中获益》，雨珂译，中信出版社2014年版，第125—126页。

卡尔·波兰尼(Karl Polanyi)在著作《大转型：我们时代的政治与经济起源》中提出了“市场社会的张力积累”的概念，强调市场经济存在内在扰乱性力量，需要通过社会和政治干预来保护社会利益①。市场经济潜在的脆弱性在于把商品化、市场化原则引入社会领域中，导致以市场价值为主导的经济体系与社会文化、政治意义的背离。波兰尼认为自我调节削弱的市场体系不可避免地会面临反弹力量和自我瓦解的风险，因此社会、文化和制度的力量必须充分介入并平衡市场机制，以确保社会的稳定和可持续性②。

兰德尔·奥图尔(Randal O'Toole)从可持续安全角度论述了城市发展、交通管理等领域的重要性，认为单一交通方式或过于集中的城市规划可能增加城市的脆弱性，使得公共利益受到损害。在大城市进行过度集中的建设生产，无形中增加了高度集聚的风险，使城市基础设施系统变得更加脆弱，一旦爆发难以预见的灾害，则会引发巨大危机③。针对这一问题，他主张追求效率和成本效益的原则，例如在城市规划中增加替代性方案等举措，不断降低经济和社会系统的脆弱性④。

1.2.2.2 脆弱性理论的应用现状

脆弱性理论是一个综合性理论，旨在应对全球化和现代化进程中各类风险挑战，保护脆弱个体、社群利益、生态利益等，从而实现可持续发展。脆弱性理论在多个领域得到应用：一是环境风险评估和管理领域。识别和评估环境的脆弱性因素及潜在风险，可以运用脆弱性理论对社会系统、生态系统及经济系统等展开分析，不断探究环境系统脆弱性—恢复力的演化路径与理论模型，进而制定有效的环境保护措施，减少由环境破坏所带来的影响⑤。二是社会脆弱性评估和管理领域。通过分析社会结构、社会心态和政治稳定等因素，能够了解社会的脆弱性状况，进行社会脆弱性动态评价与风险预警，加强社会脆弱性协同治理，以提升社会系统的稳定性和安全性⑥。三是公共卫生和医疗系统脆弱性评估和管

---

① [英] 卡尔·波兰尼：《大转型：我们时代的政治与经济起源》，冯钢等译，浙江人民出版社 2007 年版，第 171—177 页。

② [英] 卡尔·波兰尼：《大转型：我们时代的政治与经济起源》，冯钢等译，浙江人民出版社 2007 年版，第 176 页。

③ [美] 兰德尔·奥图尔：《交通困局》，周阳译，上海三联书店 2016 年版，第 25—31 页。

④ [美] 兰德尔·奥图尔：《交通困局》，周阳译，上海三联书店 2016 年版，第 198—199 页。

⑤ 杨晴青、高岩辉、杨新军：《基于扎根理论的乡村人居环境系统脆弱性—恢复力整合研究——演化特征、路径与理论模型》，《地理研究》2023 年第 1 期。

⑥ 江源、田晓伟：《社会脆弱性问题研究进展评述与展望》，《软科学》2022 年第 9 期。

理领域。通过分析医疗系统的组织管理和运营方式，了解医疗资源分配和使用情况等，为医疗系统的脆弱性评估和管理提供必要的基础。在充分了解医疗系统信息的基础上，分析医患信任脆弱性发生的系统内部扰动因素，以反脆弱性的导向更新制度设计，有助于促进医患信任度和公共卫生服务能力的提升①，以减少医疗领域风险的影响。

1.2.3 对应急管理的启示与借鉴意义

面对日益增加的自然及人为风险，如何有效地应对突发事件，降低社会的损失，已成为各国政府和民众共同关心的问题。脆弱性理论作为一种灾害研究的理论范式，对应急管理工作具有重要启示和借鉴意义。

一是注重预防和应对脆弱性。预防比应对更为重要，应急管理工作应该强调预防措施，减少突发事件的发生。当突发事件无法避免时，应该考虑社会系统的脆弱性，提前做好准备工作，制定有效的应对策略。首先，应加强应急管理制度和法律法规建设，明确政府部门和人员的职责和权限。其次，应重视预防、监测和预警，加强对突发事件的风险评估，提升应急准备能力。最后，在日常工作中，应加强应急预案的编制和演练，完善防灾减灾体系，提高应对突发事件的能力。

二是关注弱势群体的脆弱性。相较于社会其他群体而言，突发事件对老年人、儿童、残疾人等弱势群体造成的影响更大，值得社会广泛关注。在关注弱势群体方面，应急管理工作应充分匹配这一群体的特殊需求，依据其在危机中的脆弱性特征，提供有针对性的救助和保护。有效降低弱势群体的脆弱性，应从以下三个方面入手：一是加强对弱势群体的宣传和培训，引导弱势群体积极开展灾害预防与基本自救，不断增强灾害应对意识和能力。二是制定和落实减灾救灾措施，完善社会救助平台、志愿者服务网络等，为弱势群体提供照顾和帮助。三是搭建弱势群体与政府部门的沟通平台，提供更为便捷化、贴心化和个性化的服务，让弱势群体的需求得到及时和有效的回应。

三是构建协同联动的应急管理体系。脆弱性理论强调应急管理需要进行系统和持续性的规划，促进多部门、多层级间合作②。加强应急管理，需要建立以

---

① 王振辉、王永杰、胡培等：《医患信任脆弱性：理论框架与反脆弱发展体系》，《甘肃行政学院学报》2019年第6期。

② 郑琛、董武：《脆弱性视角下京津冀应急联动机制研究》，《天津行政学院学报》2018年第4期。

政府为主导、各有关部门协同配合，民间组织和社会资源协同参与的多元化应急管理体系。在构建应急管理体系方面，需要从以下几个方面着手。首先，建立权责清晰、分工协调的组织架构，明确不同职能部门的职责和协作关系，实现快速应对。其次，随着社会的发展，应急管理涵盖的领域越来越广，因此需要建立多方支持、政府与民间协同参与的应急管理平台。最后，建立健全公民自救和互救机制，增强公民应急防范意识和自救能力。

四是提高社会的整体韧性。应急管理是面向全社会的一项复杂工程，而脆弱性应对的关键在于社会整体韧性与治理能力的提升，为此，应急管理在提高社会整体韧性层面需要把握如下内容：首先，提升社会公众的应急意识和能力，培养灾害自救互救的理念，加强应急演练和处置，在实践中不断积累应急管理经验。其次，发挥政策、制度和资源优势，强化社区、社会组织、企业的协同联动，提升整体韧性和应对能力。最后，推动科技创新，发挥技术赋能应急管理的价值，积极探索技术应用平台、场景和模式，增强应急监测预警、处置救援、沟通协调、恢复重建的效能。需要注意的是，社会整体韧性的提升不能一蹴而就，应不断整合应急主体、制度、资源和技术等优势，进行持续建设和优化调整。

五是提高国际合作水平。脆弱性意味着相互依赖性①，有的灾害及突发事件会跨越国界，对全球社会都可能产生严重的影响。因此，在国际合作方面也需要搭建多领域的合作平台，分享应急管理经验和技术，建立全球应急合作机制，提高全球应对突发事件的能力。在全球自然灾害和人为灾害应对方面，应着眼于全球性和整体性原则，在多方参与中构建国际和区域联动的应急管理新格局。

1.3　抗逆力理论

1.3.1　理论背景与实践价值

1.3.1.1　抗逆力理论的研究背景

作为心理学领域的一项重要理论，抗逆力理论的产生与社会、经济和文化环境有密切关系，尤其是在全球化和社会转型时期，不同国家的人们面临着更加复

---

① 王力军：《“脆弱性相互依赖”析论》，《太平洋学报》2016年第2期。

杂和多样的风险，对人们心理健康和生活质量构成了不断的挑战，例如经济危机、文化冲突引发的职业压力问题。

从历史渊源来看，抗逆力理论可以追溯到20世纪初的奥地利精神分析学家西格蒙德·弗洛伊德(Sigmund Freud)的研究。在他看来，焦虑是自我在感受到威胁时提出的一种警示，在超我与本我之间，以及本我与自我之间，经常会有矛盾和冲突，焦虑信号会促发个体的心理防御机制，旨在缓和焦虑、消除痛苦①。后来，心理学研究者们为帮助人们更好地应对逆境和挑战，不断拓展更为广泛、多元的研究议题，丰富和发展了抗逆力理论的研究。这一理论在20世纪八十年代得到较快发展，充分反映出人们对心理健康的强烈需求，关于人类心理健康和逆境应对的研究成果不断出现，得益于该时期研究方法和技术的运用。进入21世纪的全球化和信息化时代，由于网络技术的普及，社会环境和不确定性风险更为复杂，人们所面临的逆境风险和挑战因素不断增加，亟须增强适应力。在此背景下，抗逆力理论的研究得以进一步推进。

抗逆力理论的发展缘于多重学科背景，研究者们旨在通过探索逆境的应对策略，不断突破实践和心理层面的束缚，为人们应对逆境挑战提供了理论和实践指南。抗逆力理论研究除了心理学的奠基作用，还受到了医学、教育学、社会学等学科的滋养，不同学科之间的交融贯通，较好地促进了抗逆力服务于实践的发展。反过来看，抗逆力理论的运用对不同领域实践起到了助推作用。例如，在医学领域，该理论不仅能为医疗实践提供指导，疏解医生在医疗过程中的逆境应对压力，也能帮助患者增强信心，提升抗逆力水平。在教育学领域，抗逆力理论能够用于指导学生正确应对学习和生活逆境，从而增强学习兴趣和信心，提升学习效率。

1.3.1.2 抗逆力理论的实践价值

抗逆力是指个体在面对逆境时，能够有效适应和克服困难，理性地做出建设性、正向的选择，从而产生正面的结果②。抗逆力理论强调个体和组织面对逆境时所具有的适应能力，其实践价值主要体现为如下方面。

一是促进个体的心理健康。在社会转型期，各类社会、经济和工作压力交织，这有可能影响个体的身心健康，带来诸多逆境和挑战，亟待通过提升抗逆力的

---

① 王立新：《精神分析的焦虑理论述评》，《成都大学学报(社会科学版)》2003年第2期。

② Batabyal A A. The Concept of Resilience: Retrospect and Prospect. Environment and Development Economics, 1998, 3(2): 235-239.

方式来应对这一问题[①]。研究抗逆力理论对于促进个体心理健康，降低心理疾病发生率，有效应对各类逆境挑战具有重要的现实意义。

二是促进组织的管理创新。政府、企业和社会组织面临复杂环境、市场竞争和社会矛盾的挑战，应对和处理各类逆境问题，提升组织抗逆能力愈来愈成为影响组织绩效的重要因素。抗逆力作为一种资源，不断助推组织管理目标的达成，为组织运行效能提升提供参考。

三是促进危机干预和灾难应对。应对突发事件时，有效发挥抗逆力作用，帮助参与主体迅速调整行动、改善策略，以确保在短期内适应环境，并实现生产生活秩序恢复和社会心态平复。提升危机应对中的组织抗逆力，需要保持对环境的敏锐直觉、提升个体心理抗逆力、营造信任环境、增加组织资源冗余[②]，从而提升危机处置和灾难应对的能力。

1.3.2 理论内涵与实践状况

1.3.2.1 抗逆力的理论内涵

抗逆力研究涉及的领域不断拓展，包括个人、家庭、社区和工作场所，旨在更好采取措施预防问题行为的出现或使问题行为减少或消失，使人们更好地适应环境[③]。综合现有关于抗逆力的研究，大致可以梳理出以下研究观点：① 创伤后成长理论。该理论承认逆境的积极作用，主张以一种积极的方式应对逆境和创伤，认为这有助于促进个体成长与发展。② 处理适应理论。该理论承认个体感知和信念对逆境的克服效应，认为个体在逆境中通过改变自身的观念、积极解释和应对逆境，有助于提升自身的抗逆能力。③ 强化训练理论。该理论认为个体通过训练和锻炼能够优化逆境应对方式，有助于提升个体抗逆能力。

麦克斯威尔·马尔茨（Maxwell Maltz）在 20 世纪六十年代提出了“自我意象”理论，认为个人对自己的认知和评价决定了行为的成效。在其看来，成功的人身上通常需要具备以下几个特征：① 积极的自我形象：坚信自己能够应对逆境，通过塑造想象力增强对自身的积极评价和认知，相信自己能够解决问题。② 坚定的意志力：能够迎难而上直面困境和挫折，持之以恒地接受和处理各类难题。③ 良好的适应性：面对复杂多变的环境，能够及时捕捉关键信息，运

---

① 邹建章：《抗逆力：如何应对生活中的坏事件》，吉林文史出版社 2019 年版，第 15—19 页。
② 罗东霞、时勘、彭浩涛：《组织抗逆力问题研究》，《中国人力资源开发》2010 年第 8 期。
③ 乔倩倩、贾志科：《“抗逆力”研究现状述评与展望》，《社会工作》2014 年第 5 期。

用理性思考的力量获得成功。上述特征在帮助个体走向成功的过程中，有助于培养个体的抗逆能力，从而更好应对各种逆境挑战[①]。

抗逆力对个体的心理健康和生理健康至关重要。个体需要通过正确认识逆境、寻找有效的应对策略、获得社会支持等方式来提高自己的抗逆力水平，从而促进自身的健康发展。里克·汉森(Rick Hanson)认为，个体需要不断地挑战自己、拓展自己的舒适区、让大脑不断地从障碍中学习，并在消除障碍中培养出更强的抗逆力，增强内化的积极体验[②]。贾斯汀·克鲁格(Justin Kruger)和大卫·邓宁(David Dunning)认为，个体对自己能力的准确估计和知道如何使用自己的能力是抗逆力的重要组成部分，而过高或过低的自我估计会对个体的逆境应对产生负面影响。克鲁格和邓宁通过一系列的实验，在不同的领域(如语法、逻辑、幽默等)测试了参与者的表现，研究发现，在某些领域表现最差的人往往会高估自己的能力，而表现最好的人则更倾向于低估自己的能力。这一现象被称为"达克效应"(Dunning - Kruger Effect)，即在缺乏知识和技能的情况下，人们往往会高估自己的能力和表现[③]。以上研究者的观点对于抗逆力理论的理解和应用有着重要的意义，为个体的逆境应对和心理健康发展提供了有益的指导。

1.3.2.2 抗逆力理论的实践状况

抗逆力理论的应用范围广泛，以下是一些典型的运用场景：① 评估测量和分析。为评估抗逆力水平，目前学界已经开发了许多不同主体的抗逆力量表，同时借助个案研究方法，可围绕界定问题、风险外化、重构故事、强化意义等方面对抗逆力展开研究[④]。② 教育培训。抗逆力广泛应用于教育和培训领域，推广实施了一系列教育课程、知识普及活动。③ 心理辅导与治疗。抗逆力与心理弹性密切相关，通过心理辅导提升挫折承受力，增强逆境的应对信心和能力。④ 组织管理情境。在组织管理、培训和发展过程中，引入抗逆力宣传与培训，营造组织抗逆力氛围，推动组织成员积极奋进。从抗逆力视角来看，有学者对突发事件风险承受能力进行了核心指标分类，见表 1 - 1 所示。

---

① [美] 麦克斯威尔·马尔茨：《心理控制方法》，洪友译，湖南文艺出版社 2015 年版，第 51—83 页。

② [美] 里克·汉森：《大脑幸福密码》，杨宁译，机械工业出版社 2020 年版，第 290—295 页。

③ Kruger D. Unskilled and Unaware of It: How Difficulties in Recognizing One's Own Incompetence Lead to Inflated Self-assessments. Journal of Personality and Social Psychology, 1999, 77(6): 1121 - 1134.

④ 同雪莉：《抗逆力叙事：本土个案工作新模式》，《首都师范大学学报(社会科学版)》2015 年第 1 期。

表1-1 突发事件风险承受能力指标[①]

类 型	主 要 指 标
控制能力	经济、社会发展水平,可调度的人力、物力、医疗资源,城市恢复潜力,基础设施情况,等等
制度能力	相关法律、规章,城市预防措施,响应计划,组织机构建设,部门合作协调、整体联动情况,等等
技术能力	技术水平、信息共享、装备设备配置情况,等等
公众能力	风险意识、承受心理、基本技能、人口密度,等等

关注抗逆力的实践状况,需要对影响抗逆力的重要因素加以分析。一是心理弹性。心理弹性或韧性是指在面对逆境时,个体具有适应、调整、恢复自身功能的能力[②]。抗逆力理论鼓励个体培养良好的心理弹性,通过积极应对逆境来实现自我成长和发展。二是自我认知。抗逆力理论提倡个体增强自我认知,了解自己的情绪、信念和价值观,以更好地理解自己,从而更好地应对逆境。三是社会支持。在抗逆力理论中,社会支持被认为是减轻逆境压力的重要因素,是特定社会网络运用物质和精神手段对社会弱者进行无偿帮助的一种选择性社会行为[③]。借助亲友关系和社区资源等,能够减轻逆境带来的压力和负面影响。四是积极情绪。积极的情绪是抗逆力的重要组成部分。通过调整自己的情绪,个体能够更好地应对逆境,减轻逆境带来的负面影响。五是自我效能感。自我效能感指个体对自己能够有效应对逆境的信念和信心[④]。通过增强自我效能感,个体能更好地应对逆境。

1.3.3 对应急管理的启示和借鉴意义

抗逆力与逆境、困难和挑战相伴而生,这些因素与应急情境密切相关,突发事件的发生在某种程度上对个体或组织构成了一种超出预期的“逆境”。因此,抗逆力理论及其运用对应急管理理论和实践的发展具有重要的启示和借鉴意义。

---

① 王宏伟:《新时代应急管理通论》,应急管理出版社2019年版,第103页。

② 马伟娜、桑标、洪灵敏:《心理弹性及其作用机制的研究述评》,《华东师范大学学报(教育科学版)》2008年第1期。

③ 陈成文、潘泽泉:《论社会支持的社会学意义》,《湖南师范大学社会科学学报》2000年第6期。

④ 周文霞、郭桂萍:《自我效能感:概念、理论和应用》,《中国人民大学学报》2006年第1期。

首先,突发事件的预防和应对。突发事件预防和应对是应急管理的重要任务,应急管理重在塑造抗逆力[①],以抗逆力的提升带动应急管理效能的生成。为减少突发事件对个体和社会所带来的破坏性影响,应着力提高个体和社会在应急状态下的抵御和应对能力,尽可能减轻突发事件造成的损失,并在事后总结经验教训,探索常态化预防的措施。例如,通过修建防御设施、增加水土保护力度,能够增强自然系统的抗逆能力,有助于尽可能减少自然灾害带来的损失。通过强化早预防、早发现、早隔离和早治疗等方式,迅速控制疫情的传播,有助于增强社会公众的抵御和应对能力,减少疫情对社会和公众造成的危害。

其次,突发事件应急响应的优化。抗逆力理论强调组织在面对环境带来的压力和挑战时进行弹性适应的能力,要求组织迅速、有效地适应复杂多变的环境,实现自身的可持续发展。应急响应在应急管理过程中发挥着非常重要的作用,应急响应的及时有效可以最大程度地降低灾害带来的损失。这要求建立弹性、协作和高效的应急响应机制,突出应急处置和救援的及时性和有效性,尽可能减轻突发事件的不利影响。

最后,突发事件发生后的心理干预。抗逆力理论提出,良好的心理素质和抗压能力是识别和强化个体抗逆力的重要因素。这些心理素质和能力包括自我调节、与人沟通和合作、从错误和挫折中吸取教训等。突发事件的发生往往使得个体心理遭受创伤,带来财产损失等。这种创伤状态的长时间存在会引起多重心理问题,例如焦虑、压力、沮丧和绝望等,给个体和家庭带来痛苦。心理干预是帮助受灾家庭和个体缓解心理创伤、开展心理调适的重要手段。因此,采用科学的方法,介入受灾群众的心理状态,针对不同的群体及其问题特征,实施精准有效的心理干预,能够预防和降低突发事件带来的心理创伤,促进灾后社会秩序的恢复和重建。

1.4 风险社会理论

1.4.1 演进脉络与基本内容

1.4.1.1 风险社会理论的演进脉络

20 世纪八十年代前后,全球范围内发生了一系列重大灾难事故,其中 1979

---

① 金莹、刘艳灵:《抗逆力塑造:乡村社区应急治理新框架》,《农业经济问题》2022 年第 2 期。

年美国三哩岛核泄漏事故、1984 年印度博帕尔毒气泄漏事故以及 1986 年苏联切尔诺贝利核泄漏事故是一些具有代表性的案例。这些灾难给公众和社会造成了巨大的冲击，导致严重的人员伤亡和环境破坏，给人们留下了沉痛的阴影与记忆。在这样的背景下，研究者探索阐发了风险社会理论，试图寻求新的理论解释框架，深度阐释灾难事件发生的原因与产生的影响。

德国社会学家乌尔里希·贝克在 20 世纪八十年代提出风险社会理论(Risk Society Theory)，旨在研究现代社会中的风险现象。随着全球化、工业化和科技的迅猛发展，现代化社会面临的主要问题已经发生变化，各类社会风险不断增加，由传统的生产和分配问题引发的冲突转变为不确定风险所引发的冲突，严重威胁了人类生活和安全。在风险社会理论中，贝克着重关注了如下内容：① 风险的社会化。风险从与个体相伴的问题转变为个体无法单独承担的问题，塑造出来的风险越来越多地成为社会共同面临的挑战。② 风险与不确定性。风险社会中，无法准确预测的风险成为常态，伴生着的不确定性加剧了人们的心理压力和恐慌，应对和化解风险的难题加大。③ 风险与现代性的关系。现代性与风险并行，现代性在带来繁荣和进步的同时，也会催生一系列风险，这些风险通常与社会结构、技术和制度等因素密切关联[①]。

安东尼·吉登斯(Anthony Giddens)也对风险社会理论进行了阐发。他提出了一种"结构化"的社会理论框架，该框架试图将个体行动和社会结构两者联系起来[②]。他认为个体和社会相互作用是不可分割的，并且个体的行为会影响社会结构，而社会结构也会限制和塑造个体的行为。从吉登斯的观点可以得出，在面对风险时需要自我管理，这是因为个体的自主性和选择性在这个过程中起到重要作用，进而不断促进个体与社会之间的有机互动[③]。

1.4.1.2 风险社会理论的基本内容

风险社会的意义在于帮助了解"方法论国家主义"的局限而代之以"方法论的世界主义"[④]。不同于传统风险，现代社会中随着科技、工业和经济的迅速发

---

① [德] 乌尔里希·贝克：《风险社会：新的现代性之路》，张文杰等译，译林出版社 2018 年版，第 49—90 页。

② [英] 安东尼·吉登斯：《社会的构成：结构化理论纲要》，李康等译，中国人民大学出版社 2016 年版，第 171—181 页。

③ 杨雪冬：《风险社会理论述评》，《国家行政学院学报》2005 年第 1 期。

④ [德] 贝克、邓正来、沈国麟：《风险社会与中国——与德国社会学家乌尔里希·贝克的对话》，《社会学研究》2010 年第 5 期。

展所带来的风险具有系统性、不可预测性和全球性，不仅对人类生产生活造成威胁，还会影响社会秩序和稳定，造成社会系统的震荡。风险是现代社会的基本特征，在风险演化过程中出现的风险社会具有如下主要属性。

一是风险的不确定性。由于社会的不断发展，新的风险不断涌现，并且带有不确定性和难以预测性，人们很难对其进行预测和控制。科技进步在一定程度上能够预测和识别风险，但是难以消除或控制不断增加的复杂性风险。

二是风险的无边界性。由于风险的“全球性”而使全球和本土同时重组，现代社会中的风险已经超越了国界和地域的限制[①]。例如，全球气候变化、核污染事故等事件带来的是全球性的风险，跨界的风险让风险治理变得异常复杂和困难。

三是社会风险的分布不均。在风险社会化过程中，人们不再是单独面对简单或易于预测的风险，而是面对经济、社会和技术等多样化和复杂性的风险。社会风险的群体不均衡分布会导致群体的发展差异，引发社会不平等或加剧贫富差距等问题。例如，贫困人口、弱势群体面临的风险更为普遍，且承受风险的能力更低。

四是风险社会的结构约束。在风险社会中，尽管个体的选择具有一定的自主性，但也受到社会条件和结构的限制。风险社会是以风险为中心组织起来的社会形态。在结构约束层面，风险社会呈现的风险图式在实质上是社会秩序的风险，因此需要在反思现代性基础上，以积极的姿态来寻找制度的合理性[②]。由法律、政策、规章等组成的风险应对制度，旨在预防和减少风险。

1.4.2 关注领域与现实应用

1.4.2.1 风险社会理论的关注领域

风险社会理论的发展推动了研究者对风险问题的关注，其中，构建的一套新的分析框架对社会复杂风险现象进行了有效解释，有助于辅助风险管理主体进行风险决策和控制。从学科发展来看，风险社会理论虽然主要涉及社会学和政治学领域，但同时也在经济学、环境科学和管理学等学科中得到了应用和发展。不同学科方法对于风险的认识有很大的差异，常见的风险认识论如表 1 - 2 所示。

---

① ［德］乌尔里希·贝克、郗卫东：《风险社会再思考》，《马克思主义与现实》2002 年第 4 期。
② 陶建钟：《风险社会的秩序困境及其制度逻辑》，《江海学刊》2014 年第 2 期。

表1－2　不同学科方法的风险认识论①

风险样态	看　　法	方　　法
真实和客观的	事件的客观计算	技术风险评估、保险、流行病学、毒理学
主观偏见的	主观地感知和计算客观风险	心理策略范式、理性选择、客观与主观效用
社会中介的	真实风险的主观体验是以社会为中介的	边缘工作
现实和社会共同建构的	现实与风险是相互影响和促进的	风险社会
社会转型的	真正的威胁转化为社会文化边界的风险	文化理论
社会发展的	事件是一种风险，因为它们是计算技术的一部分；风险是社会赋予的决定	治理；系统论

一是风险政治领域。风险政治概念的提出源自风险问题的不断增多，诸多风险问题与政治问题紧密关联、难以分割，从而为社会风险的研究提供了政治分析视角。风险政治研究将风险作为一个前置变量来看待，关注风险对政策制定者和执行者的行为影响，探究风险背后政治稳定的深层次影响机理②。

二是风险公平性领域。风险社会理论促进了对社会公正和风险公平性的研究。风险分配公正是社会和谐发展的内在要求③，风险不仅是个体面临的具体问题，也是社会面临的共同问题，因此社会公正和公平性的问题日益凸显。研究者对风险与社会公正等问题进行研究，寻求解决这些问题的途径和方法。

三是社会变迁领域。风险社会理论促进了对社会变迁和风险转型的研究。现代社会面临的风险不仅仅来自传统的自然灾害，还包括了由技术和工业化发展带来的新型风险④。研究者们进一步分析了这些风险及其对社会结构和个体生活的影响。

四是环境风险领域。风险社会理论帮助人们认识到环境问题的严峻性，并

① Zinn J O. Social Theories of Risk and Uncertainty：An Introduction. Oxford：Blackwell Publishing Ltd. 2008，p.8.

② 项继权、马光选：《政治风险与风险政治——风险的政治学研究传统及新范式建构》，《深圳大学学报(人文社会科学版)》2012年第6期。

③ 姚伟：《论社会风险不平等》，《长白学刊》2011年第3期。

④ 李路路：《社会变迁：风险与社会控制》，《中国人民大学学报》2004年第2期。

提供相应的应对思路。随着工业化和城市化的深入推进，现代社会面临着大量的环境风险，例如城市的垃圾污染、空气污染和水污染等，直接对人类生活和身体健康造成了影响，制约了经济社会的长期持续发展，亟待从复杂风险治理角度加以思考。

五是经济风险领域。在现代社会中，经济风险也是一个重要的问题。例如，金融风险、就业风险、经济不平等等问题都对个体生活和社会稳定构成了挑战。因此，风险社会和经济风险演化是一个相互交织的过程。

1.4.2.2　风险社会理论的现实应用

学界关于风险社会理论的研究可以大致划分为以下几个类别。一是风险社会的理论分析。这类研究聚焦于阐述和讨论风险社会的概念与理论框架，以及对其进行批判性审视。研究者关注风险的社会性质、风险文化的兴起以及风险社会对个体的影响[①]。二是风险感知与行为研究。这类研究着眼于探究个体及社会对风险的感知、评估和行为反应的心理机制。研究者关注公众对各类风险的应对态度和行动意愿，并探讨这些因素对风险管理和决策的影响[②]。三是风险沟通与传播研究。这类研究关注风险信息如何在社会中以及通过不同媒介进行沟通和传播的过程。研究者关注风险信息的可靠性、传播途径、流动与反馈，以及公众对风险信息的接受、解读与反应[③]。四是风险管理与政策研究。这类研究探讨风险管理的政策制定。研究者关注风险管理机构、政府和企业的风险管理策略与实践，以及风险管理决策的科学性和效力[④]。五是社会公正与风险研究。这类研究关注风险社会中的社会公正问题以及与之相关的社会正义理论与实践。研究者关注不同个体和群体对风险的承受与分配的不平等问题，探讨如何通过正义原则实现风险社会的平等[⑤]。

风险社会理论虽然具有较强的解释力和启发性，但也面临着一些批评和争议。批评者认为，风险社会理论过于侧重风险问题，忽视了其他同样重要的社会问题，例如其强调风险扩散和影响的公平性，对社会现有的不公平状态重视不够。其对现代社会中产生风险的结构和机制进行了批判，呼吁关注社会结构的

---

① 李国和：《失衡与自觉：风险社会的理论溯源与现实诉求》，《甘肃社会科学》2023 年第 4 期。
② 庞卉、金晓楠、姜媛等：《民众社会风险感知量表的编制》，《心理与行为研究》2023 年第 4 期。
③ 黄杨森：《风险沟通中需求处理和议题讨论的阻滞与优化》，《内蒙古社会科学》2023 年第 1 期。
④ 韩菁雯、雷长群：《社区风险管理标准化流程研究——基于美国社区风险管理启示》，《城市发展研究》2020 年第 4 期。
⑤ 任政：《以共享为核心的社会公平正义观的转型与建构》，《思想理论教育》2023 年第 5 期。

转型和制度的改革。相关批判主要表现为两个方面。

一方面是理论的局限性：有研究者认为，风险社会理论在对待风险问题的时候往往过于悲观和消极，过于强调风险的社会化而忽视了个体的责任和能动性，还存在无限性的价值观预设[①]。同时，风险社会理论被认为对于非物质风险，例如心理风险、文化风险等的研究有待进一步完善。

另一方面是应用范围的争议：风险社会理论在实践应用上也存在不同意见。风险社会理论被质疑在实际解决具体问题时可能缺乏具体指导和实操性，存在折中的学术立场与改良主义的理论实质，需要立足实践存在论和历史存在论基础之上运行。风险社会理论所强调的风险问题在不同国家和地区之间存在差异，其应用范围也因此受到影响。

1.4.3 对应急管理的启示和借鉴意义

风险社会理论为应急管理提供了有益的启示和借鉴价值，包括管理力量整合、公众参与、科技支撑和风险文化培育等方面。应急管理需要根据具体的风险情境进行调适，以提升突发事件的应对效果。

第一，风险社会与应急管理的力量整合。风险社会理论强调风险应对的整体性，应急管理应当与其他管理领域相互联系和整合。风险管理是应急管理实现预防为主、关口前移的重要基础[②]，只有通过整合各方力量，形成一体化的应急管理体系，才能更好地预防和应对风险。

第二，风险社会与应急管理的公众参与。风险社会理论强调公众是风险应对的重要力量，应急管理亦然。公众应该被视为应急管理的重要参与主体，积极参与风险识别、评估、决策和应急响应等方面。促进公众参与，不仅有助于提升应急管理效能，也能进一步增强公众的风险认知和防范意识。

第三，风险社会与应急管理的技术支持。风险社会理论认为科技的发展和创新对于风险应对至关重要。在应急管理领域，科技创新能够提供更先进的风险识别、预警、应急响应和灾后恢复技术，为应急管理提供更有力的手段和工具支持。因此，应急管理需要不断关注和运用最新的科技成果，以提升应对风险和灾害的能力。

---

① 宋友文：《风险社会及其价值观前提批判》，《天津社会科学》2005年第1期。
② 钟开斌：《风险管理：从被动反应到主动保障》，《中国行政管理》2007年第11期。

第四,风险社会与公众风险文化的培育。风险社会理论呼吁风险应对与社会文化的融合,发挥文化在风险治理中的塑造作用。在不同的文化背景下,人们常常会有不同的风险认知结果以及不同的风险应对策略[①]。在社会层面,应进一步加强风险教育的普及和推广,着力提升社会公众的风险防范和应急处置能力。通过风险教育和风险文化的培育,塑造文化价值观,突出文化在应对风险中的认知与引导功能。

1.5 利益相关者理论

1.5.1 学科基础与理论出场

1.5.1.1 利益相关者理论的学科基础

利益相关者作为一个明确的理论概念在 1963 年由斯坦福研究所(Stanford Research Institute)提出,而其作为一个独立的理论分支则得益于瑞安曼(Eric Rhenman)和安索夫(Igor Ansoff)的开创性研究,后来经弗里曼(Freeman)、布莱尔(Blair)等人不断发展和完善[②],因此具有跨学科和知识交叉背景。利益相关者理论的基础主要包括管理学、社会学、社会心理学和伦理学等多个学科的研究成果[③]。

一是管理学的理论基础。管理学为利益相关者理论提供了包括组织理论、组织行为学、企业社会责任等方面的知识基础。其一,利益相关者理论从组织理论的发展中得到了启示。传统的组织理论主要关注组织内部的管理和效率问题,忽略了组织与外部环境的相互作用。利益相关者理论强调了组织与外部利益相关者之间的相互依赖关系,并引入了外部利益相关者的视角。其二,利益相关者理论得益于组织行为学的发展。组织行为学研究了人们在组织中的行为和决策过程。利益相关者理论将利益相关者纳入组织行为学的研究范畴,分析了各类利益相关者对组织决策和行为的影响,以及其在组织中的角色和行为特点。其三,利益相关者理论也与企业社会责任的研究紧密关联。利益相关者理论强

① 张宁:《风险文化理论研究及其启示——文化视角下的风险分析》,《中央财经大学学报》2012 年第 12 期。

② 李洋、王辉:《利益相关者理论的动态发展与启示》,《现代财经—天津财经学院学报》2004 年第 7 期。

③ 郑海东、郝云宏:《基于学科背景的利益相关者理论研究述评》,《生产力研究》2008 年第 15 期。

调组织应始终考虑到各类利益相关者的需求和利益，追求共同利益，而企业社会责任强调企业应该将社会责任纳入经营决策和战略中，转向以创新(知识)为导向的治理理念，使公司治理理论更加适应实践①。两者共同强调了组织与利益相关者之间的积极互动和共赢合作。

二是社会学的理论基础。社会学为利益相关者理论提供了权力与利益、组织与社会关系等方面的知识基础。在权力与利益层面，研究者从权力理论和社会冲突理论出发，关注了不同利益相关者的权力互动关系与利益博弈冲突，不断引入了新的利益相关群体，例如，“无直接利益相关者”参与“无直接利益冲突”，社会冲突的众多参与者与事件本身无关，而只是表达、发泄一种情绪②。在组织与社会关系层面，社会学研究者探讨了组织与社会之间的相互依赖和作用关系，剖析组织对社会资源和社会支持的依赖，以及组织对社会产生的影响。在这一过程中，作为利益相关者的组织与社会产生了积极互动，进一步深化了组织与社会关系的研究。

三是社会心理学的理论基础。社会心理学为利益相关者理论提供了社会行动者、社会认知、社会行为和社会心理等方面的知识基础。在社会行动者层面，社会心理学强调识别利益相关者的主要因素，包括知识、动机和价值观等，能够推动核心行动者的确定，进一步可以分析这些行动者的需求和期望，从而为利益相关者的识别提供了理论支持。在历史进程中，对利益相关者的界定实际上经历了“窄定义—宽认识—多维细分—属性评分”的过程③。在社会认识与行为层面，社会心理学关注了社会环境中的群体认知和行动模式，为利益相关者分析提供了基础，通过对利益相关者认知理念、行动方式和过程的分析，有助于促进利益相关者的社会交往和行为互动，探究和解释各类不同的互动模式。

四是伦理学的理论基础。伦理学为利益相关者理论提供了道德认知、道德经济等方面的知识基础。在道德认知层面，伦理学关注个体与组织对道德问题的认知，能够为利益相关者提供启发，在这一问题上组织应兼顾各利益主体的需求，实现利益均衡化或价值最大化。例如，通过对组织成员的工作进行计划、组织、领导、控制、监督，制定组织希望达到的道德目标，并尽可能以好的效果和高的效率实现组织道德目标④。在道德经济层面，道德经济是伦理学的一个重要

---

① 李维安、王世权：《利益相关者治理理论研究脉络及其进展探析》,《外国经济与管理》2007年第4期。
② 郭星华：《“无直接利益相关者”新解》,《人民论坛》2009年第16期。
③ 贾生华、陈宏辉：《利益相关者的界定方法述评》,《外国经济与管理》2002年第5期。
④ 周祖城：《论道德管理》,《南开学报》2003年第6期。

研究方向，是指市场经济主体自觉地遵守伦理规范并用伦理价值观来指导自己的经济行为的经济形态[①]。在此基础上，利益相关者理论从中汲取了养分，强调组织在追求经济利益的同时，应考虑伦理规范要求，兼顾其他利益相关者的福祉与诉求。

1.5.1.2　利益相关者理论的理论出场

利益相关者理论的起源可以追溯到20世纪六十年代。该理论的发展和成熟主要归功于经济学家爱德华·弗里曼(Edward Freeman)。弗里曼在《战略管理：利益相关者方法》一书中正式提出了利益相关者理论的框架和基本观点。他认为，任何一个企业的发展都离不开各利益相关者的投入或参与，企业追求的是利益相关者的整体利益，而不仅仅是某些主体的利益[②]。利益相关者具有多样性和多重影响性，需要采取一种平衡的方式整合各方利益，实现整体利益最大化。不少研究者在这一理论的基础上不断深化和丰富，提出了不同的模型，进一步加深了人们对利益相关者的认知和理解。

利益相关者包括组织活动中有可能影响目标实现的个人、团体、组织等主体，这些主体的利益关系通常较为复杂，平衡不同主体的利益关系成为一大难题。然而，组织为了实现长期可持续发展，会尽可能以利益相关者的利益为导向，综合衡量各方利益，寻找利益最大可能的空间或"最大公约数"。例如，公司追求组织利益、社会利益以及多方利益的平衡，公司股东虽然是公司的所有者，但是公司的决策及行动不能局限于股东个体利益的最大化，不仅需要考量公司利益与社会利益之间的互促关系，还得纳入与公司发展利益密切相关的群体利益考量，综合平衡多方利益。

利益相关者理论的研究总体经历了概念构建、范围扩大、权益识别、治理参与、价值共创和可持续发展等阶段，不断塑造了"利益相关者影响""利益相关者参与"和"利益相关者共同治理"前后相继的逻辑[③]。换言之，利益相关者理论的发展历程主要包括对利益相关者概念的界定与拓展、权益平衡与治理、参与和合作，以及与可持续发展理念的结合。这一理论的发展与社会对责任的要求以及组织对于可持续发展的认识密切相关，为组织发展和合作共治提供了一种整合

① 周丹：《道德经济：当代经济伦理学研究的应有主题》，《伦理学研究》2017年第4期。

② [美]爱德华·弗里曼：《战略管理：利益相关者方法》，王彦华等译，上海译文出版社2006年版，第62页。

③ 王身余：《从"影响"、"参与"到"共同治理"——利益相关者理论发展的历史跨越及其启示》，《湘潭大学学报(哲学社会科学版)》2008年第6期。

视角的框架。

1.5.2 核心观点与主要视角

1.5.2.1 利益相关者理论的核心观点

爱德华·弗里曼(Edward Freeman)认为,企业不仅应追求股东财富最大化,还应平衡其他利益相关者的权益,并认为企业的目标是通过与利益相关者的互动和合作,创造共同价值[①]。托马斯·唐纳森(Thomas Donaldson)结合利益相关者理论和道德哲学,强调企业的道德责任和社会义务。他关注企业与利益相关者之间的互动和道德冲突,并提出了走出道德困境的方法[②]。这些学者的观点和研究成果为利益相关者理论的发展和应用提供了理论支持。一些公共组织借鉴他们的理论观点,积极探索和实践利益相关者理论,追求长期可持续发展。综合学界的相关观点,可以将利益相关者理论的核心观点总结如下。

一是利益相关者的多样性和复杂性。组织中的利益相关者既可以按照层级来划分,包括领导层、管理层和执行层,还可以按照横向链接角度来划分,包括组织成员、客户、供应商与监管者等。所以,被识别出来的利益相关者有着不同的利益诉求,要平衡其利益冲突,离不开对利益相关者进行识别和分类。

二是利益相关者与组织的相互依赖关系。作为个体的利益相关者一般从属于组织,组织的决策与行动会直接或间接地影响个体利益,形成较强的传导作用。同时,组织的发展运行离不开个体利益相关者的有效参与和投入。因此,组织要积极倾听个体利益相关者的利益诉求与期望,建立畅通的双向互动机制以及参与合作机制,及时回应和解决相关问题。

三是追求共赢目标。利益相关者理论旨在追求和实现相关参与者的利益共识,在满足利益参与者相关需求的基础上,实现组织发展与利益相关者诉求满足的共赢目标。这对组织提出了相应的要求,需要组织在决策、管理和监督等环节充分纳入利益相关者的思维模式。例如,通过构建多元利益相关者战略矩阵,组织可以提升灾害应对的抗逆力,实现共赢目标[③]。

---

① Freeman R E. A Stakeholder Theory of the Modern Corporation. In Hartman L P eds., Perspectives in Business Ethics. Boston: McGraw-Hill. 2002, pp.171 - 181.

② Donaldson T, Dunfee T W. Toward A Unified Conception of Business Ethics: Integrative Social Contracts Theory. Academy of Management Review, 1994, 19(2): 252 - 284.

③ 郑雨婷、朱华桂:《利益相关者理论视角下的社区抗逆力提升路径探索》,《天津行政学院学报》2019 年第 6 期。

四是共同价值创造。根据价值共创理论，组织应加强与利益相关者的合作，通过协作和协商解决面临的共同难题，在互惠关系和合作模式的驱动下，共同创造更大的经济和社会价值。例如，企业组织与供应商合作，共同提高产品质量和技术创新水平，提高市场竞争力；政府组织与社区合作，共同开展应急合作生产，提升应急共治绩效。

1.5.2.2　利益相关者理论的主要视角

利益相关者理论作为一种多学科交叉的理论框架，逐渐受到研究者的重视。目前，针对利益相关者理论的研究可分为社会学、管理学和经济学三个主要视角。

第一，在社会学领域，利益相关者理论被广泛运用于组织研究、社会政策研究、社会发展研究等。研究者对利益相关者理论进行大量探讨，不仅关注组织内部的利益相关者，也研究了组织外部的利益相关者。同时，还重视利益相关者的参与和沟通对于组织决策和行为的影响。社会学领域的利益相关者理论研究主要集中在以下几个方面：一是利益相关者权益保护。此类研究关注在组织决策中如何保护和满足各利益相关者的权益。研究者通过实证研究方法，探索组织应如何平衡各利益相关者的利益，如保护失地农民土地权益，以实现社会公平和公正[①]。二是利益相关者参与和决策。研究者关注组织与利益相关者之间的互动模式和机制设计，以提高决策质量，如外交决策的分析，有助于实现和维护国家利益[②]。三是利益相关者关系管理。此类研究关注组织如何与各利益相关者建立良好的关系。研究者通过分析实际案例和管理经验，总结出有效的利益相关者关系管理策略，促进组织长期发展[③]。

第二，在管理学领域，利益相关者理论被应用于组织行为、管理决策、战略管理等方面的研究。利益相关者理论在管理学中的应用主要包括以下几个方向：一是利益相关者视角的战略管理。从最大化满足和保护利益相关者的利益出发，组织如何制定和执行战略受到广泛关注。研究者提出了利益相关者导向的战略管理模型，深化了对战略管理的认识，例如，从战略管理视角探讨确立良性合作型政企关系[④]。二是利益相关者对组织绩效的影响。组织绩效与利益相关

---

① 范辉、刘卫东、张恒义：《基于利益相关者理论的失地农民土地权益保护研究》，《地域研究与开发》2016年第4期。

② 高尚涛：《外交决策分析的利益相关者理论》，《社会科学》2016年第1期。

③ 唐鑛：《企业社会责任视角下的战略劳动关系管理》，《中国人民大学学报》2011年第2期。

④ 齐宝鑫、武亚军：《战略管理视角下利益相关者理论的回顾与发展前瞻》，《工业技术经济》2018年第2期。

者行动存在密不可分的关系，探究二者内在互动关系构成研究的重要议题。研究者从实证视角出发，揭示了利益相关者对组织发展创新的重要性，探索了利益相关者对组织绩效的影响机制和路径。例如，善待员工的企业往往具有更高的创新绩效，同时，组织创新氛围越强，员工责任对创新绩效的促进作用越显著[①]。

第三，在经济学领域，利益相关者理论主要应用于公司治理、企业社会责任等方面的研究。经济学领域的利益相关者研究涉及以下几个主要方向：一是利益相关者与公司治理。此类研究关注利益相关者对公司治理的影响机制。研究者通过实证分析，发现利益相关者参与公司治理能够提高公司绩效，公司治理通过提高风险管理水平促进了混改国企的协调发展[②]。二是利益相关者与企业社会责任。此类研究关注利益相关者对企业社会责任履行的影响。研究者通过实证分析，揭示了利益相关者对企业社会责任履行的促进作用和影响路径[③]。

1.5.3　对应急管理的启示和借鉴意义

利益相关者理论为应对突发事件中不同参与者的利益需求、期望与诉求提供了可资借鉴的分析视角和框架，对应急管理理论和实践的发展具有重要的启示和借鉴意义。

一是利益相关者的需求回应。利益相关者理论强调各利益相关方的需求和利益，并进行有效回应。在应急管理实践中，应急管理者应促进各利益主体的合理诉求得到满足，通过数据分析等方式形成各利益相关者的精准画像，包括受灾群众、政府机构、救援人员、媒体、志愿者等，从而选择与之相匹配的政策工具与技术手段实现利益的最大化整合。应急管理者在回应利益相关者需求前，应当建立畅通的沟通渠道，在应急决策制定和实施中及时了解不同主体的需求和意见，开展协商和合作，从而满足多元利益主体需求以及提高突发事件的应对效果。

二是利益相关者的利益平衡。利益相关者理论不是以某一方利益为主导，而是强调利益相关者利益的平衡。应急管理者在处置突发事件时，不能被某一群体利益所牵制，应立足大局和整体，综合考虑各利益相关者的利益，以实现可

---

① 吴芳、张岩：《基于工具性利益相关者视角的员工责任与企业创新绩效研究》，《管理学报》2021 年第 2 期。

② 李粮：《公司治理、内部控制与混改国企协调发展——基于利益相关者理论的视角》，《经济问题》2020 年第 5 期。

③ 鲍晓娜、张舒畅、林琳：《基于利益相关者视角的战略性企业社会责任践行路径研究》，《学习与探索》2022 年第 10 期。

持续的应急管理效果。在突发事件处置中，不同利益相关者会形成不同的期望和需求，在多元化需求交织下容易出现相互抵触或冲突的需求，从而需要应急管理者在其中调节和平衡。例如，在应急管理中应对核心利益相关者、强势利益相关者、关键利益相关者和从属利益相关者之间利益进行平衡①，以维护应急管理的公正性和有效性。

三是利益相关者的沟通和参与。利益相关者理论强调利益相关者的沟通和参与对于组织决策和行为的重要性。应急管理的沟通和参与对提升应急管理实效性具有重要作用。为提升应急管理的透明度和可信度，需搭建应急管理利益相关者的沟通平台，在平台沟通中充分了解彼此的需求和期望，从而不断激发利益相关者参与应急管理的积极性和主动性。具言之，在畅通利益相关者应急沟通和参与的选择上，可以借助建立利益相关者委员会、召开利益相关者会议、开展满意度调查等方式，聚焦应急管理的核心关切，促进利益相关者意见表达和参与。

四是履行社会责任和提高应急管理的可持续性。利益相关者理论强调组织应履行社会责任，在追求自身利益的过程中，也要为社会作出贡献。在应急管理中，各利益相关者应积极承担社会责任，参与和配合应急管理工作，从而尽最大可能维护和实现公共利益。应急参与主体虽然构成较为复杂，包括政府组织、社会组织、企业组织以及社会公众等主体，不同的身份和角色赋予了各主体不同的行动考量，但在突发事件处置中需要各主体共同承担社会责任，凝聚社会责任的最大共识，以提高应急管理的有效性。倘若利益相关方忽视社会责任，则可能会造成应急的次生危机，引发应急管理失序和混乱等情况。

综上所述，利益相关者理论与应急管理理论在实践中形成了高度互嵌的关系，前者有效指导了后者的实践发展，后者的实践发展为前者提供了经验支撑。未来，应急管理者应持续加强与各利益相关者的互动、协作和合作，充分考虑其利益、期望和诉求，在需求回应、利益平衡、沟通参与和社会责任履行中，确保应急管理的公正性和有效性，以提升应急管理效能。随着利益相关者理论的不断发展和应急管理实践的深化，需进一步探索和拓展两者之间的关系，为应急管理提供更加科学和有效的理论支持和实践指导。

---

① 郭其云、董希琳、岳清春等：《基于利益相关者分析模型的危机管理研究》，《消防科学与技术》2014 年第 4 期。

阅读材料

中国特色应急管理理论关注的重点问题

(一) 研究背景与问题

自2003年"非典"疫情之后，应急管理在中国得到了长足的发展，其理论研究也迎来了新一轮的高潮。目前，应急管理已经成为国家治理体系和治理能力的重要组成部分。尤其是随着党的二十大将国家安全作为专章论述，该领域的理论研究进入了一个新的阶段。然而，当前应急管理理论研究也面临着不少挑战，包括难以把握复杂的规律、跨学科交叉融合难、实证调查研究难以进行、复杂行为理论抽象难度大等问题。

(二) 应急管理理论的分析框架

基于寻找中国应急管理研究范式的背景，可构建应急管理理论"事件特征—管理体系—时空环境"的分析框架(见图1-1)，该框架最核心的要点是从管理的角度去研究事件特征，并从管理体制结构、管理机制过程、管理法治制度、管理方法工具等维度对其进行时空环境的包容和整合。

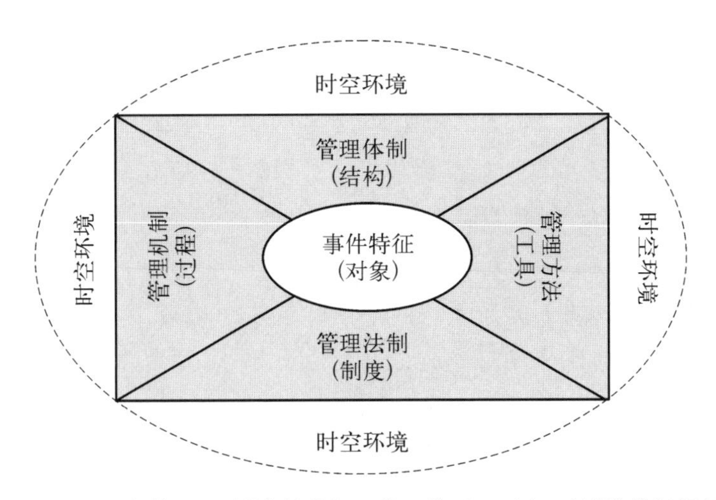

图1-1　应急管理理论"事件特征—管理体系—时空环境"的分析框架

(三) 基于中国情景的重点研究问题

针对中国的应急管理情境，应急管理应该明确提出重点研究领域和优先主题：

重点领域一是基于中国情境的突发事件演化机理，需要关注突发事件的时空分布规律和随机因素带来的不确定性，并建议优先发展各类突发事件时空分布演化规律的预测评估和突发事件在多维空间复杂耦合情景下的分析评估。

重点领域二是在中国党政统领的应急管理体制下，需要注意政治逻辑和行政逻辑的不同，并探讨如何将二者结合进行有效协调。因此，需要关注在复杂组织体系中统筹政治逻辑和行政逻辑的不同目标，并优先发展党政治理结构在突发情境下的运作逻辑、中央与地方在突发事件下的权责配置、新型举国体制下的应急社会动员，以及应急管理组织机构的设置和优化。通过这些主题的研究，可以帮助应急管理体系更好地适应和应对各种复杂情境下的挑战和问题，提供有益的思路和支持。

重点领域三是在资源分配视角下基于全周期管理的中国特色应急管理过程，需要关注在不同环节如何进行资源的最优分配，其中需要优先发展的主题为突发事件的预防和准备、信息管理的效度和精度、治理的意愿和能力、应急组织指挥的权责分工、调查机制的调整和优化。

重点领域四是基于预案优先的中国应急管理制度，考虑到不确定事件的复杂演变，需要推进应急管理法制体系的优化和完善、应急管理标准规范的补充和细化、应急预案的完善、应急文化的传承和发展。这些主题的研究将有助于提高应急管理的能力和效率，更好地应对各种不确定性的事件演变。同时，这些研究成果还将有助于推动应急管理体系的不断完善和创新。

重点领域五是基于优势互补的中国特色应急管理工具，需要关注如何打造政策工具箱并评价不同管理工具的成本效益，其中需要优先发展的主题为基于组织动员的政治行政手段、基于互助合作的社会手段、基于智慧赋能的社会手段、基于智慧赋能的科技手段、基于责任共担的市场手段。

重点领域六是基于中国特色应急管理环境，需要关注政治经济文化因素如何影响事件演变和事件应对过程，并优先发展中国应急管理历史变迁研究和中国应急管理宏观环境因素影响的主题。

(四) 结论与讨论

党的二十大报告提出健全安全体系，明确提出了一个体制，即高效权威的国家安全领导体制；两个机制，即国家安全工作协调机制和反制裁、反干涉、反长臂管辖机制；八大体系，即国家安全法治体系、战略体系、政策体系、风险监测预警体系、国家应急管理体系、重点领域安全保障体系、重要专项协调指挥体系、国家安全防护体系。这一布局为应急管理学术领域带来机遇和挑战。需要深入思考如何适应新的政策思路，以及如何在政策实践和学术研究之间互相支撑。另外，如何把应急管理学术研究跟国家安全的学术研究有机衔接起来，也是需要探讨的问题。

为了应对这些挑战，可以采取以下措施：首先，打造学术共同体，基于公共管理和国家安全学科的设立现实，思考二者之间的关系、研究的边界和交叉等问题，深化应急管理学科发展；其次，加强理论研究的系统构建，凝练学术研究方向和问题，形成学科领域的基本共识；第三，推进学科和人才培养，在公共管理学科的基础上，培养应急管理理论人才，依托应急管理实践经验，加强应用型人才培养；最后，开展国际对话合作，在未来进一步发挥中国在国际上的作用，推动公共管理学术团体和学术组织的建设和发展。

资料来源：薛澜、钟开斌《中国特色应急管理理论研究的重点问题——基于“事件特征—管理体系—时空环境”框架的分析》，http://ccmr.sppm.tsinghua.edu.cn/cnews/1261.jhtml。

思考题

1. 为什么要推进中国特色应急管理理论的构建？目前需要重点解决哪些问题？

2. 不同灾种的应急管理理论在实践中应如何突破交叉融合难题和实践应用难题？如何发展出复合灾种情境下的应急管理理论？

3. 如何开展国内外应急管理前沿理论的对话与合作？

第2章 应急管理历程

"应急管理"一词虽然到20世纪90年代才在官方文件中最早出现，但我国自古以来就是世界上自然灾害最为严重的国家之一，也相应存在应急管理实践与相关理论学说。为此，本章基于历史跨时段的分析视野，将我国应急管理历程划分为三个大的阶段，分别是古代社会的应急管理、近代社会的应急管理和现代社会的应急管理。

2.1 古代社会的应急管理

2.1.1 古代社会应急管理的定义

中国自古以来就是一个灾害频发的国家，减灾工作在古代政府日常工作中居于重要地位①。古代社会的应急管理，又称为灾害管理，是指以应对各类自然灾害和紧急状态为目标的管理活动，广泛存在于火灾、水灾、地震、战争等领域。为了保护公众的人身和财产安全以及维护社会稳定，古代社会的统治者、军事将领、地方官吏等主体承担着应急管理责任，组织开展各类应急活动。

古代社会应急管理主要包括灾害应对方案的制定、资源的调配、队伍的组建和管理等。例如，在军事防御层面，古代社会常常会作好军事部署以应对外部入侵的威胁，同时还会制定防御和演练方案，以保障军队的战备状态和应对可能的战争情况，在战争观上主张文事武备并重，提倡慎战善战，强调义兵必胜、有备无患②。

① 石涛、李婉婷：《试论北宋中央政府的减灾管理机构》，《首都师范大学学报（社会科学版）》2008年第4期。

② 黄朴民、郭相宜：《中国古代兵家思想的演变轨迹及其研究进路》，《齐鲁学刊》2023年第2期。

在制度实施层面，古代社会的地方官员通常会建立一套灾害管理制度，包括修筑防灾设施、组织人员进行灾害预警和撤离、提供灾后救助等①。如果将古代救荒书视为“以救荒为目的的专书”，我国古代救荒书约 280 部，其中总论类 70 部、荒政类 71 部、农艺类 18 部、治水类 47 部、漕运类 15 部、除虫类 24 部、野菜类 9 部、历象杂占类 26 部②。

古代社会应急管理模式通常由官僚控制与自救互助相结合，应急方法主要包括发布应急警示、加强巡逻和警戒、组织人员疏散和救援等。在突发事件发生后，应急主体为迅速做出反应，最大程度降低风险和灾害损失，通常会动员人员、调动资源，实现一定地方范围的动员式应对。受制于科技和信息交流条件的限制，古代社会应急管理往往时效性较为欠缺、应急措施不够有力、应急方式相对单一。值得注意的是，在经验不断积累中，古代社会应急管理形成的一些应急理念和实践做法，对现代社会的应急管理具有积极的启示意义。古代社会应急管理实践模式主要体现为以下几个方面③。

一是在**救灾理念层面**主要划分为敬天和爱民，前者从预防角度倡导“天人合一”的理念，后者从治理角度坚持民本思想。受传统文化“天人感应”思想的影响，在“灾异天谴论”与“阴阳五行灾异观”等观念基础上发展起来了政治救灾制度④。为巩固政权的稳定，统治者将救灾演绎为君权与神权的融合，采取求言纳贤、策免官员等行为，也借此强化君臣一体和以民为本的思想观念⑤。

二是在**制度对策层面**主要划分为灾前预防（改良自然条件和社会条件）与灾后应对（勘灾、报灾、审户、赈济）。在灾前预防阶段制定相应的法规和政策，提前预测和研究可能发生的突发事件，采取相应的预防措施，如重农、仓储、兴修水利、造林垦荒、修筑防洪堤坝、加强战争防备等⑥。在灾害应对层面，宋朝时已具备现代灾害治理模式的雏形，出现了管理体系的三个行政等级即国家级、路级、

① 张涛：《中国古代灾害治理的历史经验》，《理论学刊》2022 年第 5 期。
② 卜风贤、邵侃：《中国古代救荒书研究综述》，《古今农业》2009 年第 1 期。
③ 张进红：《中国古代灾害治理的理念与策略》，《光明日报》2023 年 9 月 9 日。
④ 政治救灾制度包括灾害祈祷制和反省“六事”的政治制度（君主自谴制度、改元制度、策免三公制度、因灾求言制度、大赦制度、因灾虑囚制度、避正殿制度、厌胜制度、减膳制度）。传统社会这些制度的实施是以重农思想为指导的，与传统社会以农为本的宗旨相符合，主要目的在于恢复天地之间的和气，达到天地人三者的和谐统一，以促进农业的发展。参见李军、马国英：《中国古代政府的政治救灾制度》，《山西大学学报（哲学社会科学版）》2008 年第 1 期。
⑤ 李军、胡鹏：《中国传统社会救灾模式选择及原因探讨》，《中国农史》2014 年第 1 期。
⑥ 夏一雪、郭其云、杨隽等：《我国古代公共危机应急救援的历史经验与有益启示》，《学术论坛》2012 年第 7 期。

地方州县级和四个层次即决策层、管理层、执行层、操作层[①]。据统计，我国古代从殷商时代到20世纪三十年代将近4 000年间，各种灾害共计5 258次，其中水灾1 058次，旱灾1 074次，地震灾害705次[②]，古代社会灾害的基本情况如表2-1所示。

表2-1　我国古代社会灾害的基本情况[③]

历史时期	灾害种类	灾害特征
两汉、魏晋、南北朝	旱、水、虫、饥、雹、风、疫、地震等灾害频发	水旱灾害交替，造成饥荒，民多饿死；蝗灾、瘟疫等疫病灾害并发，削弱民众抗灾能力
隋、唐、五代十国	各种灾害加重，灾害种类增多	较前一个历史时期，水旱灾害等发生频率提高了近一倍，雹、霜冻、风灾较之前有所加重，还出现了少有的鼠害、兔害的记载
宋、元、明、清	水、旱、虫、饥成为四大主灾	灾害发生的频率越来越高，灾害并发，灾情笼罩面广，危害程度高，如清光绪十三年，黄河决口造成上百万人死亡，数百万人无家可归

三是在**灾害救助模式上**主要划分为国家救助(赈济、蠲免、借贷)与民间自救(家族自救和社会团体救助)。在《周礼·地官》中明确地将救灾制度划分为散利、薄征、缓刑、弛力、舍禁、去几、眚礼、杀哀、蕃乐、多昏、索鬼神、除盗贼等十二种类型，从理论和实践上奠定了后世荒政的格局。在社会力量层面，宗族和个人的捐赠也发挥着越来越重要的作用，部分官僚缙绅、富户巨商在灾害发生时，会捐出部分救灾物资[④]。

2.1.2　古代社会应急管理的特征

2.1.2.1　救灾基础条件薄弱

在古代社会，由于生产力、科技和人力等因素的限制，应急管理基础条件相对薄弱。这构成了当时应急管理实践的鲜明背景底色。

一是交通和通信限制。古代社会的交通和通信系统相对不发达，这导致了

① 石涛：《北宋时期自然灾害与政府管理体系研究》，社会科学文献出版社2010年版，第22—23页。
② 邓云特：《中国救荒史》，商务印书馆2011年版，第50页。
③ 李雪峰：《应急管理通论》，中国人民大学出版社2018年版，第52页。
④ 李军：《我国古代救灾制度的演变特征》，《光明日报》2014年4月2日。

在应急情况下信息传递的困难。与现代社会相比，古代社会无法快速传递紧急情况和救援请求等信息，从而影响了响应的效率。

二是技术限制。古代社会的技术设备非常有限，一些发明未被充分应用于应急管理实践之中，一定程度上阻碍了各类灾害的有效应对和处置。例如，由于缺乏灭火设备、定位设备等工具支持，使得自然火灾或泥石流等灾害的应对和处理变得十分困难。

三是可获得资源的限制。在古代社会可用于灾害应对的资源稀缺，制约了应急管理的协调和合作。例如，缺少民间自治团体或志愿组织的有效参与，难以调动广泛社会资源和行动者，意味着灾害救援合力和应急处置能力受到限制。

2.1.2.2　依赖统治者的政令

在古代社会，统治者作为政权的执掌者，负有制定应急管理方针和政策的责任，通过发布政令等方式组织力量进行应急救援和灾害处置。由此可以看出，古代社会的应急救援和灾害处置通常与统治者的政令高度联系在一起。

一是组织资源。统治者会发布政令，投入人力、物力和财力资源参与应急管理，实现应急的组织动员目标。例如，要求地方官员调动人员，征召军队、工匠等参与抢险救援和灾害处置。

二是物资调拨。统治者会下令将紧急物资调拨到灾区，包括粮食、衣物等物资，以帮助灾民度过灾害困境，积累了减灾救荒经验①。

三是修复工程。统治者会发布政令要求修复受灾地区的基础设施和建筑物，比如修复道路、桥梁、房屋以及水利工程。除了防洪抗旱的水利工程等是在灾前采取的防灾措施外，大规模灾害管理主要依靠灾后由朝廷专门委派官员进行赈灾救济等②。

四是宣传教育。统治者会发布政令，要求官员进行宣传教育，提高民众对灾害防治和应急措施的认识，增强民众灾害应对的能力。据统计，汉至清末现存救灾文献 411 部（内含清代 352 部）、辑佚书目 65 部（内含清代 16 部），共约 476 部，而清代共计 368 部，占了总数的四分之三以上③。

---

① 夏明方：《历史视野下的“中国式救灾”——明清以来中国救灾事业嬗变过程中的国家与社会》，《中华读书报》2010 年 12 月 15 日。

② 孔锋：《古代社会时期灾害管理特征与灾害文化的理解》，《中国减灾》2023 年第 18 期。

③ 李文海、夏明方、朱浒：《中国荒政书集成》第 1 册，天津古籍出版社 2010 年版，第 9 页。

五是颁布律法。统治者会通过颁布律法来规范灾害应急管理的相关工作，促使各级官员遵守规定并承担相应责任。统治者在回应灾害应对责任的同时，也往往会将自身面临的危机向臣属转移。据统计，从东汉安帝到献帝兴平二年，因灾异被策免的三公中太尉有 21—24 人次，司徒 5—10 人次，司空 15—17 人次①。

2.1.2.3 民众自救互助

古代社会的应急管理主要由统治者负责组织，但民众的自救互助也发挥着重要作用。社会团体救助主要依靠民间互助组织主动赈济灾民、恢复生产。这一救助形式起源较早，《周礼・大司徒》中已有以“里社”为单位的救助方式。元代的“锄社”、明代的“义社”、清代的“普济堂”等，均可视为“里社”的演化形式②。

一是储藏食物和物资。在灾害发生之前，一些民众为了备不时之需，会自行储备相应的食物和生活用品，从而能够减轻对外部救援的依赖以及增强自身抵御风险的能力。

二是互相提供庇护。当灾害发生时，生活在一起的邻里街坊和乡邻宗族会守望相助，相互提供庇护，增强灾害应对的凝聚力，共渡灾害难关。

三是构筑临时避难所。在灾害发生时，一些民众为确保安全，会选择在安全地带自行筑起简易的避难所，避免再次遭受灾害的冲击。

四是互相照顾和安抚。在灾害过后，邻里之间往往会相互照顾和安抚，分享资源和信息，提供心理支持和基本物资帮助，以便更好地恢复生产和生活。

2.1.2.4 重视道德教化

古代应急管理中的道德教化发挥着重要的作用。在古代社会，人们倾向于相信人与自然、社会、神灵之间存在着某种联系，道德信念则是塑造这种联系的重要力量，而道德教化在服务统治阶级统治目标的同时，也在应急管理中起到了一定的作用。道德教化强调人们对社会的责任感和奉献精神，尤其在灾难面前，道德教化能够激发人们的同情心和共同的利益意识，从而促使人们自发地行动起来，互相帮助和支持③。例如，古代一些道德伦理的思想，包括儒家的“仁爱”和道家的“和谐”观念，都强调人际关系的和谐与相互扶持。

---

① 于振波：《汉代“天人感应”思想对宰相制度的影响》，《中国社会科学院研究生院学报》1994 年第 6 期。
② 张进红：《中国古代灾害治理的理念与策略》，《光明日报》2023 年 9 月 9 日。
③ 胡发贵：《试论中国古代道德教化的特点》，《江苏大学学报(社会科学版)》2009 年第 2 期。

2.1.3 古代社会应急管理的内容

2.1.3.1 灾害监测和预警系统

古代灾害监测和预警系统主要是基于人的观察、经验和传统管理方法而形成的灾害预防体系。中国古代的应急管理在灾害监测和预警方面，虽然没有像现代社会那样建立完整的系统，但在某些特定的时期和地区，也采取了一些相应的措施。

一是天文观测和预测。早在春秋战国时期已经出现了类似天文台的设施，负责观测天象。朝廷为观测天象和推算历法，设置了观星台、观象台、司天台、司天监、钦天监等机构，在观察日、月、星的位置以及光亮变化时，能够对天气变化和灾害可能发生的情况进行预测。例如，汉朝科学家张衡发明的地动仪，通过地震波的传递来监测地震的方位。

二是地质灾害的预警。古代社会常常会根据某些地质特征进行灾害预警。例如，为预防水患灾害，被派遣的巡察使等官员定时巡查河道河堤的状况，发现河道存在隐患会及时组织修复。为预防山体滑坡和崩塌等自然灾害，被派遣的巡山员会勘测山体地质样态和结构，发生风险隐患及时采取疏散民众和转移安置等措施。

三是紧急警报和通报。在灾害来临时，各级官吏会通过火堆、号角、鼓声等方式传递警报，让民众能够及时做好准备，参与救援或者疏散工作。民众也会通过串门、信鸽等方式传递信息，试图提升信息传播的速度，增强灾害应对的效果。

四是农作物健康风险预警。古代社会为确保农作物稳产，会对农作物灾害进行预测和评估。例如，根据气候、土壤、植被等条件分析干旱状况，从而预测农作物的产量。通过观察病虫害的发生情况，对农作物健康水平进行评估，发现健康风险及时进行干预，从而减轻农业灾害风险以及保障粮食生产①。

2.1.3.2 灾害防范设施与工程

在古代社会，为预防和应对各类灾害，会兴建专门的灾害防范设施和工程，例如在发展农业、兴修水利、扩大仓储、保护环境等领域兴建了大量工程，以预防和应对灾害冲击②。常见的古代灾害防范设施和工程包括以下内容：

---

① 邵侃：《中国古代农业灾害防减体系研究》，西北农林科技大学博士论文，2009年，第83页。
② 崔永东：《古代社会时期的防灾问题试探》，《北京联合大学学报(人文社会科学版)》2014年第1期。

一是水利工程和防洪举措。古代社会通过挖掘排水渠、修筑堤坝以及修建灌溉系统来防止河水泛滥，促进水源调节和有序排水，这些水利工程的建设有助于更高效地利用水资源。

二是城墙和护城河。古代城市为了抵御和防止敌人入侵，会围绕城墙设计出环绕的护城河。在平时，此类城墙和护城河在防范和应对洪涝灾害等突发事件中也可以发挥重要作用。

三是地震和地质灾害防范。古代社会通常依靠观察来识别地质灾害风险，划定灾害区域和风险等级，并采取相应的防范措施。例如，在易发生地震的地区，古人常常采用“浮筏式基础”的建筑，最大程度地减少地震对建筑基础的破坏。

四是疫病防控设施。古代社会为了控制疫病的传播，通常会设立隔离区、医疗区等不同区域，实现对疫病传播的人为控制。例如，北宋末年开始，普遍设立漏泽园制度，用来处理无以安葬的尸体，避免疫病的再度传播①。

2.1.3.3 灾害应对和救援措施

古代社会的应急管理方法主要依靠统治者和地方官员的指挥和组织，以及邻里的互助和支持。这一灾害应对和救援实践作为国家提供的公共物品，强化了王朝国家的资源调动能力②。古代社会灾害应对和救援措施的主要手段和方法有以下几种：

一是战略调度。古代统治者和军事指挥官往往会根据灾害的类型和规模，制定相应的战略调度方案。例如，对于敌人的入侵或战乱，古代政府会调动军队进行防御以及保护民众。

二是物资储备。古代社会通常会提前储备粮食、水源等生活物资，在灾害发生后进行分发，以满足受灾民众的基本生活需求。例如，政府设立粮仓，用于储存粮食以备不时之需。尤其在灾害来临时，应急物资的储备对保障公共安全具有重大的意义，正如《汉书·食货志》所载贾谊《论积贮疏》强调：“夫积贮者，天下之大命也”③。

三是救援措施。除了政府之外，古代社会也会组织救援队伍，进行灾害救援工作。例如，在大规模火灾中，一些社会上的义务消防队伍会迅速组织起来，用各种工具扑灭火灾。当灾害来临时，政府采取的举措往往包括：一是给灾民发

---

① 蒋广玲：《从三门峡墓群看宋代漏泽园制度》，《赤峰学院学报(汉文哲学社会科学版)》2018 年第 9 期。
② 周光辉、赵德昊：《荒政与大一统国家：国家韧性形成的内在机制》，《学海》2021 年第 1 期。
③ 班固：《汉书》，中华书局 1962 年版，第 1130 页。

放粮食，二是减轻赋税，三是减缓刑罚，四是免除劳役，五是解除封锁山泽的禁令，六是免除市场的税费，七是简省吉礼，八是简省丧礼，九是收藏起乐器不举行娱乐活动，十是简化婚礼便于嫁娶，十一是祭祀鬼神，十二是铲除盗贼[①]。

四是动员群众。古代统治者或地方官吏面对严重的灾害时，会组织动员民众参与其中，发挥灾害处置和应急救援的合力。例如，地方官吏在江河洪水泛滥时，往往会动员民众参与疏浚河道和修筑堤坝工程。

五是人员疏散。当古代社会发生重大灾害时，政府和地方官吏会承担起协助受灾民众安全撤离的责任，将民众转移到安全地带，减少灾害造成的伤亡。例如，在古代报讯测洪时，往往采取由上游至下游通报水情的方式，接连不断向下游报送信息，以便使下游沿岸居民安全疏散，免遭洪水之患[②]。

六是宗教祈祷和祭祀。古代社会也普遍存在祈祷和祭祀活动，以祈求神灵保佑免受灾害侵袭。例如，在干旱或地震等灾害发生时，人们往往会举行祈雨或祭祀仪式，希望能够得到神灵的庇佑。

2.1.3.4　灾害管理机构和人员

在古代社会，面对各种灾害带来的威胁和冲击，一些管理机构和人员被赋予了灾害管理职责，主要体现如下：

君主。古代君主作为最高统治者承担预防灾害、提供救援和重建、慰问安抚灾民等职责，保障民众的生命安全和基本生活需求。秦汉以降，自谴成为一种最为常见的救灾制度，两汉君主灾后下达的自谴诏书计有30余次[③]。

中央官员。在古代灾害管理中，朝廷为明确灾害管理的责任人，会任命中央官员担任灾害管理机构的职务，负责组织救灾行动和资源调度等工作。

州县官员。州县官员是地方政府的代表，属于中央层级垂直管辖范围内的部分，其负责灾害处置和救援协调等工作。例如，在灾害发生后，一些地方专门负责赈济和救助灾民的政府机构，负责组织救济工作。

预警和监测机构。古代社会也有一些专门机构承担着天气预测和灾害监测的责任，通常由天文学家、仪器工匠等担任。在建筑设施层面，也会组织专门的机构来管理城墙、桥梁等设施的检修和加固工作，以保障城市安全运行。

---

① 《周礼·地官司徒》中的原文："一曰散利，二曰薄征，三曰缓刑，四曰弛力，五曰舍禁，六曰去几，七曰眚礼，八曰杀哀，九曰蕃乐，十曰多昏，十有一曰索鬼神，十有二曰除盗贼。"参见刘波、王川、邓启铜：《周礼》，南京大学出版社2014年版，第74页。

② 关景林：《古代报汛测洪几法》，《水利天地》1990年第1期。

③ 陈业新：《灾害与两汉社会研究》，上海人民出版社2004年版，第198页。

医疗机构。当发生灾害时，古代社会的医生往往会被组织起来，负责提供医疗援助和治疗受灾地区的伤员。不论是民医，还是官医，都往往借助草药和传统医学等知识，参与医疗救治。

祭祀人员。在古代社会，祭祀人员承担着组织和执行宗教仪式的职责。在灾害发生时，他们会组织祭祀和祈祷活动，希望能够获得神灵的庇佑。

2.1.4 古代社会应急管理的启思

中国作为一个拥有悠久文明史的国度，在灾害应对中也积累了丰富的历史经验，总结出了“应急之道”[①]，给现代应急管理提供了重要的启示和思考。

2.1.4.1 应急知识与科技赋能的启思

古代社会灾害管理强调天行有常、安危有道；深谋远虑、居安思危；以民为本、使民以时；舍禁弛力、薄征缓刑[②]。但古代社会的应急管理也受制于应急知识与科技赋能的不足，这在一定程度上制约了古代社会在面对灾害和紧急情况时的应对能力。以下是对这一实践状况的反思和启示。

一是科学知识方面。古代社会的科学知识水平相对较低，缺乏对自然现象和灾害的深入了解。灾害的发生还往往引发疫病，中国古代秦至清末期间，因旱灾、洪涝灾害、地震以及战争引发的疫病比率分别为38.1%、32.5%、6.4%、4.2%[③]。在古代医学不发达的情况下疫病极易导致人口的大量死亡，死者以千百或万计。对于灾害的发生，古代社会的预测和预警能力有限，往往难以有效应对。这带来的一个启示是，当前应加强灾害科学研究和教育培训，提高灾害管理的科学化水平。

二是专业技能方面。古代应急管理理念有值得吸收和借鉴的地方，例如“无为而治”（牵住“牛鼻子”、用好“关键少数”、做到“事作于细”）、“为政以德”（勤修政德、勤学慎思、讷言敏行）、“谋定后动”（善用谋略、因势而动、上下同欲）[④]。但是，古代社会较为缺乏专业化的救援队伍，相应的专业人员少。应急资源的调配和运用能力有限，且效率不高。这带来的一个启示是，要注重培养应急管理专业人才，建立专业化的救援队伍，并通过持续的培训和专业交流提升应急管理的技

① 黄琛：《中国传统“应急之道”及对当代的启示》，《厦门特区党校学报》2014年第5期。
② 黄琛：《中国传统“应急之道”及对当代的启示》，《厦门特区党校学报》2014年第5期。
③ 杨俭、潘凤英：《我国秦至清末的疫病灾害研究》，《灾害学》1994年第3期。
④ 张道明：《古代治乱安危思想在应急管理中的现实关照》，《大庆社会科学》2020年第5期。

能水平。

三是科技设备方面。古代社会缺乏先进的科技工具和设备，如通信工具、测量设备等，使得灾害信息的获取和传递困难，难以及时采取应对措施。在古代社会，一种先进的防灾减灾救灾工具的发明和方法的创新，大多是个人基于客观规律的认识提出的，不一定得到官方的鼓励与扶持。例如，公元132年，张衡发明了世界上第一台测震仪——候风地动仪，但这项重大的发明却没有得到当时官方重视①。这带来的一个启示是，当代社会应大力推动科技创新，引入先进的科技设备和工具，提高信息获取和传递的能力，提升应急管理效能。

2.1.4.2 社会资源与信息共享的启思

尽管中国古代在应急管理方面积累了不少经验，但也要清醒地看到其在资源的配置与信息共享方面存在的不足。为此，可以从古代社会应急管理实践中进行如下反思和借鉴。

一是古代社会资源有限，引发对公平正义的思考。古代社会存在贫富差距大和资源分配不均的问题，大量资源被统治阶层所占据，而普通民众却时常面临资源短缺的问题。在灾害应对和处置时，不均衡的资源分配和使用不仅造成普通民众或弱势群体难以抵御风险的问题，还会进一步加剧社会不公平和阶层冲突的现象。为此，应当思考应急资源如何实现平等分配，加大对弱势群体的资源倾斜力度，从而提升社会灾害应对的整体效能。

二是古代社会沟通不足，揭示信息传播的重要性。在古代社会民众通常依靠传话进行信息传播和沟通，灾害发生时由于信息传播方式较为单一，容易造成灾害信息传播的滞后，从而阻碍正常的应急决策和灾害处置。为此，应充分发挥信息技术优势，建立高效的信息传播机制，做好灾害预防、救援、处置等环节的信息沟通与传递工作。

三是古代社会信息共享缺乏，反思跨部门和跨区域合作的效果。在应急管理中，政府内部各部门以及政府与其他组织之间的信息共享，对于应急协作和合作起到了基础性作用。古代社会在信息共享层面时常出现滞后、断裂，甚至是人为封锁等问题，从而导致了工作重复投入和资源的无序损耗。为此，应当充分打通部门间、组织间和区域间的信息共享壁垒，促进信息共享和资源协调，从而增强跨部门和跨区域合作的实效性。

---

① 孔锋：《古代社会时期灾害管理特征与灾害文化的理解》，《中国减灾》2023年第18期。

2.1.4.3 救援能力和制度建设的启思

通过对古代社会救援能力和制度建设的回溯，能够加深对应急救援工作的重要性认识，不断提升应急管理能力。

一是重视救援能力的提升。古代社会的救援能力受限于技术手段的不足，难以充分匹配灾害情境的处置需求。当前，随着科学技术的迅猛发展，应急管理工作也要实现新的突破，在技术赋能应急管理方面找准新的抓手，提升技术赋能的精准性、有效性和及时性。同时，应当健全应急救援能力的专项培训机制，引入专家和智库人才开设相关课程，为应急队伍及时“充电”，补齐其对新兴风险或不确定性风险的回应能力短板。

二是投入现代化的救援装备。古代社会的救援队伍往往缺乏专业化的培训和装备，影响了救援的效果。随着科技的迅速发展，应当注重投入现代化的救援装备，包括通讯、搜救、抢险等方面的设备，提升救援行动的能力。现代科技的进步为救援工作提供了有力的支持，应当善于利用各种现代技术手段，提高救援行动的效能。

三是加强制度和规范的建设。救灾制度早在农业社会起源之时就已经出现，其产生于人们对自然界的恐惧。中国古代社会救灾制度的建立与发展在一定程度上发挥了积极的作用。18 世纪时，中国的一些救灾举措受到了西方的高度评价①。但不少救灾举措只是被作为惯例的形式出现，缺乏必要的制度规范。当前更应加强制度和规范的建设，建立健全应急管理法规和制度体系。只有加强制度建设，才能推动应急管理工作的规范化和标准化，持续提高应急管理效能。

2.1.4.4 救援责任和防灾减灾的启思

古代社会应急管理在救援责任落实和防灾减灾方面存在一定的局限性，为应急管理实践的发展提供了启思。

一是责任落实方面。古代社会缺少专门的应急管理机构和明确的职责划分，限制了灾害应对和处置救援的效能。然而，应急救援是一项十分关键的工作，对这一方面应不断增强制度化建设，同时对应急管理机构和职责划分等进行明确和细化，推动应急责任有序落实。

---

① [法] 魏丕信：《18 世纪中国的官僚制度与荒政》，徐建青译，江苏人民出版社 2003 年版，第 89—102 页。

二是统一协调方面。古代社会在灾害处置的协调方面存在不足，缺乏成熟的应急协调机制和制度规范，应急协调的人治化色彩较浓、碎片化特征明显，不利于应急管理制度化发展。这带来的一个启思是，应当建立统一的应急协调机制，实现应急协调的制度化和规范化，增强政府内部以及政府与其他组织之间的沟通协作，确保应急资源和力量能够有序调配与使用。

三是社会参与方面。古代社会的应急管理往往由政府或军队负责，对社会和民众组织动员效果欠佳，同时，民众自身的应急观念和知识储备不足，也制约了社会参与应急管理的效果。这带来的一个启思是，应建立多元化的合作平台，鼓励和引导社会各行动主体参与应急处置和救援工作，同时增强民众和社会组织等主体的应急意识和能力，提升群众自救互救、全社会共同防灾减灾救灾的能力。

四是预防和减灾方面。古代社会应急管理主要侧重于灾后救援，事后和被动应对成为灾害管理的常态，对灾害预防和预测重视度不够。从危机管理全链条来看，事前的预防和预警是开展应急管理工作的关键基础，多数应急案例反思和危机学习的目的也在于形成对此类突发事件预防和处置的经验，实现应急管理关口前移，引导突发事件"事后处置"向"事前风险预测和评估"转变。概言之，应急管理重在事前预防和减灾层面，对此应加大投入力度。

2.2　近代社会的应急管理

2.2.1　近代社会应急管理的界定

中国近代应急管理体系或危机管理体系，是指在近代中国社会中，为应对各种自然灾害、社会动荡等突发事件而建立的一套应急机制和管理体系。这段时期应急管理主要包括两个阶段：一方面，清末民初自然灾害频发，夹杂社会动荡局面，我国灾害管理开始了近代化转型。洋务派对传统的灾异观进行了反思，引进了西方的先进技术和工程设备，一定程度上提升了我国灾害管理能力[①]。另一方面，中华民国的成立标志着中国社会进入了一个经济和社会转型时期，同时也促使着近代化应急管理思想的逐步形成。随着中华民国的建立，中央政权很

① 根据属性的不同，灾害还可以分成气象灾害、海洋灾害、地质灾害、地震灾害、农林业灾害、生物灾害、天文灾害等七大类灾害。参见陈兴民、郭强：《减灾非工程措施研究》，天津人民出版社1998年版，第1—17页。

快就被北洋系旧式官僚和军阀所掌控，政府首脑在各个派系之间频繁更迭。传统经济和社会结构的改变，推动着中国的应急管理向近代化转变①。

近代社会的应急管理涉及灾害预警与监测、现场处置与救援、灾后重建与恢复等方面的工作，在灾害应对中积累了实践经验。近代社会应急管理的主要内涵包括以下几个方面。

一是突发事件应对和处置。近代社会面临多种突发事件，如动乱、火灾、地震、洪涝、旱灾等，应急管理主要包括对这些突发事件的及时响应和有效处置，以减少人员伤亡和财产损失。清宣统时期，传染病管理开始重视制度规定，出台了《预防传染病章程》②。自此之后，疫病防控成为应急管理的重要内容。政府和民间组织通常会采取措施，控制疫病的传播，提供医疗救治，并进行防疫宣传。

二是社会秩序的维护。在近代社会，伴随着较为频繁的灾荒，带来了人财物的巨大损失，对应急管理工作造成了严重压力③。灾荒破坏了社会秩序，影响了社会稳定和长期健康发展，这催生了近代社会应急管理的重要方向，即保障社会公共安全、维护社会秩序和稳定发展。

三是防灾互助的宣传。在应急管理方面，近代社会注重防灾宣传，政府和各类社会组织会通过各种方式，向公众传播灾害防范的知识和技能。例如，在参与救灾的过程中，我国的慈善组织通过树立自身形象来积极宣传和推广自己，以提升应急能力以及国际影响力④，在这一过程中促进了社会互助，社会力量救助灾害事业得到良性发展⑤。

2.2.2 近代社会应急管理的要素

从鸦片战争开始后的相当长一段时间，中国陷入了列强侵略和内部战乱状态，经济落后，政治腐败，社会贫困，国力衰弱。国家的积贫积弱既成为应急管理不得不面对的处境，又严重影响了应急管理的能力。因此，在关注近代社会应急管理时有必要将上述背景纳入其中加以考量，以便更为全面和客观地看待这一

① 李明：《海原大地震与中国灾害治理思想的近代化转型》，《中国减灾》2020 年第 23 期。
② 刘春蕾、陈晓娜、郑培永等：《基于古代医事制度探讨现代中医药疫情防治的医政管理》，《中医药管理杂志》2022 年第 6 期。
③ 孙语圣、徐元德：《中国近代灾荒史理论探析》，《灾害学》2011 年第 2 期。
④ 杜兆阳：《近代中西慈善组织在防灾救灾方面的交流与合作》，《中国海洋大学学报（社会科学版）》2022 年第 1 期。
⑤ 马梦雪：《近代社会力量在灾害救助中的作用——以 1924 年上海祥经织绸厂火灾为例》，《上海地方志》2023 年第 1 期。

时期应急管理承担的任务和面临的现状。

2.2.2.1　强调国家安全和稳定

近代中国面临许多重大的灾害挑战，如地震、洪水、传染病等，直接威胁了国家安全和社会稳定。这一时期的应急管理工作围绕保障国家安全和社会稳定来运行。

首先，政府建立管理部门，负责相关工作的组织和协调，承担着指导、协调和监督政府机构和社会各界参与应急工作的责任。为推进航运、采矿、纺织等工业发展，清末的洋务派倡导“求富”和“自强”，反映了其对近代国家安全战略思想中“通过发展实现安全”理念的实际探索[①]。

其次，政府制定一系列法律、法规和政策，试图推进应急管理工作的有序开展。中国法制的近代化是一个历史的发展过程，虽然集中表现为晚清修律，但其发端却是始于洋务运动[②]。在法制的近代化过程中进一步明确了应急管理的职责，为应急管理工作提供了制度基础。

最后，政府加强灾害防范和救援能力建设。政府建设了一系列的防灾设施，在海防工程建设、科技发明、医疗救援队伍建设等方面取得了积极成效，以应对可能发生的突发事件，一定程度上反映出我国当时海防近代化、边疆治理近代化、国防战略近代化的发展。

2.2.2.2　应对资源短缺与经济困境

从 1840 年到 1949 年的一百余年间，在自然和社会的双重因素作用下，中国进入了一个自然灾害多发的时期，其发生频率和严重程度都是其他历史时期所罕见的[③]。在这一时期，中国还遭受了军事侵略、国内动乱、社会矛盾激化等多重危机，给国家带来了严重的灾难。

第一，近代中国遭受了外国列强的侵略，战争不断，导致了生灵涂炭，大量资源耗费。自然资源如矿产、土地和水源等遭受了严重破坏，食物、衣物等日常生活必需品也严重匮乏。这使得应急管理工作面临巨大的挑战。

第二，近代社会的经济困境给应急管理带来了沉重压力。步入近代的早期阶段，社会经济发展遭受严重阻碍，例如，鸦片战争以及后续的不平等条约对中

① 王熙：《四个维度看近代中国国家安全战略思想的嬗变》，《学习时报》2020 年 3 月 6 日。
② 李青：《中国法律近代化的开端——洋务派的“稍变成法”引进西法》，《政法论坛》2009 年第 4 期。
③ 朱浒：《近代中国的灾荒与社会变局——“近代中国的人与自然”笔谈（四）》，2022 年 4 月 6 日，http://jds.cssn.cn/xscg/ybwz/202204/t20220406_5402239.shtml，2023 年 12 月 13 日。

国经济造成了极大压力，在遭受外来剥削和掠夺过程中资源出现了严重短缺。国内政治动荡也影响了经济正常运行，从而导致经济困境与资源短缺互相加剧，给应急管理工作带来严峻挑战。

第三，政府为提高经济效益和资源利用效率，推动工业化。在19世纪末至20世纪初，为推动产业发展，兴办工矿企业成为应对资源短缺和经济困境的重要方式，如开办煤矿、电力、铁路等产业，不断提升能源供应能力。

2.2.3　近代社会应急管理的价值

2.2.3.1　国家安全意识的崛起

在近代社会，国家安全意识的崛起是走上现代化道路的重要动力。这一时期，先后遭受了内外部威胁和冲击，发生了外国入侵、政治动荡和严重的自然灾害等，使得政府和社会不得不重视国防和国家安全建设。

一方面，国家面临欧美列强的欺凌和威胁，在经济、军事和科技等方面已经面临严重压力，迫使政府寻找“师夷长技以制夷”的策略，针对国防和国家安全等问题，先后制定和实施了一系列措施。例如，清政府在19世纪末和20世纪初，为抵御外国侵略，进行了一些改革，试图增强军事和防御能力，以加强边境和海防安全。

另一方面，内部的社会动荡和民族分裂促使国家统一和国家安全意识的增强。近代社会，先后出现了多次内乱和农民起义，这些内部动荡和分裂问题严重威胁了国家安全、稳定和统一。为此，中央和地方政府纷纷探寻国家统一和安全的出路。

最后，自然灾害也是我国在这一时期面临的严重挑战之一。洪水、旱灾、地震等自然灾害经常给我国带来巨大的破坏，这使得政府注意到应对自然灾害的紧迫性，并实施了一系列的灾害管理措施。

2.2.3.2　对外交流与技术互鉴

近代我国应急管理的对外交流与技术互鉴主要体现在以下几个方面。

一是积极吸纳西方国家的灾害防治技术和经验。面对重大灾害挑战，当时的政府较为重视向西方国家学习应急预警、抗灾救援和灾后重建等方面的技术和经验。例如，为更好开展应急监测与准备，引入了西方地质调查工具和气象观测设备等，辅助解决了相应的应急管理难题。在晚清时期，政府增强技术和经验的引进，通过聘请外国顾问和技术专家，引进西方的军事技术和管理经验，一定程度上推动了应急管理力量的发展。

二是参与国际组织合作，推动国际技术互助和经验交流。为促进应急管理的国际合作和技术互鉴，积极参与和开展国际合作，参与国际红十字会交流，与诸多国家共同研究和应对突发事件的挑战。这种技术的互鉴促进了当时的应急管理能力建设。

三是培养和引进应急管理人才。我国在近代通过与西方国家的教育交流，培养和引进应急管理方面的专业人才，一定程度上为应急管理工作提供了人才队伍支持。

2.2.3.3　社会组织体系的建立

这一时期，我国应急管理的社会组织体系逐渐建立起来，主要体现在以下几个方面。

首先，管理机构的建立。进入近代，社会面临的风险因素增多，应急管理也日益受到政府的关注。各级政府陆续成立了专门的突发事件管理机构，负责组织和协调应急救援工作。其中具有代表性的是1921年成立的科学考察组第一次进行地震现场考察。中国现代的消防队制度源于晚清时期。具体而言，在1868年，香港成立了中国地区最早的现代消防队。1902年，清朝政府在天津成立南段巡警总局后，租界消防队移交清政府管理，改名为南段巡警总局消防队，成为中国第一支现代意义的消防队伍。20世纪初，国内一些大城市相继开始建立消防队，专门负责火灾救援和灭火工作。这些消防队配置有专门的应急救援设备和人员，能够及时响应火灾事故。

其次，红十字会的建立。1894年甲午战争后，国际红十字运动开始在中国大陆传播。1904年我国成立了红十字会，成为应急管理的重要组织，积极参与国内外的应急救援等工作。

最后，捐款募集和救济机构的建立。进入近代，社会力量逐渐发育，在各类重大突发事件之后往往会自发组织救济和救助工作，进行捐款募集。例如，重大水灾之后，全国各地往往组织捐款捐物，为受灾群众提供必备的粮食、药品等。

2.2.3.4　社会意识的觉醒和变革

进入近代社会，我国经历了大规模的自然灾害、外敌入侵和内部动荡等纷繁复杂的冲击，使得社会意识逐渐觉醒，开启了该时期对应急管理的新认知。这一时期应急管理社会意识觉醒和变革的主要表现如下：

第一，灾害认知的提高。近代社会以来，我国遭受了一系列大规模自然灾害，如洪水、旱灾、地震等。这些灾害使得社会逐渐认识到灾害预防和应对的重要意义，从政府到民间组织都相继开启了灾害预防和应对的新探索。

第二，知识分子的带动作用。在近代社会，一些知识分子日益关注灾害问题，提出了不少应对灾害的理论和方法。例如，为加强水利工程建设，魏源提出了沿海地区防洪的重要性，这一海防思想具有重要的理论和实践价值。

第三，组织力量的兴起。社会各界开始自发组织应对灾害的力量，以增强灾害应对能力。例如，农民积极参与庙会组织，参与修建灾害防范的基础设施。一些慈善组织和救济机构不断出现，为受灾群众提供相应的帮助。

第四，政府的介入和管理。随着应急管理工作的整体性推进，政府在应急管理中发挥的作用愈来愈明显，例如，这一时期政府推进组建了应急管理专门机构和专业团队，引导其积极参与防灾救灾活动。

第五，国际交流与经验借鉴。这一时期，我国增加应急领域的国际交流互访，推动了国际层面的应急合作。例如，我国参与国际红十字会的活动，学习先进的救援技术和方法。

2.3 现代社会的应急管理

2.3.1 现代社会应急管理的本质意涵

国家应急管理体系是由管理主体、管理客体、管理目标、管理规范、管理保障、管理方法、管理环境等相互联系、有机互动构成的整体[①]。新中国成立以来，应急管理经过不同阶段的演进，不断提升应对灾害和紧急情况的能力，致力于保障人民生命财产安全，促进社会稳定和可持续发展。随着现代社会面临的风险因素不断增多和日益复杂，作为一个地域辽阔、各地情况复杂多样的超大型国家，其应急管理的意涵特质主要包括以下几个方面。

政府主导。现代社会面临的风险因素不断增加，这要求政府在应急管理中发挥越来越重要的作用。尤其是在中国这样一个社会发育相对不足的超大型国家，更是需要发挥政府在应急管理中的主导作用。新中国成立后，政府日益重视应急管理，制定和实施应急管理政策、法规和规章，组织应急救援行动。

---

① 钟开斌：《国家应急管理体系：框架构建、演进历程与完善策略》，《改革》2020 年第 6 期。

综合协调。应急管理涉及的领域广泛，包括自然灾害、事故灾难、公共卫生事件等多个方面，要求建立综合性的应急管理体系，加强各部门之间的合作和协调。

预防为主。对应急管理来说，有效的预防是最好的应对。为此，从源头上预防灾害的发生，需要采取科学决策、系统规划等途径，加强灾害风险评估、预警预报等工作，减少灾害的损失和影响。

快速响应。在突发事件发生时，迅速组织应急救援力量，展开紧急救援行动，是有力保障人民生命财产安全的内在要求。应急响应和处置的及时性和有效性成为应急管理工作的重要目标。

社会共治。尽管政府应该在应急管理中发挥主导地位，但这并不意味着社会力量在应急管理中不重要。相反，随着政府应急管理任务的日益繁重，单靠政府的力量显然难以满足应急管理新形势提出的要求。对此，应鼓励社会公众参与应急管理，推动政府、企业、社会组织等各方力量共同参与应急管理，形成社会共治格局。

科技支撑。在数字时代，应注重运用现代科技手段，如大数据、人工智能、云计算等，充分发挥技术赋能应急管理的价值。同时，推动科技创新和应用，不断提升应急管理的技术水平。

2.3.2　现代社会应急管理的阶段划分

新中国成立后，我国应急管理体系先后经历了单灾种应对为主、以“一案三制”为核心、以总体国家安全观为统领的三个主要发展阶段[①]。与之相应的是，第一次以综合减灾为理念，建立了防灾减灾职能；第二次以综合应急为理念，以“统一领导”提高了应急管理的权威；第三次以总体国家安全观为指导，明确了公共安全综合治理的目标[②]。从组织与环境互动的角度来看，现代应急管理大致可划分为四个阶段：政府单一主导阶段（1949—1977）、扩大参与阶段（1978—2001）、信息化兴起阶段（2002—2011）和复杂多变环境的应对阶段（2012 年至今）。

2.3.2.1　政府单一主导阶段（1949—1977）

现代应急管理的政府单一主导阶段主要指的是 1949 年至 1977 年间，政府

---

① 闪淳昌、周玲、秦绪坤等：《我国应急管理体系的现状、问题及解决路径》，《公共管理评论》2020 年第 2 期。
② 刘一弘、高小平：《新中国 70 周年应急管理制度创新》，《甘肃行政学院学报》2019 年第 4 期。

在应对灾害和紧急情况方面发挥了单一主导作用。在这个阶段，政府着眼于国家安全和社会稳定，采取了一系列措施来推动应急管理工作。

组织机构建设。政府在这一时期建立了一整套应急管理体系和组织机构。1950 年 2 月 27 日，救灾领导协调机构——中央救灾委员会正式成立，负责协调救灾工作。1953 年 11 月，中央人民防空委员会正式成立，负责对空袭进行警报和防护。

灾害防治规划。这一时期积极制定和实施灾害防治规划，通过水利工程建设、林业和草原建设、农田水利改造、土地改造等途径，减少灾害的发生和影响。同时，加强对气象、地震、洪水等自然灾害的监测预警。

应急救援力量建设。这一时期加强了应急救援力量的建设，成立了各级人民防空领导机构，组织防空演练和培训，增强公众的防空意识和自我保护能力。此外，政府成立了全国民兵应急救灾队伍，培养了大量的民兵志愿者，参与灾害救援工作。

2.3.2.2　扩大参与阶段(1978—2001)

现代应急管理的扩大参与阶段是指 1978 年到 2001 年间，政府在应对灾害和紧急情况时逐渐扩大了社会参与的范围。这一时期，我国社会经济的发展和改革开放政策的实施，使得社会力量的参与得到了越来越大的支持，应急管理工作也逐渐深入到社会各个领域。

推行灾害管理综合体制改革。政府在这一时期进行了灾害管理综合体制的改革，逐渐建立了多层次、多部门、多领域的应急管理体制。各级政府、企事业单位、社会组织等都积极参与应急管理工作，逐步形成多元应急参与的模式。

引入市场机制促进应急管理。市场机制在应急管理中的一个优势在于促进应急产品和服务的普及化①。随着我国应急管理体制改革的推进，政府逐渐引入市场机制，通过激励措施和市场化运作，推动企业等主体开展应急物资供应、灾后重建等工作。

促进社会组织参与。政府鼓励和支持社会组织参与应急管理工作，包括非政府组织、志愿者组织等。政府与社会组织建立合作机制，共同参与灾害救援和紧急情况应对工作。

加强应急资源的整合利用。一方面，政府推动应急资源的整合和共享，鼓励

---

① 林鸿潮：《公共应急管理中的市场机制：功能、边界和运行》，《理论与改革》2015 年第 3 期。

各方共同投入应急物资，提高整体应急能力。另一方面，政府通过设立应急储备库、建立联合救援队伍等措施，着力实现资源的高效调度。

2.3.2.3　信息化兴起阶段(2002—2011)

2002 年是我国信息化建设飞速发展的一年，应急管理的信息化主要从这一时期开始兴起，政府有力地推动应急管理的信息化建设和应用。信息技术的快速发展和广泛应用，赋能应急管理发挥更大作用。

建设信息化应急管理系统。政府积极投资建设信息化应急管理系统，建立应急管理信息化平台、应急指挥中心和灾害信息数据库，在此基础上能够更加高效地获取、传播、分析和利用应急管理信息，有助于提升应急决策和指挥能力①。

推动信息技术在应急救援中的应用。政府鼓励应急救援机构使用先进的信息技术设备，提高救援行动的效率和精确度。如卫星定位、无线通信和遥感技术在应急管理领域的作用愈来愈突出。同时，政府鼓励公众通过发布求助信息、提供救援资源等方式，参与各类应急救援活动。

加强应急管理信息共享和交流。为促进部门间的信息共享，这一时期推进了应急管理信息共享平台建设，助力实现灾害信息、应急预案和救援经验的共享与交流，提高应急管理效能。

提升应急管理人员的信息化素养。政府为提升应急人员的信息化素养，实施了应急管理人员的常态化学习和专项培训机制，特别注重培养运用信息技术分析和处置突发事件的能力。

2.3.2.4　复杂多变环境的应对阶段(2012 年至今)

2012 年发展至今，现代应急管理面临的环境日益复杂多变。在这一阶段，随着我国现代化建设的不断推进，政府应急管理面临着新的挑战，为应对各种复杂多变的情况，不断推动应急管理体系和能力的现代化。

构建综合应急管理体系。党的二十大报告将“推进国家安全体系和能力现代化”单列一章进行强调，明确提出要建立“大安全大应急框架”，推动“公共安全治理模式向事前预防转型”。在此背景下，我国不断加强综合应急管理体系的构建，推进多灾种、全链条应急管理实践。

拓展数字技术在应急管理中的应用。为提高应急决策的精准性，我国积极

---

① 谢旭阳、邓云峰、李群等：《应急管理信息系统总体架构探讨》，《中国安全生产科学技术》2006 年第 6 期。

推动数字技术在应急管理中的应用，拓展大数据、人工智能、物联网等技术的运用场景。同时，政府对数字安全更加重视，加强了对网络安全事件的防范和处置。

强化应急预警和监测能力。这一时期通过引入新技术以及加大对应急预警和监测系统的建设，有助于及时掌握和报告突发事件的信息，提高监测和预警预报准确度。例如，这一阶段我国加强了对台风和地震等灾害的预测和监测，不断提升了灾害救援和灾后重建能力。

加强跨部门和跨地区合作。这一时期各部门、各地区之间的沟通和协作不断加强，通过建立联合指挥机制和应急资源共享机制，推进信息共享和快速响应，不断适应复杂多变的应急管理环境。

强化社会参与和应急意识。这一时期通过加强公众应急教育和培训，有效引导公众参与应急管理工作，增强社会公众应急意识和自我保护能力，推动形成全社会共建共治共享的应急管理格局。

2.3.3　现代社会应急管理的现实挑战

2.3.3.1　城市化进程加快

第一，政府应急管理能力的反思。城市化进程意味着资源要素的高度聚集，在城市社会发展和经济建设过程中，各类风险矛盾与之相伴。面临外部环境的变化，应急管理主体应当提升突发事件的预测预警、处置应对能力，从而更好地防范和化解城市化进程中多样和复杂的风险。

第二，人口密度和流动性的隐忧。我国人口规模庞大，流动性强，导致灾害事件可能造成的损失巨大，对应急管理工作提出了更高的要求。伴随着城市化的不断推进，城市面临的风险也日益凸显[①]。城市化进程增加了人群密集区面临的安全威胁，大量城市人口的高度聚集，可能加剧城市交通拥堵、环境污染等问题。为此，需要加强对人口密集区的监测和管理，制定和完善应急救援计划，保障城市安全运行。

第三，国际性应急合作的迫切需求。在全球化进程中，灾害不受国界限制，国际合作和经验交流对于灾后重建和风险管理至关重要。我国应急管理体系需

---

① 易承志：《从刚性应对到弹性治理：韧性视角下城市应急管理的转型分析》，《南京社会科学》2023年第5期。

要加强国际合作，学习借鉴先进经验，提高应对灾害的能力。特别是 2020 年新冠肺炎疫情的复杂冲击，使应急管理工作产生更为强烈的国际合作需求。

2.3.3.2　新兴风险和传统风险并发

第一，各类风险交织叠加。伴随着日益加速的科技创新和社会变迁，新的风险威胁不断涌现，包括不断出现的信息安全风险、应急指挥平台供应安全隐患等。应急管理体系建设应考虑最大化控制或减轻风险的影响，需加强风险识别、评估、预测、预警、处置、沟通和反馈等环节的衔接与配合。复合风险的演化往往孕于致灾风险的耦合、叠加、强化过程，其中，原生致灾风险是最初的致灾因子，而连带致灾风险与原生致灾风险几乎同时出现，二次致灾风险产生于原生致灾风险之后（见表 2－2）。

表 2－2　致灾风险复合演化的基本类型[①]

原生致灾风险	连带致灾风险	二次致灾风险
火山喷发	地震	山火、火灾、洪水、泥石流
地震	滑坡	坍塌、化学品泄漏或爆炸、海啸
飓风	龙卷风和洪水	建筑坍塌
闪电	雷暴	城市和乡村火灾
洪水	飓风和其他天气事件	建筑坍塌、传染病
冰雪	交通事故	雪崩、因取暖而发生的火灾
龙卷风	冰雹和其他天气事件	建筑坍塌
火山	雷暴、闪电	植被破坏而导致的滑坡

第二，突发事件频发多发。近年来，我国洪涝、暴雨、事故灾难等灾害的发生频率整体上偏高，对应急管理工作构成了突出挑战。应急专业队伍应加强对各类突发事件的分析研判，结合风险的性质和特征，尽可能做好应急准备工作，以减少人员伤亡和财产损失。

第三，应急救援复杂性增强。现代化进程中各种可以预见和难以预见的风

① McEntire D A. Disaster Response and Recovery: Strategies and Tactics for Resilience. Hoboken: John Wiley & Sons, 2007, p.360.

险因素明显增多，使得应急管理工作变得更加复杂。针对这一复杂的现状，应急管理主体应明确自身职责和定位，按照制度化标准与风险形态的内在要求，有针对性地扮演好风险预警者、应急驾驭者和成长学习者的角色[①]，同时发挥社会多元主体合作共治的作用，不断提升应急管理效能。

2.3.3.3　资源分配差异问题

现代应急管理在一定程度上还面临资源分配差异问题的挑战，这主要表现在以下几个方面。

第一，地区差异。我国地域广阔，不同地区面临的灾害风险不尽相同。自然灾害频发的地区，通常需要更多的资源用于防灾减灾，但是受制于经济或技术的约束，难以充分调动和使用相应的应急资源，容易制约应急管理能力的发挥。

第二，行业差异。不同行业面临的风险和灾害情况存在差异性，需要更具针对性的应急管理措施。例如，煤矿、化工等高风险行业在减灾救灾方面需要投入大量的资源。然而，这些高风险行业在缺乏应有的资源支持和监督约束下，其面临的风险隐患会不断突显。

第三，社会群体差异。不同社会群体在灾害中的脆弱性程度和应急需求存在差异，老年人、残疾人等脆弱群体往往处于相对不利的位置。当资源分配不均衡与群体脆弱性差异叠加时，可能给应急管理工作带来更大的挑战。

2.3.3.4　信息技术安全挑战

现代应急管理既面临着信息技术快速发展带来的机遇，同时也面临一些信息技术安全方面的挑战，主要包括以下几个方面。

第一，数据安全风险。随着信息技术的广泛应用，应急管理部门收集、处理和存储的大量数据面临着泄露、丢失和被篡改等风险。恶意攻击、数据泄露和内部操作不当等问题可能导致重要数据的丢失或被不当使用，对应急管理工作产生严重威胁。

第二，移动设备安全风险。移动设备的广泛应用也带来了安全挑战。在应急管理工作中，移动设备被广泛应用于信息传递、指挥调度和应急救援等方面，移动设备的丢失、设备被黑客攻击或感染恶意软件等风险将直接影响应急管理工作的进行。

第三，社交媒体安全风险。社交媒体已成为信息传播和舆论引导的重要渠

---

① 陈新明、刘一弘：《应急领导力：应急管理能力现代化的关键环节》，《天津行政学院学报》2023年第4期。

道，往往在突发事件发生时引发大规模传播①。社交媒体也面临着谣言传播、虚假信息和网络攻击等风险，这些不利因素可能导致信息错误传播和舆论混乱，从而给应急管理工作带来挑战。

2.3.3.5　社会脆弱性因素的挑战

现代应急管理面临社会脆弱性因素的挑战，这主要包括以下几个方面。

第一，社会信任度和合作意识不足。社会信任度和合作意识是应急管理工作的基础。然而，在现代社会中，信任度下降、合作意识不强的现象也加大了应急管理工作的困难。在突发事件应对中，对应急机构和救援人员的信任度、合作意识不足可能导致应急工作的受阻。

第二，媒体和社会舆论的消极影响。媒体在现代社会中起到了传播信息和塑造舆论的重要作用。然而，媒体一旦对信息传播的把关不当，可能会加剧社会紧张或恐慌，造成政府信任下降，加大应急管理的难度。

第三，社会心理和公众预期受挫。现代社会中，公众对于安全期望更高，对应急管理工作也提出了更高的要求。社会心理问题通常与突发事件相伴产生，突发事件会给受灾群众带来心理创伤，需要及时进行心理疏导和救助。为此，政府在对可见的突发事件进行处置后，还需对难以看见的社会心理进行积极引导和干预，加强对公众心理健康的关注，建立健全心理援助体系。

第四，公众应急意识和能力不足。提升公众安全意识与应急能力是减少突发事件损失的最有效、最经济、最安全办法②。随着风险不确定性和破坏性蔓延，公众安全和应急意识的培养变得尤为重要，应从源头治理出发，矫正部分公众忽视应急管理以及高估自身应急能力的观念偏差。

2.3.4　现代社会应急管理的发展趋向

现代社会应急管理受到多重风险挑战，面临着十分复杂的内外部环境考验，在历史经验积累中亟待创新性发展。从历史和经验来看，我国应急管理需要突破既有的路径依赖和经验锁定困境，坚持问题导向和系统施策的原则，迈向整体性应急管理的发展目标。具言之，立足“1＋4＋N”的建设思路③，实现整体性应

① 易鹏、薛莎：《重大突发事件中的网络舆论生态修复：旨趣、价值与机制》，《理论导刊》2021年第12期。

② 米硕、刘润泽、张林：《数字技术何以提升公众的应急安全意识与能力？——来自深圳市应急宣教平台的证据》，《行政论坛》2023年第5期。

③ 在“1＋4＋N”的建设思路中，“1”是代表“迈向整体性应急管理的目标”，“4”是“主体、手段、动力和支撑”四大路径，“N”是贯穿于四大路径之下的具体行动策略与方案等。

急管理的发展目标，需要整体性解决主体问题、手段问题、动力问题和支撑问题（见图 2-1）。

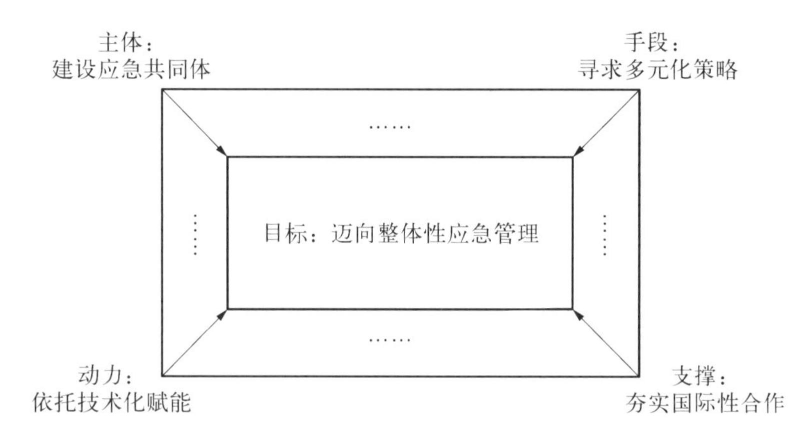

图 2-1　现代社会应急管理的发展趋向图①

2.3.4.1　目标：迈向整体性发展

通过对碎片化应急的反思，未来应提高应急管理体系的整体运行效率和应对能力，实现应急管理工作的整体性发展。这具体包括以下几个方面。

整体性规划和协调。应急管理体系要在整体化的视角下进行规划。这意味着要将应急管理纳入国家、区域和城市发展规划中，与其他领域的发展目标相衔接，协调应急管理的各个环节和主体，提高资源的整体配置效率。

整体性机制和体制建设。大安全大应急框架内在要求构建整体化的应急管理机制和体制。这包括建立起横向协同的应急管理部门合作机制，纵向衔接的中央与地方应急管理体制，以及明确各个行业、领域应急管理机构的职责划分，实现应急管理的统一指挥、协同配合和高效运行。

整体性资源配置和利用。碎片化的资源供给和利用方式往往影响应急管理的整体效能，而实现应急管理资源的整体化配置和利用，可以最大程度匹配危机应对状态。这包括对人力、物资、技术和信息等资源的整体统筹和协调，确保资源的合理配置和有效利用，以整体性提高应急管理能力。

整体性宣传和教育。构筑突发事件应对的整体防线，离不开全社会各方面力量的共同参与，为此要推进整体化的应急管理宣传和教育工作。这包括向公众普及应急管理知识，增强公众的防灾意识，培养应对突发事件的意识和能力。

---

① 作者自制。

整体性评估和改进。危机学习和反思是应急管理效能提升的重要手段，这离不开建立整体化的应急管理评估和改进机制。通过对应急管理工作的评估和总结，发现问题和不足，及时采取措施，提高应急管理的质量和效果。同时，要加强对应急管理经验的总结和分享，健全整体化的应急学习和反思改进机制。

2.3.4.2　主体：建设应急共同体

在应急管理过程中，为保障公众生命财产安全和社会稳定，应充分发挥政府、社会组织、企业组织、社区等主体的作用（见图 2－2），提高应急管理效能，这主要可以通过以下几个方面实现。

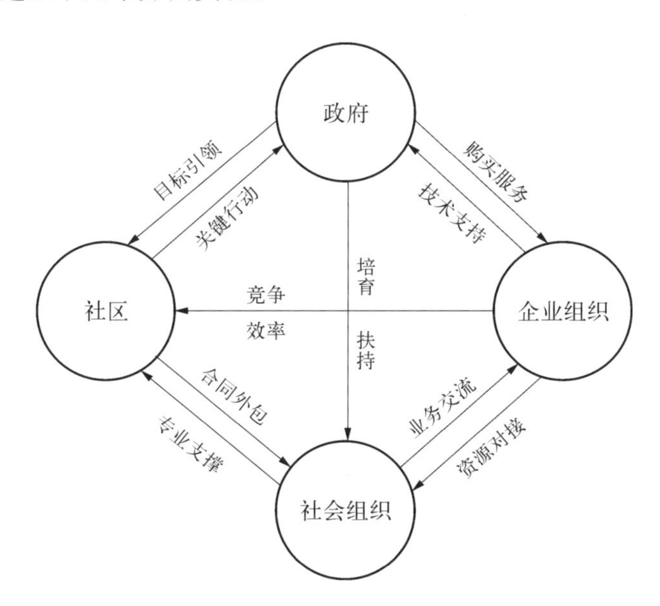

图 2－2　“政府—社会组织—企业组织—社区”应急共同体的互动模式①

强化社会组织的作用。鼓励和支持社会组织参与应急管理工作，发挥“协同增效”的作用②。完善社会组织参与应急管理的政策体系，积极引导经济类社会组织、公益慈善组织、社会福利类组织、社区类组织等主体参与应急实践（见表 2－3）。同时，为实现信息共享、资源调配和行动协同，政府应与社会组织建立良好的合作机制，提升应急管理的效能。

---

① 作者自制。
② 王晟昱、何兰萍、李想：《社会组织参与应急管理的危机学习——协同治理机制研究》，《河海大学学报（哲学社会科学版）》2023 年第 5 期。

表 2-3　社会组织参与应急管理的功能矩阵①

类　型	策　略	风险管理	危机管理	恢复与善后
经济类	技术介入策略	风险评估、发展规划与减灾技术	灾情信息、应灾技术及决策支持	危机调查、效果评估及重建规划服务
社会福利类	行动介入策略	治理参与及群体应灾能力培育	救援与灾区服务	社会重建与发展
公益慈善类	资源介入策略	风险削弱项目及设施资助	应灾救援物资供应及管理	款物捐助
社区类	理念介入策略	风险文化培育与发展理念更新	灾区社会理性及灾害认知培育	灾后社会意识引导和整合

增强社区居民参与的意识和能力。加强应急管理的宣传教育工作，增强居民对应急管理的认识和参与。一是政府可以通过各种渠道加强宣传教育，包括开展应急演练、组织培训活动、开设应急热线等，调动居民的广泛参与。二是引导社区自发组织开展各类应急宣传和公益实践活动，在情感联结的生动实践中增强安全意识和能力。三是动员社会司法公益组织等力量开展安全普法类活动，为社会应急管理能力提升营造良好的法治环境。

建立健全应急协同机制。加强全社会的应急协同离不开促进政府、社会组织、企业组织和社区居民等主体之间的协商共治。同时，通过大数据、物联网等技术手段实现信息快速有效传递，构建应急管理的网络沟通空间，提升应急管理的协同效能。

加强应急资源的整合利用。这要求激发社会化参与，充分利用社会各方的资源，实现资源的整合与共享。一方面，政府可以建立应急资源库，对各类物资、人力等资源进行调配，提高应急管理的资源利用效率；另一方面，发挥企业组织、社会组织和社区居民在应急物资捐赠、一线救援和管理协调等方面的作用，激发社会网络参与的内生活力。

2.3.4.3　手段：寻求多元化策略

在手段上寻求多元化策略，有助于满足应急管理的灵活性和权变性需求，从

① 陶鹏、薛澜：《论我国政府与社会组织应急管理合作伙伴关系的建构》，《国家行政学院学报》2013 年第 3 期。

而提高应急管理效能。

多元化的风险管理策略。风险具有“转换态”，意味着风险经常处于发酵或衰退的中间环节[①]，这需要采取多元化的风险管理策略，包括风险评估和风险防控两个方面。一方面，通过开展风险评估，及时识别各类潜在风险，并制定相应的风险防控措施，增强公众的风险意识和自我防护能力。另一方面，加强各类重点区域和重大项目的安全管理，利用新技术应对新风险，精准研判、科学预见形势趋势和隐藏其中的风险点，增强全局意识、系统思维，尽最大可能预防事故的发生。

多元化的应急预警机制。建立多元化的应急预警机制，一是增强社会预警的整体性，扩大社会应急预警系统的主体范围，最大限度地将企业、社区、学校、医院、社会团体等各类社会力量纳入应急预警的实践范畴，实现自救和互救的联动。二是利用传统媒体、社交媒体、移动应用等多种渠道进行信息发布，提高预警的准确性。同时，可以结合科技手段，如使用无人机、卫星遥感等技术监测环境变化，对突发事件提前预警。

多元化的应急救援手段。建立多元化的应急救援体系，加强应急物资储备、人员培训和技术装备等方面的准备。一是建设救援队伍，培养专业救援人员。二是配备先进的救援工具和设备，提高应急救援的能力。三是建立应急物资储备和配送体系，保障应急救援的物资供应。

2.3.4.4　动力：依托技术化赋能

通过技术化支持的手段，应急管理体系能够更加科学、高效地应对各类突发事件，提高防灾减灾救灾能力。

建立完善的应急管理信息系统。一是通过建设应急管理信息化平台，实现信息的高效获取、处理、传递和共享，提升应急指挥和决策的科学性和精准性，提高应急管理效率。二是利用先进的信息化技术，畅通区域性和行业性的应急管理信息沟通渠道，通过整合和分析灾情信息、资源信息、人员信息等，为突发事件预防与处置提供有效的数据支持。

构建应急管理的智能化支撑。利用人工智能、物联网、大数据等技术，提高应急决策的智能化和自动化水平。一是通过人工智能技术分析，预测和评估灾害风险，提供有针对性的应急预案和措施，从而提高应急救援的能力。例如，积

---

① 包涵川：《风险演化进程中的社区参与模式研究》，《甘肃行政学院学报》2022年第3期。

极引入无人机、遥感卫星等新型技术对灾区进行航拍，获取灾情信息；运用机器人实施危险区域的救援工作。二是利用物联网技术构建感知网络，实时监测灾害发生的情况，提供准确的灾害信息。例如，在物联网技术支持下，利用遥感卫星提供准确的灾害图像和数据。三是利用大数据技术对应急救援资源和人员进行优化调度，提高救援效率。未来应进一步推动数据资源与应急管理场景深度融合，充分挖掘数据价值。

推广应急管理的移动化应用。一方面，利用移动通信技术和移动设备，不断优化应急管理的移动指挥平台，实现指挥员和救援人员的实时通讯和信息传递。另一方面，不断开发应急管理的移动应用软件，为灾情查询、求救报警、应急培训和演练等提供技术支持。

2.3.4.5 支撑：夯实国际性合作

现代社会应急管理应更好地夯实国际化合作，形成国际合作共建、共治和共享的应急管理新格局。这能为国际社会的应急管理提供来自不同国家的智慧，共同应对全球性的复杂突发事件。

加强国际合作机制建设。一是通过签署合作协议、设立联合工作组或机构等方式，共同研究国际应急管理的相关问题。二是通过共享技术与信息资源，加强国际科技创新合作，推动应急管理领域的科技成果转化和应用。三是通过共同研发先进的应急管理技术与装备，提高应急管理的科学化和智能化水平。

提升国际应急救援能力。一是加强救援力量、装备和技术的国际交流，开展多边救援演练和联合行动。二是建立国际救援力量调度机制，实现国际救灾合作，提高共同应对国际灾害的能力。三是通过举办国际应急培训班、研讨会和学术交流活动，推动国际应急理论和经验的交流。

推动国际应急合作网络建设。构建国际应急合作网络对于整合国际应急资源、提高国际灾害救援和应急响应能力具有重要作用。对此，可从以下几个方面着力：一是积极参与构建公正合理的全球应急合作框架，为国际应急合作网络建设提供坚实的基础；二是积极推动应急领域的多边合作倡议，如联合国的应急援助机制；三是积极参与促进多样的合作网络建设，与各国政府、国际组织、跨国企业、智库等建立应急合作伙伴关系。

阅读材料

从唐山大地震到汶川大地震：历史比较的视角

唐山大地震和汶川大地震深深地铭刻上两个时代的历史印记，见证了中国的巨大变化。

(一) “以人为本”的应急管理价值取向

经过30年的改革开放，中国不断总结经验教训，进行具有开创精神的理论和实践探索，把“以人为本”作为核心的“科学发展观”写入了中共十七大通过的党章。这成为汶川地震救灾的指导思想。

(二) 经济社会发展助推应急管理能力提升

中国社科院数量经济所所长汪同三说，如果和32年前的唐山大地震时期相比，中国的经济总量已经增长了数十倍，尤其是近些年中国经济的持续快速发展，无疑为中国政府的救灾和灾后重建工作积累了深厚的物质基础。

(三) 法治建设更好保障了人权与应急管理权益

中共中央党校科学社会主义教研部主任严书翰指出，抗震救灾还反映了中国法治社会的逐步形成完善，“过去数年来，中国已明显加快构建有助于发展和保障社会主义民主的法律体系”。例如，“国家尊重和保障人权”与“私有财产不可侵犯”被写入宪法。《政府信息公开条例》颁布实施，要求政府主动公开“需要社会公众广泛知晓或者参与的政府信息”；《突发事件应对法》则删去了草案中有关新闻媒体不得“违规擅自发布”突发事件信息的规定。

(四) 主动拥抱世界赢来和平稳定环境

30年的对外开放使中国融入了世界。唐山大地震时，中国仍处在东西方冷战的国际大环境中，受到超级大国的军事威胁、政治压力和经济封锁，与外部世界的联系受到限制和干扰。而如今，中国同世界的关系发生了历史性变化，在经济全球化的背景下，中国在和平共处五项原则的基础上同包括发达国家和发展中国家在内的世界所有国家发展友好合作，推动构建“和谐世界”。

(五) 国际应急管理合作

此次抗震救灾中，中国政府首次接纳多国专业救援队前往灾区。政府不仅坦然接受国际社会的救灾款物，还多次主动地向国际社会提供救援清单寻求持续支援；政府更是历史上首次接受外国军队提供的救灾款物；外国记者也被邀请到灾区现场做第一手的采访报道。

（六）社会志愿者等群体的积极参与

“志愿者的大量出现是汶川大地震和唐山大地震的最大不同之一。”《三联生活周刊》记者袁越写道。据中国财政部统计，截至5月29日12时，中国共接受国内外社会各界捐赠款物总计373.07亿元，不断刷新历史纪录。人们注意到，这些捐赠款物不仅来自传统的工人、农民、知识分子和企事业单位、社会团体，而且还来自改革开放后不断涌现出来的新的社会阶层和新社会组织、新经济组织，以及广泛的国际社会，与政府财政救灾款物共同发挥着重要作用。

（七）应急装备产业与救援能力建设

汪同三指出，伴随着中国经济的发展，中国的科学技术水平和管理能力也都有了明显的提升。地震发生后，十几万救灾大军从陆路、空中和水上快速调往灾区，成千上万的医疗人员云集灾区施救，同时，多种大型救灾机械和先进救生设备广泛应用，使受灾群众的生命得到最大程度的挽救。

（八）党的正确领导与战略谋划

在不断强调“要继续把抗震救灾作为当前最重要最紧迫的任务”的同时，中国国务院常务会议提出新的“两不误”——要以科学发展观统揽全局，坚持“两手抓”，一手要毫不松懈地抓抗震救灾；一手要坚定不移地抓经济发展。观察人士认为，这一切的背后，是中国经过30年的改革开放，走出了一条中国特色社会主义道路——既坚持了科学社会主义的基本原则，又根据中国实际和时代特征赋予其鲜明的中国特色。地震灾害发生后，在中国共产党的领导下，全国人民团结一致，“一方有难、八方支援”，发挥了社会主义制度的优越性，体现了改革开放的成果。

从唐山大地震到汶川大地震，也都留下了一些遗憾。两次造成巨大损失的大地震，都没有能够得到临震预报。如果说唐山大地震还主要是一次城市型地震，那么，人们在面对给广大农村地区带来严重损害的汶川大地震时，也看到了明显的城乡差距，这也为灾后安置和重建工作增添了难度。另外，虽然震灾对中国整体经济影响不大，但也对完善社会主义市场经济提出了一些新课题。

资料来源：新华社记者程云杰等：《从唐山到汶川：中国的改变》，http://www.npc.gov.cn/zgrdw/npc/zt/2008-05/30/content_1431081.htm。

思考题

1. 中国应急管理经历了哪些阶段？有哪些变化和特征？

2. 应急管理的整体化发展需要关注哪些内容？未来的重点工作有哪些？

3. 从唐山大地震到汶川大地震的应急救援和处置，折射出了什么样的应急管理实践演进？

第3章

应急管理主体

应急管理主体是应急管理体系的重要构成要素，研究者从不同角度对应急管理主体进行了界定。有研究者认为管理主体是指拥有管理权力、承担管理责任、决定管理方向和进程的有关组织和人员，由管理机构和管理者两个部分有机组成，在此基础上进一步将应急管理主体界定为在应急管理过程中承担突发事件应对职责的组织和个人[①]。有研究者则提出突发事件应急管理是管理主体对突发事件的介入和应对行动，而应急管理主体指的是处理突发事件的人员、组织和机构[②]。也有研究者提出，原来以政府为主体的应急管理体系需要扩展，不仅要容纳社会组织和企业的参与，也需要使整个应急管理体系相互协同、运转有序[③]。综上，可以将应急管理主体界定为：能够在突发公共事件中承担应急管理职责，并具有应对、处理突发事件能力的组织机构和个人，主要包括政府组织、社会组织、企业组织和基层社区。

3.1 政府组织

在现代国家，政府组织作为应急管理职能的主要承担者，负责制定应急管理制度规范，并执行这些制度规范，是应急管理权力的行使者和主要行动的组织实施者。

3.1.1 政府应急管理实践历程

新中国成立后，国家针对水旱、洪涝、地震等自然灾害、工矿企业生产安全事

① 李雪峰、佟瑞鹏：《应急管理概论》，应急管理出版社 2021 年版，第 55 页。
② 陈安：《应急管理的机理体系》，《安全》2007 年第 6 期。
③ 张海波：《中国总体国家安全观下的安全治理与应急管理》，《中国行政管理》2016 年第 4 期。

故以及传染病等突发事件，组建了相应的职能机构，形成了由不同职能部门构成的应急管理体系，为应对突发事件提供了有力的组织支撑。当时的应急管理主要以单灾种分类管理为基本特征，即按照不同灾种分别设置救灾机构，各自负责管辖范围内的抢险救灾[①]。在纵向上，与高度集中的计划管理体制相适应，在相当长时间内形成了以中央政府为救灾的唯一责任主体[②]，"全国找中央"的防灾救灾局面。在横向上，相关职责分属多个职能部门，由各部门各司其职。

在自然灾害应对方面，中央政府相继成立了水利部、地震办公室等机构部门，分别承担不同类型自然灾害的应急管理工作；在生产安全事故应对方面，劳动部成立了劳动保护司，并由各地劳动部门设置了劳动保护处(科)，一些产业主管部门相继在生产或人事部门设立了专管劳动保护的机构；在公共卫生方面，卫生部内设公共卫生局负责组织领导全国的卫生防疫工作，并在全国建立了卫生防疫站[③]。为有效应对水旱、洪涝、地震等自然灾害，企业生产安全事故以及传染病等疫情，各级政府都分别组建了民政、水利、地震、劳动保护、卫生等专职部门，负责不同领域的灾害预防和抢险救灾工作[④]。

改革开放后，随着工业化和城市化的不断推进，突发事件发生风险不断增加。由于当时应急管理体制仍然停留在由各部门分摊具体事项、进行单灾种管理的阶段，这往往会在一定程度上导致缺乏协调统筹以及应对能力不足等问题。为了改变这种部门分割、协同性较差的状况，我国在已有的常设专业管理机构外还设立了如国家减灾委员会、国务院安全生产委员会、国家森林防火总指挥部等部门间的协调机构，负责应急处置时的组织协调和工作统筹等。而这种临时响应、分散协调的模式在跨部门协调时仍然存在资源分散、效率不足等问题，也导致了政府对突发事件预防和综合治理的忽视。例如2003年的"非典"疫情就在一定程度上反映出该阶段应急管理体系的薄弱之处：应急管理组织指挥不统一，各地区、各部门综合协调能力不足。与此同时，还出现了风险意识不强、应急反应迟钝的情况，虽然自上而下的动员能力较强，但也反映出自下而上的社会组织能力存在不足[⑤]。"非典"疫情给当时应急管理体系带来的巨大冲击，也促使

---

① 乔仁毅、龚维斌：《政府应急管理》，国家行政学院出版社2014年版，第16页。

② 杨月巧：《应急管理概论》，清华大学出版社2016年版，第44页。

③ 钟开斌：《中国应急管理机构的演进与发展：基于协调视角的观察》，《公共管理与政策评论》2018年第6期。

④ 闪淳昌、薛澜：《应急管理概论：理论与实践(第二版)》，高等教育出版社2020年版，第28页。

⑤ 闪淳昌、薛澜：《应急管理概论：理论与实践(第二版)》，高等教育出版社2020年版，第30页。

政府日益意识到应急管理体系改革的必要性。

2003 年是中国应急管理体系建设的起步之年，在取得抗击“非典”疫情胜利后，以“一案三制”为核心内容的应急管理体系建设工作全面起步。“一案”指的是应急预案，而“三制”则指的是应急体制、机制和法制。2003 年 11 月，为了推动突发公共事件应急预案编制工作，以及应急体制、机制和法制的建设工作，国务院成立了应急预案工作小组；2004 年 3 月，国务院确定将围绕“一案三制”开展应急管理体系建设，制定突发公共事件应急预案，建立健全突发公共事件应对的体制、机制和法制等，作为政府工作的重要内容。2006 年 7 月，国务院出台《关于全面加强应急管理工作的意见》，提出了加强“一案三制”工作的具体举措。2007 年 8 月，《突发事件应对法》在全国人大常委会第二十九次会议上得到通过，这标志着我国应急管理工作进入了常态化和专门化阶段。经过努力，我国以“一案三制”为核心的应急管理体系已经基本定型，应对突发事件的能力得到了大幅提升。

党的十八大以来，应急管理得到党和国家的高度重视，中共中央、国务院印发了《关于推进安全生产领域改革发展的意见》《关于推进防灾减灾救灾体制机制改革的意见》等重要文件，推动我国应急管理工作进一步发展。

在 2018 年应急管理部组建之前，根据《突发事件应对法》和《国家突发公共事件总体应急预案》的规定，我国的应急管理机构共分为五个层次：

3.1.1.1 领导机构

国务院是突发公共事件应急管理工作的最高政府领导机构，统一领导各类突发事件的预防和处理工作。在国务院总理领导下，通过国务院常务会议和国家相关突发公共事件应急指挥机构，负责组织突发公共事件的应急管理工作，并在必要时派出国务院工作组指导有关工作。

3.1.1.2 办事机构

国务院办公厅下设应急管理办公室，履行应急值守、信息汇总和综合协调职责，发挥运转枢纽作用。国务院应急管理办公室作为国家突发事件应急管理工作的常设机构，体现了国家最高决策层的战略决策效能和危机应变能力[①]。

应急管理办事机构主要负责承担政府总值班工作，及时掌握和报告重大突发情况和动态并向上级政府报送；协调、督促政府及各部门的应急管理工作，研究应急管理的相关政策、法规和规划建议；负责编制突发公共事件应急预案，对

① 杨月巧：《应急管理概论》，清华大学出版社 2016 年版，第 176 页。

专项预案进行审核；以及协助政府处置重大和特别重大突发公共事件，协调指导重大和特别重大突发公共事件的预防预警、应急演练、应急处置、调查评估、信息发布、应急保障和宣传培训等工作[①]。

3.1.1.3　工作机构

国务院有关部门依据法律、行政法规和各自的职责，负责相关类别突发公共事件的应急管理工作，包括突发公共事件专项和部门应急预案的起草与实施，贯彻落实国务院有关决定事项。根据应急管理过程中不同工作的应对需要，政府分别设立了突发公共事件应急管理的各个专门机构，负责不同类别突发公共事件的应急管理工作。

这类机构主要是依据不同突发事件种类而分门别类设置的专业机构。按照突发事件的性质和机理，可将其分为自然灾害、事故灾害、公共卫生事件和社会安全事件四类，据此建立合理、精干的应急管理机构[②]。不同工作机构在决策指挥中心统一领导下，分别负责各相关类别突发公共事件的应急管理工作（见表3-1）。

表3-1　2018年改革前中央层面的应急管理工作机构

序号	部　门	职　责
1	国家安全生产监督管理总局	安全生产监管
2	国务院办公厅	应急管理
3	公安部	消防管理
4	民政部	救灾
5	卫生部	疾病防控
6	国土资源部	地质灾害防治
7	水利部	水旱灾害防治
8	农业部	草原防火
9	国家林业局	森林防火
10	中国地震局	震灾应急救援

① 杨月巧：《应急管理概论》，清华大学出版社2016年版，第176页。
② 闪淳昌、薛澜：《应急管理概论：理论与实践》，高等教育出版社2012年版，第102页。

3.1.1.4　地方机构

各地方政府的应急管理工作体系，主要呈现为一个由应急管理机构、组织、设施、技术和装备等要素组成并具有内在联系的系统。政府应急管理体系各组成要素之间既相互独立，又相互配合，所处置的应急事项往往是跨部门、跨地区的。

领导机构：按照属地管理的原则，地方各级政府是本行政区域突发事件应急管理工作的行政领导机构，负责本行政区域内各类突发事件的应对工作。

办事机构：各省、市、县均成立了应急管理办公室（简称应急办）之类的应急管理相关办事机构。首先，各级应急办主要负责承办各级政府应急管理的专题会议，指导区域突发事件应急体系、应急信息平台建设，负责区域内各类重大、特别重大突发事件预警信息披露、新闻发布以及与其他部门联系沟通。其次，各级应急办还需协调重大突发事件的预防预警、应急演练、应急处置、调查评估、应急保障和宣传培训工作，负责协调联系专家并提供相应服务。再次，各级应急办还需负责贯彻执行抗灾救灾的方针、政策，处理抗灾救灾事宜，指导辖区内抗灾救灾工作，对上级安排的抗灾救灾资金、物资提出分配意见，并监督检查执行使用情况。

工作机构：在省、市、县各级地方政府中，均按照突发事件的不同种类设置了应急管理的工作机构，例如安全生产监督管理部门主要负责安全生产应急工作，卫健部门主要负责公共卫生事件应急工作，公安部门主要负责社会安全事件应急工作。

3.1.1.5　专家组

国务院和各应急管理机构重视建立各类专业人才库，可以根据实际需要聘请有关专家组成专家组，为应急管理提供决策建议，必要时参加突发事件的应急处置工作。成立应急管理专家组有利于推进应急管理工作科学民主决策，提升应急管理工作质量①。

应急管理专家组主要负责参与起草应急体系建设规划，对应急管理的相关政策、法规进行论证和研究，评估考核各项应急管理工作；参与重大突发事件的分析、研判工作，对重大问题开展调查研究，并为政府和公众提供对策建议和相关技术咨询；承担相关应急管理科研课题并对研究成果进行推广，开展教育培训以及其他学术交流合作活动。

---

① 杨月巧：《应急管理概论》，清华大学出版社 2016 年版，第 179 页。

2018年3月，我国进行了新一轮国务院机构改革，应急管理部在此次改革中应运而生，安监、应急、消防、救灾、地质灾害防治、水旱灾害防治、草原防火、森林防火、震灾应急救援等分散的职责被跨部门整合在一起，这标志着我国进入了综合应急管理的新阶段。在该阶段，应急管理部主要承担着国家应急总体预案的编制和规划工作，并在此基础上进一步指导各地区各部门有效应对各类突发事件，以提高国家应急管理能力和水平、确保人民群众生命财产安全和社会稳定为主要任务，推动形成统一指挥、专常兼备、反应灵敏、上下联动、平战结合的中国特色应急管理体制。应急管理部的组建顺应了现代应急管理发展的实践需要，使得我国应急管理体制、资源、力量得到了进一步的整合，有助于克服以往应急管理建设的不足和缺陷。自此，我国应急管理事业进入了新的历史发展阶段，在推动国家治理体系和治理能力现代化过程中迈上了新台阶。

党的二十大报告强调，国家安全和社会稳定是民族复兴和国家强盛的根基和前提，要坚定不移地贯彻总体国家安全观，进一步实现国家应急管理体系、国家安全法治体系、战略体系、政策体系、风险监测预警体系、重点领域安全保障体系和重要专项协调指挥体系的不断完善，构建全域联动、立体高效的国家安全防护体系。

3.1.2　政府应急管理机构设置

3.1.2.1　应急管理部

组建应急管理部，是对传统的部门管理体制的重大改革，标志着我国开始建立由一个强力职能部门进行总牵头、各相关职能部门协调配合的应急管理体制，其主要目的就是强化部门间的综合协调[①]。2018年2月，党的十九届三中全会审议通过《中共中央关于深化党和国家机构改革的决定》和《深化党和国家机构改革方案》，将国家应急管理机构改革纳入党和国家机构改革范围进行了整体部署。《中共中央关于深化党和国家机构改革的决定》要求，加强、优化、统筹国家应急能力建设，构建统一领导、权责一致、权威高效的国家应急能力体系，提高保障生产安全、维护公共安全、防灾减灾救灾等方面能力，确保人民生命财产安全和社会稳定；《深化党和国家机构改革方案》明确提出组建应急管理部，推动形成统

---

① 钟开斌：《中国应急管理机构的演进与发展：基于协调视角的观察》，《公共管理与政策评论》2018年第6期。

一指挥、专常兼备、反应灵敏、上下联动、平战结合的中国特色应急管理体制①。

根据《中共中央关于深化党和国家机构改革的决定》《深化党和国家机构改革方案》和2018年3月十三届全国人大一次会议审议通过的《国务院机构改革方案》，为不断提高国家应急管理能力和水平，提高防灾减灾救灾能力，确保人民群众生命财产安全和社会稳定，防范化解重特大安全风险，健全公共安全体系，整合优化应急力量和资源，进一步推动形成统一指挥、专常兼备、反应灵敏、上下联动、平战结合的中国特色应急管理体制，这次改革将国家安全生产监督管理总局的职责，国务院办公厅的应急管理职责，公安部的消防管理职责，民政部的救灾职责，国土资源部的地质灾害防治、水利部的水旱灾害防治、农业部的草原防火、国家林业局的森林防火相关职责，中国地震局的震灾应急救援职责以及国家防汛抗旱总指挥部、国家减灾委员会、国务院抗震救灾指挥部、国家森林防火指挥部的职责整合，组建应急管理部，作为国务院组成部门。

组建应急管理部，在很大程度上整合优化了分散在各职能部门的应急力量和资源，并进一步明确了对自然灾害和事故灾难这两大类突发事件的统筹管理职责，以及对公共卫生事件、社会安全事件等其他突发事件的协同应对职责。根据规定，应急管理部的主要职责包括：

第一，负责应急预案编制工作。这具体表现为统筹协调和组织编制国家的应急总体预案和规划，在此基础上指导各地区各部门应对突发事件，并进一步加强和推动应急预案体系建设和预案演练。

第二，统筹应急救援工作。这具体表现为组织建立统一的灾情报告系统并及时对灾情信息进行发布，统筹协调应急力量建设和物资储备工作，在救灾时进行统一调度，同时组织建设灾害救助体系，对安全生产类、自然灾害类的应急救援进行指导，并承担国家指挥部应对特别重大灾害的相关工作。

第三，负责灾害防治和安全监管。这具体表现为组织火灾、水旱灾害、地质灾害等的防治指导工作，并对综合安全生产和工矿商贸行业的安全生产进行监督管理等。

第四，进行规范化队伍建设。公安消防部队、武警森林部队转制后，与安全生产等应急救援队伍一并作为综合性常备应急骨干力量，由应急管理部管理，通过实施专门化管理和辅之以配套的政策保障，形成符合其自身特点的职务职级

---

① 《中共中央印发〈深化党和国家机构改革方案〉》，《人民日报》2018年3月22日。

序列和规范管理办法，进而促使其提高职业荣誉感，增强队伍战斗力。

第五，明确职能分工。应急管理部需处理好防灾和救灾的关系，明确与相关部门和地方各自职责分工，建立健全协调配合机制①。

3.1.2.2　中央层面其他相关部门

我国应急管理部门的组建，有助于对突发事件实施综合管理。根据《突发事件应对法》，我国主要按照突发公共事件的发生过程、性质和机理，将其分为自然灾害、事故灾难、公共卫生事件和社会安全事件四大类。应急管理部门主要负责自然灾害、事故灾难两类事件的大部分处置工作，而公共卫生、社会安全类事件处置和管理的全部职能，以及自然灾害、事故灾难处置和管理的部分职能依然由各个专业部门承担②。例如，国家卫生健康委员会主要负责公共卫生类突发事件的应急管理工作。国家卫生健康委员会设有办公厅、人事司、规划发展与信息化司、财务司、法规司、体制改革司、疾病预防控制局、医政医管局、基层卫生健康司、卫生应急办公室、科技教育司、综合监督局等机构，负责制定并组织落实各项疾病预防控制规划，及时对严重危害人民健康的公共卫生问题采取干预措施，并组织指导突发公共卫生事件的预防控制和各类突发公共事件的医疗卫生救援③。公安部作为全国公安工作的最高领导机关和指挥机关，主要负责社会安全类突发事件的应急管理工作。公安部设有办公厅、情报指挥、研究、督察审计、人事训练、新闻宣传、经济犯罪侦查、治安管理、刑事侦查、反恐怖、食品药品犯罪侦查、警务保障等机构，来预防、制止和侦查违法犯罪活动和恐怖活动，及时制止危害社会治安秩序的行为④。

这些专业部门、机构可以被视为依据不同突发事件类型而设置的专业管理机构，补充综合性应急管理部门在专业性应急管理方面的不足。

3.1.2.3　地方层面相关部门

2018 年我国成立应急管理部之后，各级地方政府也积极响应中央的应急管理机构改革，相继在各省建立了应急管理厅，以及在各市、县建立了应急管理局，

---

① 中华人民共和国应急管理部：《深化党和国家机构改革方案（摘要）》，2018 年 4 月 16 日，https://www.mem.gov.cn/jg/zyzz/，2022 年 6 月 30 日。

② 闪淳昌、薛澜：《应急管理概论：理论与实践（第二版）》，高等教育出版社 2020 年版，第 150 页。

③ 中华人民共和国国家卫生健康委员会：《国家卫生健康委员会职能配置、内设机构和人员编制规定》，2018 年 9 月 11 日，http://www.nhc.gov.cn/wjw/jgzn/201809/3f4e1cf5cd104ca8a8275730ab072be5.shtml，2022 年 1 月 17 日。

④ 中华人民共和国公安部：《机构职责》，2019 年 7 月 2 日，https://app.mps.gov.cn/gdnps/pc/content.jsp?id=7479705，2022 年 1 月 19 日。

从而形成了“应急管理部—应急管理厅—应急管理局—应急管理办公室（乡镇）”自上而下的组织管理架构，不仅按照应急管理能力和权力结构的层次，形成了自上而下的指挥链条，同时也进一步整合了应急管理的资源，提高了应急管理的工作效率。这种分层级设置的应急管理机构，也与我国的政府层级保持了一致。在该层级体系中，中央政府占据着核心的角色，指导地方迅速开展行动。当上级政府下达指令时，下级政府需要迅速响应，按照上级要求及时作出反应。这种分层级的应急管理机构运作模式，旨在确保无论是在预防、准备、响应还是恢复阶段，应急管理活动都能高效、有序地进行。中央政府的集中领导确保了各地能够统一行动，同时，地方政府的迅速响应又保证了应对措施能够快速落实，从而有效应对各种突发事件，最大限度地减少损失和影响。

在议事机构方面，地方应急管理部门主要承担本行政区减灾委员会办公室、森林草原防灭火指挥部办公室、防汛抗旱指挥部办公室、抗震救灾指挥部办公室、安全生产委员会办公室工作，负责相关议事协调机构的日常工作①。议事协调机构办公室的设置具体根据各个地方实际情况而定，并非都设置在应急管理部门。

在内设机构方面，省级、市级应急管理部门一般设有办公、应急指挥、救援协调和预案管理、调查评估和统计、火灾防治管理、防汛抗旱、地震和地质灾害救援、危险化学品安全监督管理、煤矿安全监督管理（非煤矿山安全监督管理）、安全生产基础管理、综合协调、救灾和物资保障、科技和信息化、新闻宣传、政策法规、规划财务、组织人事等部门。县级应急管理部门规模较小，其内设机构数目较省市级来说相对较少，但机构职能并没有减少，一般设有办公、应急指挥、应急救灾救援、火灾防治管理、危险化学品安全监管、安全生产基础管理、安全生产综合协调、法规宣传等部门。

3.1.3　政府应急管理职能

政府在应急管理中扮演着关键角色，其职能主要体现在以下几个方面：

3.1.3.1　防灾减灾

防灾减灾是政府承担的一项主要应急管理职能。该职能首先涉及应急管理预案的科学编制和周密规划。具体而言，应急管理部门需要统筹指导不同部门、地区应对突发事件的相关工作，并在此基础上推动应急预案体系建设和预案演

---

① 唐彦东、于汐、郎爱云：《应急管理学原理》，应急管理出版社 2021 年版，第 114 页。

练，承担预案演练的组织实施和指导监督工作。其次，建立风险监测预警和评估论证机制。应急管理部门需要承担安全生产风险和重大自然灾害风险综合监测预警工作，并组织开展综合风险与减灾能力调查评估，指导下级行政部门建设预警监测系统。最后，组织协调灾害应急救援工作。应急管理部门需按照规定开展水旱灾害、台风、地震应急救援等工作，对重要江河湖泊和重要水利工程实施防御洪水、抗御旱灾调度和应急水量调度工作，并指导协调地质灾害防治工作，组织重大地质灾害应急救援。

3.1.3.2　应急救援

应急救援的核心职责涉及多个关键环节，旨在确保灾害发生时能够迅速且有效地响应。首先是建立一个统一的灾情报告系统，以便及时发布灾情信息。这一步骤是确保信息快速流通的基础。其次，需要对应急力量和物资储备实施统一的分配和调度，以及建立一个全面的灾害救助体系。此外，应急救援还需要负责执行灾情核查、损失评估和救灾捐赠等重要任务。为了提高资源使用的效率和响应速度，需建立应急物资的共用共享和协调机制。这涉及应急物资的储备、调拨和紧急配送，以及与其他相关方面的协调，以确保受灾群众能够被及时转移安置，尽快恢复正常生活。

3.1.3.3　安全监管

在应急管理中，安全监管职能旨在预防事故发生，确保公共安全，并在紧急情况下有效响应。具体而言，安全监管职能包括以下主要内容：一是法制执行与监督。其目的是确保所有相关的生产经营单位严格遵守国家安全生产的法律、法规、政策和标准。这包括对各种行业和领域的安全监管，如工矿企业、商贸行业等。二是安全生产标准化。这涉及制定和更新安全生产的规程和标准，推动和指导企业建立和执行安全生产标准化体系，以减少安全风险。三是安全预防与控制体系建设。这涉及指导和监督企业建立有效的安全预防控制体系，以提高企业自主防范和处理紧急情况的能力。四是安全生产教育和培训。这涉及组织实施安全生产教育和培训计划，提升从业人员的安全意识和安全技能，确保他们能够识别和正确处理安全风险。五是事故调查与处理。这涉及在发生安全生产事故时，负责事故的调查、分析和处理，找出事故原因，防止类似事故再次发生。

3.1.3.4　应急保障

应急保障职能在应急管理中扮演着重要角色，主要作用是确保在紧急情况下，能够迅速、有效地提供必要的支持和资源，以最大限度减少灾害和紧急事件的影响。应急保障职能主要表现为以下几个方面：一是资源储备与调配。应急保障职能确保食品、水、药品、能源和救援设备等重要资源的及时供应。这涉及对上述资源的预先储备、管理以及在需要时的快速调配和分发。二是物资与技术支持。这涉及提供紧急情况下所需的物资支持和技术援助，包括专业救援队伍的装备、通信设备以及其他救援和支持技术的应用。三是医疗救护与卫生防疫。在突发事件中需提供必要的医疗救护服务，包括伤员救治、疾病预防和控制，以及心理健康支持，确保受影响人群的健康不受损害。四是应急响应力量的建设与维护。这涉及建立和维护专业的应急响应队伍，包括消防、医疗、搜索与救援等各类队伍，定期进行培训和演练，提高其快速反应和处理突发事件的能力。五是信息与通讯保障。这涉及建立有效的信息收集、处理和传播机制，确保紧急情况下关键信息的准确性和时效性，以及指挥调度的通畅。六是基础设施运行保障。这涉及确保紧急情况下关键基础设施的有效运行，包括交通运输系统、供电供水设施等，以及辅之以必要的修复和重建工作。

3.1.4 政府在应急管理中的角色

政府突发事件应急管理与常态公共事务管理的主要不同之处在于，因为压力、时间、资源等条件的约束，需要在有限时间内做出决策，这就要求突发事件应急管理的管理权相对集中；同时，由于现代风险具有衍生性、次生性，所以，对各种风险相关信息需要进行综合分析，实行统一集中的决策，这也是世界各国应急管理机构的主要特点之一。

在突发事件应对过程中，政府的统一领导权主要表现为，基于法定责任，根据突发事件的具体情况，行使决策指挥权、部门协调权、资源调动权、重大事项决策权。

3.1.4.1 政府作为应急主导者

政府作为应急管理工作的主要承担者，需要在突发事件发生后迅速做出决策和采取行动，以最大程度降低损失、维护社会稳定。由于突发公共事件具有时间紧迫性和高度不确定的特征，并且会对社会系统和公众日常生活产生极大威胁，因此要求政府必须在短时间内快速做出决策。在预防阶段，政府需要肩负起监测预警的职责，在明确相关部门和人员的职能分工下，对各类突发事件信息进行调查、核实和监测，并采取必要的预防控制措施。在响应阶段，政府需要按照突发事件的情况启动对应级别的应急预案，并组织各方力量开展救援疏散和医疗救治工作，加大对弱势群体的保护，并加强对普通群众的动员工作，通过街道、乡镇以及基层自治组织动员民众共同参与应急响应。在恢复阶段，当突发事件得到控制时政府需要及时向社会宣布危机状态解除，并开展灾后恢复重建工作。

3.1.4.2　政府作为风险沟通者

政府是具有公信力的组织，其应对危机的态度和行为将影响民众的危机应对行为①。在应急管理中，政府作为风险沟通者扮演着重要的角色。有效的风险沟通可以帮助减轻公众的恐慌，提高应对措施的合理性和效果。政府在风险沟通中应该遵循以下原则和做法：一方面，政府需要在事件应对的各个阶段及时向上级报告或向相关部门通报事件信息，也要向社会及时、准确公开事件信息。另一方面，政府需要在响应阶段和恢复阶段对社会公众开展风险沟通工作，及时普及突发事件相关的防灾减灾知识，促进民众采取适当措施进行自我保护。同时，政府需要在紧急情况发生时能够及时发布准确的信息。这有助于避免谣言的传播和不必要的恐慌。

3.1.4.3　政府作为资源协调者

政府作为公共管理机构，拥有协调各部门统一行动的能力，在应急情况下能够组织调动各方力量和资源，更好地应对突发紧急状况。首先，在预防阶段，政府部门需要负责建立突发事件相关资源协调的制度，及早开展人力、财力、物资及装备等资源的准备工作。其次，在响应阶段，政府部门要统一指挥相关部门、科学研究机构及社会力量参与突发事件应急处理，及时协调并保证所需的人力、物力、财力资源的跟进供给，并确保相关必要设备、器械等物资资源的生产、运输与供应。最后，在恢复阶段，应急状态得到解除后，政府需要进一步防范次生灾害负面影响，并逐步恢复经济社会各项功能的运转。

3.2　社会组织

社会组织拥有大量人力、物力、财力和技术资源，可以为政府应急管理提供有益补充，助力完善风险防控体系和提升应急管理绩效。

3.2.1　社会组织参与应急管理的优势

近年来，社会组织正在日益成为参与应急管理的重要力量，对应急管理制度

① 祝哲、彭宗超：《突发公共卫生事件中的政府角色厘定：挑战和对策》，《东南学术》2020 年第 2 期。

的变迁产生着重要影响[1]。

在应急管理中引入社会组织参与，能在突发事件发生后第一时间促进开展自救和互救，帮助政府进行资源调配和物资输送，最大程度降低损失。应急管理本身具有公共性，而社会组织不以营利为目的，具有公共性、志愿性、自治性和民间性的特征，因此需要重视社会组织在应急管理过程中发挥的独特优势。

第一，社会组织能够增进政府与公众之间的交流沟通。由于社会组织贴近社会公众，在群体脆弱性识别上具有优势，能够在政府和公众中间搭建桥梁，进而增强政府与公众之间的相互理解。同时，社会组织还能够通过搭建应急管理信息共享的平台和程序，来保障公众的知情权，从而改善危机沟通的效果，为政府主导的应急管理工作提供有力支持。

第二，社会组织能够汇集各行各业的专业人才。社会组织不仅能够为政府部门在信息收集、应急决策方面提供专业支持和技术支撑，同时还能通过志愿者培训来提升公民应对危机的能力。例如灾害防御学会、应急管理学会、医学救援学会、地理学会等，可以利用自身的专业网络和专业知识储备，开展系列应急管理培训，同时为政府应急决策提供意见建议，以及为应急救援提供相应的技术指导。

第三，社会组织具有较强的动员与社会服务能力。社会组织相较于政府来说更加灵活，能够在灾区迅速开展救援活动，协助组织应急疏散、提供避难场所和发放救助物资，一定程度上弥补了政府资源有限和响应较慢的不足。例如，红十字会、慈善总会等一类的慈善组织，专业性强且行动迅速，不仅能够在灾前开展防灾宣传教育，还能够在灾害发生时协助政府开展专业的应急救援，并通过慈善募款服务灾后重建。

3.2.2　社会组织参与应急管理的主要形式

3.2.2.1　预防与准备阶段

预防与准备是防范突发事件发生蔓延，培养危机应对能力的重要阶段[2]。在该阶段，社会组织需要利用自身的专业优势，为风险确认与评估提供技术支持，使政府部门能够更加理性地预防和应对风险。第一，社会组织可以通过定点

---

① 陶鹏、薛澜：《论我国政府与社会组织应急管理合作伙伴关系的建构》，《国家行政学院学报》2013年第3期。

② 孔娜娜、王超兴：《社会组织参与突发事件治理的边界及其实现：基于类型和阶段的分析》，《社会主义研究》2016年第4期。

巡查辖区危险区域以及风险源，监督相关单位落实安全制度，并主动调解处理可能引起突发公共事件的矛盾纠纷。第二，社会组织能够依托其成员的专业能力和素养，帮助政府更好地识别不同群体的脆弱性，从而为应急管理相关法律法规、政策、规划制订提供论证、评估支持。第三，社会组织通过加强对专业应急人员的培训，能够有针对性地扩大应急教育与培训的领域，从而进一步提升应急队伍的能力素质。第四，社会组织能够有针对性地为公众开展应急知识宣传和应急能力培训，积极动员公众参与应急演练，培养公众的危机意识和风险应对能力，最大程度降低突发事件可能造成的伤害。第五，社会组织具有广泛的群众基础，因此可以通过多渠道筹集资金、物资、装备等，在预防准备阶段为应对突发事件储备充足的应急资源。

3.2.2.2　监测与预警阶段

监测与预警阶段是科学预测和推断突发事件发生可能性、未来发展趋势和演变规律的重要阶段。在该阶段，首先，社会组织可以运用自身专业和人才优势，及时跟踪、收集相关信息，并借助新兴技术载体进一步对相关风险信息进行监测。其次，社会组织可以承接政府风险研判子环节相关任务，利用其汇集的各行各业专业人才帮助政府对风险信息进行分析研判。再次，社会组织能够构建起信息筛选及上报平台，借助其具备的社会资源进一步扩大信息的上报量和上报渠道，同时培养一批基层信息上报员，进一步分担政府部门风险信息的上报压力。最后，社会组织还可以搭建起公共应急信息的交互平台，利用科技及社会推广的优势，重点关注政府预警盲区的预警信息传播。

3.2.2.3　处置与救援阶段

处置与救援是突发事件应对的关键阶段。在该阶段，首先，社会组织可以通过开展自救与互救，紧急疏散、撤离受灾群众，在灾区开展灾情救援、灾民照顾、灾情沟通以及疏散与避难服务。其次，社会组织还能够依托其具备的专业优势来协助政府进行资源分配、物资筹集和输送，发放受灾群众所需的生活物资，并为其提供紧急避难场所。再次，社会组织在应急处置过程中能够协助总指挥部统筹管理民间救援力量，为政府制定突发事件救助政策提供专业意见和建议，并在应灾技术、应急决策等方面提供支持。最后，社会组织能够动员收集受灾地区和群众的受灾信息，及时更新突发事件处置的进展，使得危机信息的发布内容更加丰富和及时，在此基础上进一步为政府和公众提供危机信息传播和沟通的平台和渠道。

3.2.2.4 恢复与重建阶段

恢复和重建是实现社会生产与生活复原的过渡阶段。在该阶段，首先，社会组织可以协助政府调查突发事件的原因，以及评估应急措施的规范性和实施效果。其次，社会组织可以结合自身的目标投入到社会重建与发展中来，在教育、文化、卫生、环保以及各个专项减灾与恢复项目中，为受灾区域和群众提供更多资金和物资支持，为灾后重建提供人力、物力、财力等资源支撑。最后，社会组织还可以重点关注受灾群众的心理状态，为其提供心理抚慰和心理咨询服务，防止出现灾后创伤后遗症。

3.3 企业

企业作为现代社会的基本组织形式之一，是社会系统的有机组成部分。一方面，企业具有参与应急管理的专业力量和资源；另一方面，突发事件不仅会对社会公众造成损失，同时也会给企业的正常生产经营带来影响。因此，企业既有参与应急管理的动机，也有参与应急管理的能力，可以在应急管理中积极发挥自身的作用。

3.3.1 企业参与应急管理的意义

企业主导着社会商品和服务的流通，具有自身的经济实力和组织能力，是参与应急管理的重要主体。企业的内部突发事件可能会对社会造成较大影响，社会上的突发事件也可能会造成企业业务中断，进而使其遭受较大的经济利益损失。因此，企业在组织生产经营的基础上，有必要主动参与到应急管理工作中来。

首先，参与应急管理能够促进企业可持续发展。企业的生产经营活动会对社会产生一定的影响，同时社会发展也会影响企业的未来经营。王宏伟指出，一个企业乐于承担社会责任，能够极大提升其在公众中的形象，从而增加企业的无形资产，更有利于其长远发展[①]。波特和克拉默也指出，当企业的慈善行为和企业使命越相近，企业社会责任比其他形式的捐助能更多地创造价值[②]。因此，企业主动承担社会责任，积极参与到应急管理中，不仅有助于维护社会秩序，保证

① 王宏伟：《新时代应急管理通论》，应急管理出版社 2019 年版，第 253 页。
② Porter M E, Kramer M R. The Competitive Advantage of Corporate Philanthropy, Harvard Business Review, 2002, 80(12): 56 - 69.

企业的正常运营，还能为企业赢得良好的社会声誉，与消费者建立良好的关系，从而提高企业的市场竞争力。

其次，参与应急管理能够减轻政府负担。作为经济领域主体的商业企业拥有着巨大的社会资源和影响力，是参与社会公益事业的主力军，同时由于企业具有先进的管理理念，能够对生产资料和劳动力进行优化配置，借助企业的力量可以帮助政府进一步完善当前的应急管理工作①。而不少企业具有强大的经济实力，在人力资源、物资储备与技术支撑等方面具有独特优势，同时许多企业拥有应急救援物资的生产线，还配备了专门的应急救援队伍②。与政府相比也更加具有灵活性和创新性，面对突发公共事件时能够机动灵活地采取应对措施，在减轻政府负担的同时还能弥补政府力量的不足。

最后，参与应急管理有助于满足国家现代化治理需要。企业作为社会的重要组成部分，需要承担一定的社会责任。生产力的指数式增长导致现代化进程中潜在风险与威胁达到了前所未有的高度③，政府传统的应急管理模式已经难以应对各种复杂风险带来的挑战。2019 年 11 月，中共中央政治局就应急管理体系和能力建设开展了集体学习，强调要积极推进我国应急管理体系和能力的现代化。因此，将企业纳入国家应急管理体系，改变过去重政府轻企业的惯性思维，已经成为推进国家应急管理体系和能力现代化的客观需求，并成为实现国家治理现代化的必经之路。

3.3.2　企业参与应急管理的主要形式

3.3.2.1　常态减灾阶段

在该阶段，企业应针对各类突发事件，制定和完善预警标准及管理制度，并进一步明确相关部门的职责。第一，企业可以利用现代信息技术建立信息收集网络，提升信息分析和整理能力，依靠专业技术和知识提高风险信息分析能力，以增强预警和决策的科学性。第二，企业可以根据自身情况制定救灾应急预案，确立以责任制为核心的应急管理规章制度与标准，落实应急管理的资金，检查发现生产经营中的薄弱环节与隐患，在保证安全生产的同时做好灾害隐患点的排查和治理工作。第三，企业还可以与相关行政部门、专业应急组织等共同制定应

---

① 刘玲：《企业参与自然灾害应急管理的相关问题研究》，燕山大学硕士论文，2021 年，第 37 页。
② 王宏伟：《应急管理新论》，中国人民大学出版社 2021 年版，第 181 页。
③ [德] 乌尔里希·贝克：《风险社会》，何博闻译，译林出版社 2004 年版，第 6 页。

急管理计划，为行政部门提供技术、物资、设备等支持。第四，企业应当通过定期在内部开展防灾减灾知识宣传教育和技能培训，自觉开展多样化的救灾应急演练，来提升企业和员工的防灾减灾意识与自救互救能力，防患于未然。

3.3.2.2 应急响应阶段

在该阶段，企业可以通过以下方式积极参与应急管理。首先，企业通过及时启动应急计划，向内部员工报告危急状况并迅速采取应急措施，提供基本的应急保障①。其次，企业可以派出内部的应急救援队伍参与抢险救灾，协助政府开展紧急救援物资运输、受灾人员转移安置以及救灾物资接收和发放。再次，在突发事件发生后，企业可以为灾区提供力所能及的人、财、物支持。最后，企业还可在遵守国家法律法规的条件下积极开展应急救援物资的生产，为抢险救灾提供物资保障。

3.3.2.3 恢复重建阶段

在该阶段，当突发事件得到有效控制后，企业可以通过以下方式积极参与应急管理。首先，企业自身积极开展各项善后工作，启动恢复计划，以尽快回归到正常的生产和经营秩序。再次，企业对参与应急管理的经验教训进行分析总结，为今后应对类似突发事件奠定基础，进一步促进制度创新和管理创新。最后，企业还可以协助政府继续开展后续的环境清理和维护等工作，尽快使得受灾群众投入到正常的生产生活中；同时，了解灾区恢复重建的需求，主动参与到居民住房、学校、医院等民生工程的重建工作中来。

3.4 基层社区

社区是以地缘关系为基础由居民组成的集合体，也是突发事件来临时的初始响应者。当前应急管理重心下移已成为趋势，而社区作为社会的有机组成部分，在应急管理中扮演着越来越重要的角色。

3.4.1 基层社区参与应急管理的优势

突发事件与社区及其居民的利益密切相关，当突发事件来临，社区居民可能成为最直接的受灾主体；如果能将社区居民调动起来，采取必要的应急措施，则

① 刘仁辉、安实：《面对突发事件企业应急管理策略》，《管理世界》2008 年第 5 期。

会使灾害造成的损失大大降低。基层社区的主动参与能够改善当前主要依靠政府应急的格局，不断增强应急管理中的社会自主参与。

首先，基层社区参与到应急管理中能够帮助政府有效应对突发事件。由于社区拥有应对突发事件所需的人力、物力等优势，当突发事件发生时，社区可以迅速对资源进行调配，并动员居民共同应对。同时，基层社区汇集了具有不同专业技能和知识背景的人才，能够在应急管理中发挥自己的专长，配合政府采取系列应急调控措施。

其次，基层社区参与到应急管理中有助于公众迅速感知危机事件。社区居民拥有搜集风险信息的动机和能力，作为突发事件的直接受影响者，能够自觉搜集周围的风险信息。同时，由于居民日常生活在社区，对社区内的情况非常熟悉，当社区显露出危机的苗头，其往往就能够迅速察觉到。此外，在应急沟通方面，社区居民更加容易进行平等沟通和信息交换，在危机发生时能够相互传达有用信息和鼓励慰藉，缓解突发事件造成的心理压力。

最后，基层社区参与到应急管理中能够增强公众应对危机的意识和能力。在突发事件来临时如果能够将社区居民充分调动起来，就能使其在危机发生后的第一时间开展自救和互救，提升其危机应对意识。此外，将基层社区纳入应急管理中不仅能够及时发现存在的风险隐患，帮助政府分担繁重的应急管理任务，还能充分利用社区资源开展群防群控，提升公众的防灾减灾能力。同时，将社区和公众纳入应急管理中还能加强公众与政府间的危机沟通，从而使得公众能够更加配合政府的各项工作，避免不必要的恐慌。

3.4.2　基层社区参与应急管理的主要形式

基层社区是国家应急管理体系的基本组成单元，在应急管理中发挥着基础性的作用。建立健全社区应急管理体系对于将应急管理的制度优势转化为管理效能、提高社区应急能力具有重要意义。

3.4.2.1　预防准备阶段

在该阶段，基层社区可以通过以下方式积极参与应急管理。首先，基层社区需要定期对辖区内的安全隐患情况进行排查，同时发动居民及时对社区内的风险信息进行上报，一旦发现可能引起突发事件的风险因子，应督促相关单位或个人迅速进行整改。其次，在节假日以及其他特殊时段，基层社区还应当调度更多人力、物力，进一步加强应急值守的力度，以便在遇到突发紧急事件时能够及时上报，并对特殊人群进行重点关注，尽量减少突发事件可能造成的影响。最后，基层社区应该结合自身实际情况制定相关应急预案，并以此为依据组织成立相关的应急领导小组，建立起涵盖物业公司、社区志愿者、业主委员会等在内的社区应急队伍，并通过社区应急演练活动的定期开展，完善应急管理预案的内容，进而实现社区应对突发事件能力的提升。

3.4.2.2 监测预警阶段

在该阶段，基层社区可以通过以下方式积极参与应急管理。首先，基层社区应该实时对危险源进行监测，及时了解危险源的安全状态，以便及时对可能发生或者正在发生的突发事件进行应对，对存在的重大自然灾害隐患点应安排专人负责监测，并配置相应的设施和工具。监测人员应通过查看、测量等手段，及时了解隐患点的变化。其次，基层社区一旦遭遇风险冲击，应根据情况迅速上报，确有必要时发出预警信息，启动应急预案，同时当基层社区接到上级政府、有关部门发出的预警信息时，应及时通过广播、电话等方式向社区居民进行通知，并迅速采取相应的防范措施。最后，基层社区需要加强应急值守，严格执行 24 小时值班制度和领导带班制度，充分利用互联网、报刊等媒体信息资源优势，建立和完善社区的信息报告员制度，扩大信息来源。

3.4.2.3 应急处置阶段

在该阶段，基层社区可以通过以下方式积极参与应急管理。首先，基层社区管理者需要迅速赶赴现场，依据应急管理的专业分工组织应急处置救援工作，并分配好相应的设备、器材和物资等在现场开展前期救援工作，并及时向上级汇报。其次，基层社区需要迅速及时地转移和疏散受灾群众，并对受伤群众进行救护处置，尽力控制现场的事态发展。再次，基层社区要尽快组织相应人员对现场的信息进行收集和汇总，以进一步明确事件的严重性并及时汇报。最后，基层社区可以根据突发事件应对需要，联系相关单位、机构以及社会组织共同参与应急处置工作，发挥好协调和指挥作用。

3.4.2.4 善后恢复阶段

在该阶段，基层社区可以通过以下方式积极参与应急管理。第一，基层社区需要对受灾情况进行调查统计并及时上报，以便上级政府能够及时准确地了解到受灾的具体情况。第二，基层社区需要组织人员修复被破坏的建筑以及交通基础设施等，在协助完成重建工作的同时，也要做好居民物资保障、心理援助等工作，密切关注受灾群众的生活和心理状况。第三，基层社区应协助政府开展相关的灾后隐患排查、卫生防疫等工作,防止引发其他次生灾害,在此过程中进一步总结突发事件应对的经验和教训,不断完善应急预案,提升社区的应急管理能力和水平。第四,在救援工作完成后,基层社区应进一步配合地方政府开展相应的调查评估工作,并对应急处置工作进行总结上报。

阅读材料

“3·21”江苏响水特大爆炸事故中的社会协作

2019年3月21日14时48分许,江苏省盐城市响水县生态化工园区的天嘉宜化工有限公司发生了一起特别重大爆炸事故,事故共造成78人死亡、76人重伤,640人住院治疗,直接经济损失达19.86亿元。

2019年3月21日下午,江苏盐城市消防接到报警,消防救援人员赶往事发地。同时,江苏省环保部门组织相关人员赶赴现场,并调度盐城市、响水县两级生态环境部门了解现场情况,协助指导应急处置。接报后,应急管理部立即启动应急响应,主要负责人在指挥中心与现场视频连线,了解现场救援情况。应急管理部党组成员、总工程师王浩水和消防救援局总工程师周天带领专家组紧急赶赴现场,指导和协助地方开展应急处置工作。2019年3月22日凌晨,应急管理部工作组到达江苏盐城,随后立即查看化工厂爆炸现场,前往现场指挥中心了解指导救援处置工作。

2019年3月21日14时52分,盐城市消防救援支队接到报警,立即派遣响水中队、滨海中队赶赴现场。截至2019年3月21日17时,共有41辆消防车、188名消防员在现场开展处置。江苏省消防救援总队迅速调集泰州、盐城、连云港、淮安、宿迁及江苏总队等消防救援队伍的62辆消防车、247名消防员赶赴现场增援。

2019年3月21日17时左右,在响水滨江路步行街的采血车上,挤满了前来献血的居民。大量当地和外地赶来的群众听到消息后,都纷纷前往响水县政府附近的采血车,参与志愿献血。

2019年3月21日,国家卫生健康委第一批调派的专家分队赶到现场,抽调上海交通大学医学院附属瑞金医院重症医学、烧伤、神经外科专家和首都医科大学附属北京安定医院心理干预专家,于21日晚到达当地开展工作。到2019年3月22日10时,国家卫健委已就江苏盐城市响水县化工厂爆炸事故紧急调派三批医疗专家组，赶赴当地驰援医疗救治工作。

事故发生后，中国红十字会总会、江苏省红十字会根据需求组织当地红会开展救援救助工作。响水县红十字会积极组织志愿者前往医院协助救助伤病人员，开展无偿献血，为受伤人员送饭、送水，在国道和主要干道协助维持秩序，疏导交通。中国红十字会紧急向灾区调拨了40顶帐篷、1 340床棉被、150张折叠床和60个家庭包，并提供20万元现金用于转移安置群众救助工作。同时按照政府要求，组织红十字志愿者开展安置点服务，并做好心理救援队支持准备。

2019年3月22日，武警江苏总队紧急增派450余名官兵驰援江苏响水天嘉宜公司“3·21”特大爆炸事故救援工作。按照部署，武警官兵采取了分组梯队、网格摸排的方法，对责任区域进行拉网式排查，全力搜救受伤被困群众，积极配合地方医疗机构护送伤员。武警江苏总队机动支队还出动了防化中队官兵赶赴爆炸核心区侦测化验，对事故现场土壤及爆炸深坑的积水进行取样，并利用化学事故检测箱对空气质量、有害物质沾染情况等进行全面彻底排查。

截至2019年3月22日上午7时，江苏已先后调派12个市消防救援支队，共73个中队、930名指战员、192辆消防车、9台重型工程机械赶赴现场处置，3处着火的储罐和5处着火点已全部扑灭。共有医护人员3 500名、医院16家、救护车90辆参与救治，接收医治伤员640名。

资料来源：央视网《江苏响水天嘉宜化工有限公司“3·21”特别重大爆炸事故调查报告公布》、新浪网《应急部指导江苏盐城化工厂爆炸处置已救出31人》、新浪网《江苏响水“3·21”爆炸事故后众多居民自发献血》、环球网《江苏响水一化工企业爆炸　卫健委调派专家驰援》、新华网《中国红十字会紧急调拨物资参与江苏响水爆炸事故救援救助》。

思考题

1. 政府组织的应急管理职能与其他主体有什么不同？
2. 政府应急管理体制是如何演进的？
3. 未来其他主体该如何更好地参与应急管理？

第4章

应急管理对象

本章主要介绍应急管理对象的概念变迁，并概述四类突发事件的概念、特征及危害。应急管理对象的概念界定经历了一个变迁的过程。综合现有研究观点，本章倾向于将应急管理对象具体划分为自然灾害、事故灾难、公共卫生事件和社会安全事件四类突发事件。

4.1 概念界定

4.1.1 概念变迁

对于应急管理对象的概念，研究者在不同时期，站在不同视角，往往会有不同的界定。在我国，对应急管理对象的界定经历从传统的关系国家安全的军事外交和社会治安领域，转向四大类突发事件的划分和归类①，体现出分类管理、突出重点的特征。

一是分类管理。对应急管理对象的划分随社会发展和人们对致灾因子了解程度的提升而不断细化。为提升应急管理的针对性，统筹应急管理资源，2018年3月，第十三届全国人民代表大会第一次会议批准了国务院机构改革方案，应急管理部由此设立。应急管理部下设5个议事机构，22个机关司局，其主要职责包含组织国家应急总体预案编制和演练，推动建立应急管理预案体系、灾情报告系统、灾害救助体系等，指导各类应急救援工作开展，同相关部门建立协调配

---

① 钟开斌：《突发事件概念的来源与演变——基于对〈人民日报〉、党的中央全会报告、国务院政府工作报告的分析》，《上海行政学院学报》2012年第5期。

合机制，统筹物资储备和救灾调度。2019 年，应急管理部印发《应急管理标准化工作管理办法》，进一步将应急管理标准划分为三类，强调对应急管理工作的分类管理和协同推进。

二是突出重点。随着应急管理对象从军事外交领域向其他领域的拓展，对应急管理对象给予明确的界定被纳入实践议程。2006 年，《国务院关于全面加强应急管理工作的意见》中将应急管理的对象界定为突发公共事件，指出加强应急管理需要提升预防和处置突发公共事件的能力。对突发公共事件的界定，突出了应急管理对象可能对社会正常生产生活带来的冲击具有不确定性高、可预测性低、影响力大、涉及公共利益的特征。2007 年，《突发事件应对法》将突发事件划分为四类，包括自然灾害、事故灾难、公共卫生事件和社会安全事件[①]。这一划分主要依据诱发事件的致灾因子，从自然系统与人类社会两个维度进行区分，划分出客观性风险占主导的自然灾害与公共卫生事件，及主观性风险占主导的事故灾难和社会安全事件。其中，与公共卫生事件相比，自然灾害直接通过自然系统本身诱发灾害，而公共卫生事件则更多经由自然系统传导至人类社会，并通过引发大规模的群体性冲击而产生威胁。事故灾难与社会安全事件相比，在主观层面存在一定差异。事故灾难中，引发事故的主体在主观认知层面更多持放任心态，导致过于自信的过失或疏忽大意的过失诱发灾害，而社会安全事件中，涉事主体的主观认知更多体现为主观故意，无论是否因盲从或被诱导而产生行动意图，社会安全事件中涉事主体体现出更强的行动自主性，没有诸多个体行动者的参与，小规模的群体性事件难以带来足以被称为典型社会安全事件的风险。

当前，在新形势下，应急管理在细分管理对象的基础上，在实践中更重视协同管理能力的提升。2017 年，国务院办公厅印发《国家突发事件应急体系建设“十三五”规划》，要求最大程度减少突发事件及其造成的损失，推进应急管理的法治化、规范化、精细化和信息化[②]。2022 年，《“十四五”国家应急体系规划》明确指出，“到 2025 年，应急管理体系和能力现代化建设取得重大进展，防范化解重大安全风险体制机制不断健全，应急救援力量建设全面加强，应急管理法治水平、科技信息化水平和综合保障能力大幅提升”[③]。这一方面与社会发展伴生的系统性风险相关，另一方面也与信息时代的技术革命密切相关。从十三五到十

---

① 《中华人民共和国突发事件应对法》，中华人民共和国主席令第六十九号，2007 年 8 月 30 日发布。
② 《国家突发事件应急体系建设“十三五”规划》，国务院公报 2017 年第 22 号，2017 年 8 月 10 日发布。
③ 《“十四五”国家应急体系规划》，国务院公报 2022 年第 6 号，2022 年 2 月 28 日发布。

四五时期，我国处于经济社会发展的重要转型期，社会发展面临的风险不断增多，向复合型风险演化的趋势也日趋明显。在这样的社会背景下，应急管理体系建设更需要关注协同性。这一时期，应急管理的对象虽仍保持原有的四分类划分方式，但在管理体系的建设过程中，更多体现出寻求不同灾种治理方式和管理模式的共性特征。协同各部门、各专业组织力量来化解重大安全风险，在协同中实现应急管理的精细化和法治化，成为应急管理体系未来发展的重要趋势。同时，信息时代下，信息流通的加速，信息收集方式的多元化、城市治理的精细化，一定程度上都让社会个体的信息被其他个体或组织获取的成本大大降低。这对个人带来新的威胁，也让原先被界定为不属于公共领域议题的事件在演化中逐渐由涉及个人利益转向涉及社会或群体利益。城市的数字化和信息化转型日益模糊了私域和公域的边界，这对应急管理提出新的要求。在管理对象的界定上，“公共”的限制已无法完全适应新的应急管理实践需求。因此，相对于“突发公共事件”，“突发事件”的概念更能容纳和覆盖当前时期的社会风险，对于应急管理而言，具有更重要的实践意义。

4.1.2　概念界定

在理论研究中，站在不同视角，应急管理的对象在学术研究中被概念化为突发事件、突发公共事件、危机事件等。具体而言，上述概念在内涵上各有侧重。突发事件通常具有影响范围广、可预测程度低、决策非程序化等特征，紧急事件同样具有突发性和不确定性，但更强调事件需要响应主体在较短时间内做出回应，以有效控制灾害影响的扩大化。相比于突发事件，危机事件的影响可能是隐性的，而非直接可感知的，因此，危机事件相比于突发事件而言，更需要关注事前的预防[①]。从目前基层应急管理体系的建设来看，以基层应急管理单元需要应对的突发事件为管理对象更符合实践的需求[②]。

以危害程度和影响范围[③]，以及致灾因子为标准[④]，突发事件主要被划分为环境因素诱发的自然灾害和公共卫生事件、社会因素诱发的社会安全事件和事

① 朱力：《突发事件的概念、要素与类型》，《南京社会科学》2007 年第 11 期。

② 李瑞昌：《城市治理网络的嵌入机制——以上海市基层应急管理单元为研究个案》，《江苏行政学院学报》2008 年第 3 期。

③ 薛澜、钟开斌：《突发公共事件分类、分级与分期：应急体制的管理基础》，《中国行政管理》2005 年第 2 期。

④ 王郅强、麻宝斌：《突发公共事件的应急管理探讨》，《长白学刊》2004 年第 2 期。

故灾难。此外，也有研究者将应急管理的对象区分为常规应急管理领域和突发事件应急管理领域，其中常规应急管理领域主要涉及基础设施建设相关的应急调度或设施维护，突发事件应急管理领域则主要涉及环境、社会、经济等因素引发的突发事件的治理①。

基于上述分析，本书也倾向于将应急管理的对象界定为突发事件，具体划分为自然灾害、事故灾难、公共卫生事件和社会安全事件四类。

4.2 自然灾害

4.2.1 自然灾害的概念

自然灾害具有自然属性、破坏性、突发性②，是以自然事件或力量为主因造成的人员生命伤亡和财产损失的事件③，主要包括由洪水、旱灾、气象变化、地质运动、生物系统演化、林草系统变化引发的灾害。全球主要自然灾害包括地震、洪水、干旱、暴风、热带气旋、滑坡、海啸、火山爆发、虫害、热浪、火灾、雪崩、寒潮、流行病等④。我国常发生的 13 种自然灾害包括洪涝灾害、干旱灾害、台风灾害、冰雹灾害、雷电灾害、高温热浪灾害、沙尘暴灾害、地震灾害、地质灾害、风暴潮灾害、赤潮灾害、森林草原火灾、植物森林病虫害。总体上看，我国自然灾害呈现出种类多、频率高、季节性强、影响范围广等特征⑤。

4.2.2 自然灾害的特征

自然灾害具有难以预测性、路径依赖性、不可逆性和间断性等特征，这些特征决定了自然灾害对人类社会和自然环境的影响方式和程度。

一是难以预测性。自然灾害的难以预测性主要指的是自然灾害发生的时间、地点和强度等关键因素往往难以准确预知。该特征主要源于自然灾害背后的复杂自然过程和多变的环境因素。例如，地震、台风、海啸、泥石流等自然灾害

---

① 曹杰、杨晓光、汪寿阳：《突发公共事件应急管理研究中的重要科学问题》，《公共管理学报》2007 年第 2 期。

② 汤爱平、谢礼立、陶夏新等：《自然灾害的概念、等级》，《自然灾害学报》1999 年第 3 期。

③ 黄崇福：《自然灾害风险分析的基本原理》，《自然灾害学报》1999 年第 2 期。

④ 郑远长：《全球自然灾害概述》，《中国减灾》2000 年第 1 期。

⑤ 刘彤、闫天池：《我国的主要气象灾害及其经济损失》，《自然灾害学报》2011 年第 2 期。

都是自然界复杂动态过程的结果。上述过程受到多种因素的影响，包括地质结构、气候变化、海洋动态等，因素间相互作用，使得灾害的发生具有高度的不确定性。环境的多变性则进一步增加了自然灾害的难以预测性。例如，气候变暖、城市化进程等环境的复杂变迁会影响自然灾害的频率和强度。这些环境变迁本身就存在不确定性，进一步增加了自然灾害预测的难度。在此背景下，尽管现代科技和预测方法的发展已经提高了对某些自然灾害（如风暴和火山爆发）的预测能力，但不少自然灾害仍具有较高的难以预测性。例如，尽管地震预测技术不断进步，但地震的具体发生时间和地点仍然很难准确预测。理解自然灾害的难以预测性特征对于制定有效的灾害预防和应对措施至关重要，可以帮助社会更好地准备应对自然灾害带来的挑战。

二是路径依赖性。自然灾害的发生具有较为明显的地域特征，通常与特定区域的自然地理因素密切相关，这些特征均为自然系统常年演化的结果，短期内很难发生明显转变，也因其与其他系统要素间相互交错的关联而具有牵一发动全身的影响力。部分灾害还呈现出较为规律的周期特征，可以根据系统演化的周期和频率预测，这使自然灾害相比于其他应急管理对象而言具有更强的可预测性，常发特定灾害的地区可以据此建立防灾减灾体系，提升应急准备能力，也能根据灾害特征区分灾害高发地区与安全区，根据灾害的影响范围和程度，合理安排居民迁移等工作，尽可能降低对居民人身安全的损害。但同时，随着全球气候变暖等全球生态变迁现象的产生，气象系统的变化牵动了地质、林草、水域等系统的变化，越来越多的自然灾害体现出复合性的特征，往往由多种致灾因子共同作用而成，虽然其发生和演变仍具有明显的路径依赖性，但其影响范围和程度却随情境变化而具有明显的异质性。

三是不可逆性。自然灾害的发生是不可逆转的过程，这与自然系统本身的特征有关。自然系统具有韧性，在面对外来干扰时可以维持基本功能不变，具有自我适应、自我调节和自我更新的能力。过往研究对于自然系统韧性的评价集中关注其是否有能力恢复到初始平衡状态[①]，但这一观点与实践存在不相适应的部分。实践中，自然系统的恢复过程无法排斥人类活动的过程，人类活动必然会对自然系统造成扰动或损害，因此使其完全恢复至原初状态往往并不现实。

① Holling C S. Resilience and Stability of Ecological Systems. Annual Review of Ecology & Systematics, 1973, 4(1): 1-23.

目前，更多观点支持从生态韧性与演进韧性的视角理解自然系统的韧性。生态韧性关注系统生存的能力①，演进韧性则进一步将社会因素纳入其中，关注社会生态系统持续适应变化的能力②。这一观点从可持续的视角出发展开探究，认为自然系统的自我调适不意味着自然系统会在演进过程中回到原初状态，而是在自组织的过程中找到人类发展和自然系统演化的平衡点。人类的生产生活性活动对自然造成的伤害和威胁是不可逆的，自然系统不会回到原初状态，只可能在人类活动的调整之下尽可能在演进中寻找到类似原初状态的平衡稳态。从实践出发，这一观点更符合客观实际，反映应急管理的时代需求。在自然系统与人类社会共生共存的过程中，自然系统与人类社会必然会经历磨合期，由于人类对于自然系统的了解仍十分有限，这可能会导致人类的活动对自然系统产生危害而不自知，无形中进一步放大自然灾害的危害性或引发次生灾害，给人类正常生产生活带来更大的冲击。

四是间断性。自然灾害的影响因素包括风险载体的价值属性、时间尺度与空间尺度③。在时间尺度上，自然灾害具有鲜明的间断性特征。许多自然灾害不会对人类正常生产生活造成持续的冲击，而是依据致灾因子和环境脆弱性而变，体现为短时段内的集中性冲击。相比于自然灾害本身，灾后重建和安置工作的持续周期更长，连续性更明显。自然灾害的间断性特征也使得将韧性视角融入应急管理显得更有价值。相比于传统视角，韧性视角在目标方面更强调通过提升规划的长远性来提升效果的可持续性，应对潜在危机带来的慢性压力，聚焦建设面向未来的、综合性、长期应急管理体系。可持续机制的建设有助于对抗间断性的灾害冲击带来的威胁，也有助于管理者在每一次应急处置的过程中积累经验，根据间断性冲击中的新发威胁与风险类型，补充完善现有机制。

4.2.3 自然灾害的危害

一是对自然系统本身的危害。自然灾害首先冲击自然系统本身，自然灾害的出现代表着系统内部的演化出现了明显的变迁趋势，这种变迁趋势可能并不符合系统自我演化的规律，而更多体现为系统在自我更新过程中受到人类社会

---

① 邵亦文、徐江：《城市韧性：基于国际文献综述的概念解析》，《国际城市规划》2015 年第 2 期。

② Folke C, et al. Resilience Thinking: Integrating Resilience, Adaptability and Transformability. Ecology and Society, 2010, 15(4): 20.

③ 苏桂武、高庆华：《自然灾害风险的分析要素》，《地学前缘》2003 年第 1 期。

影响后产生的异常波动，反映系统本身的自适应机制无法完全适应突发冲击。

二是对人类生活的冲击。自然灾害会导致人员伤亡和社会财产损失，其中既包含直接产生的破坏，也包括修复灾区所需的成本及修复期间的生产停滞等产生的成本。自然灾害带来的区域地理生态环境的变化会影响城市的土壤、水质、空气等条件，对城市原有功能区分布和布局产生影响，部分居民或需搬离居住区，部分企业则需通过搬迁来应对安全隐患。自然灾害会对部分行业的发展带来深刻影响，诸如农业生产部门及海运、河运等交通运输业均高度依赖自然条件以维持行业存续，自然灾害可能会堵塞类似行业的发展通道，进而甚至会对一国经济体系和产业结构带来重大冲击。

4.3　事故灾难

4.3.1　事故灾难的概念

事故灾难一般是指与安全生产有关，突然发生、已经造成或可能造成重大生命财产损失、产生重大影响的紧急事件[①]。事故灾难高发的领域包括矿产资源开发行业、交通运输行业、电力等能源开发行业，因设施使用与管理失灵引发的火灾、污染与生态破坏等事件也属于事故灾难的范畴。

现行部门规章中涉及事故灾难应急处置的共有 9 部，涉及自然灾害引发的事故灾难和生产安全事故灾难。其中生产安全事故引发的事故灾难包括煤矿事故灾难、矿山事故灾难、危险化学品事故灾难、陆上石油天然气储运事故灾难、陆上石油天然气开采事故灾难、海洋石油天然气作业事故灾难、冶金事故灾难、尾矿库事故灾难等，涉及工业管理、地质矿产、邮政电讯、劳动安全等方面。

4.3.2　事故灾难的特征

一般而言，事故灾难具有主观性、生产性、技术性等主要特征。

一是主观性。事故灾难的发生相比于自然灾害而言，具有更强的主观性。事故灾难发生在与人相关的活动中，其中尤以生产性活动为主。因此，事故灾难

① 钟开斌：《突发事件概念的来源与演变——基于对〈人民日报〉、党的中央全会报告、国务院政府工作报告的分析》，《上海行政学院学报》2012 年第 5 期。

的发生不可避免地带有人的主观能动性的作用。事故灾难的发生通常与管理者安全意识淡薄、安全隐患排查和安全风险管理失当、安全监督管理不严格相关，在这其中，管理者出于疏忽或过于自信而产生的过失是事故灾难发生的根源之一。

二是生产性。事故灾难多是发生在生产环节中、与生产活动相关的事件，生产性的特征决定了事故灾难的特殊性。生产性意味着事故灾难发生的场域在社会化生产过程中属于价值增值的环节，可以产出使用价值和生产价值。因为能够产出价值，这一环节中人的行为决策通常会具有更强的自利导向。具有生产性质的大规模组织多为企业组织，以营利为导向。在利益最大化的驱使下，有的管理者为尽可能扩大企业或自身利益铤而走险、违背安全生产准则作业，是事故灾难发生的一个重要原因。

三是技术性。事故灾难中，不同细分领域的设施、生产活动具有明显的技术性，要求施工作业人员具备专业知识，才能有效管理和运用设施。但实践中，往往因施工作业人员不具备相关资质而酿成灾难。并且，由于涉及领域多元，事故灾难的救援工作通常需要花费更多时间与精力筹备，部分涉及危险化学品、资源开采的事故灾难救援需要在事故发生后组织专业团队分析评估方可展开行动，这使事故灾难救援的周期被延长，也使次生灾害发生的风险被放大。

4.3.3 事故灾难的危害

事故灾难虽然与自然灾害的成因不同，但其危害也是深远和严重的，主要表现为人员伤亡、财产损失、服务中断、经济受损、带来健康风险等①，具体可以概括为以下两个方面。

一是由生产领域波及生活领域。具体而言，事故灾难可能造成通信、交通、电力等服务的暂时中断，对事发地及周边区域的生产生活产生不良影响。事故灾难通常伴随着人员伤亡与财产损失，并可能对社会秩序带来不利影响。此外，灾后重建工作也会影响事发地相关人群的正常生产生活。

二是给生活领域带来次生灾害。事故灾难通常伴随着对个体及其赖以生存环境的损害，如化工产业中使用的化学试剂泄漏会对居民生活造成不利影响，甚至危及居民生命安全，给居民健康带来长期风险。事故灾难往往直接作用于个体，相比于自然灾害，对个体的危害更直接、更迅速，很多情况下个体因处于某种

① 刘铁民：《重大事故灾难情景构建理论与方法》，《复旦公共行政评论》2013 年第 2 期。

环境中而被动地受到危害。也因此，事故灾难容易引发个体情感和心理状态的变化，受到冲击的个体容易产生无辜而受害的心理建构，影响心理健康。

4.4　公共卫生事件

4.4.1　公共卫生事件的概念

公共卫生事件是指因疾病、健康威胁或其他健康相关因素引发的事件，可能对公众健康造成广泛影响，需要迅速的公共卫生响应和干预，主要包括重大传染病疫情、群体性不明原因疾病、食品安全和职业危害、动物疫情、药品安全事件、疫苗质量安全事件、职业中毒事件、其他严重影响公众健康和生命安全的事件等[①]。应对这类事件通常要求跨部门合作，包括卫生、环保、交通等多个领域的紧密协作，以有效管理和控制事件，减少对公众健康的影响。

4.4.2　公共卫生事件的特征

公共卫生事件涉及的是广泛影响人群健康和安全的事件，主要表现出以下特征。

一是公共性。公共卫生事件与个人感染传染病或其他不明原因疾病的区别在于其公共性。公共性描述了这类事件的影响范围与影响程度，当卫生事件足以被视为影响公共利益或影响社会整体利益的事件时，应被定义为公共卫生事件。公共卫生事件的公共性还体现在短时期内较难得到有效缓解和处置，具有一定的感染或传播周期，在感染或传播的渠道和方式上体现出对个体的无差别性。在公共卫生事件中，除医护人员外，个体面临的风险是无差别的，不会因职业、收入、地位等因素而出现明显的风险接触差异，但个体所能接触到的医疗资源仍会存在明显差异。

二是专业性。公共卫生事件的应对具有很强的专业性，通常需要依托正规医疗机构。然而，在某些公共卫生事件爆发初期，医疗机构很难在短时间内准备充足的救援资源，也很难及时调配充足的人力来应对危机。面对专业门槛较高的病种应对，其他科室医生协助参与救治的空间更小，这将给特定科室医护人员带来沉重的工作负担和心理压力。

---

① 《什么是突发公共卫生事件?》，中华人民共和国国家卫生健康委员会 2022 年 2 月 12 日发布。

三是多变性。公共卫生事件的演化具有多变性，由于对疾病认识的不充分，在应急救治初期，医疗机构可能难以提供完善的救助方案，而在应对大规模冲击的过程中情况也会不断演化，可能对医疗资源产生新的冲击。短期内难以缓解的公共卫生事件还可能会造成群体性的恐慌。由于公众对医疗救治信息缺乏充分认知，可能会盲目相信谣言，造成不必要的恐慌；恐慌还会自社会领域溢出至经济领域，对市场预期带来不利影响，这些都给应急处置设置了障碍。

四是复杂性。公共卫生事件的复杂性不仅体现在事件本身的特性上，还涉及事件管理和响应过程中遇到的挑战。一方面，公共卫生事件通常由多种因素共同作用引起，包括生物、环境、社会经济和人为活动等因素。例如，传染病的暴发可能与病原体的变异、环境条件的变化、城市化进程和人类行为等多种因素有关。另一方面，公共卫生事件的管理和响应涉及多方面的因素。例如，应对公共卫生事件需要医学、流行病学、公共管理学、环境科学、社会学、心理学、法律等多个学科的知识和技能。这要求相关人员具备跨学科的知识背景，能够综合考虑不同因素，制定有效的应对措施。再如，对于跨国界传播的公共卫生事件，需要国际间合作和协调，以共同应对挑战。而不同国家和地区的法律法规、文化习俗和卫生系统差异，则增加了国际合作和协调的复杂性。

4.4.3 公共卫生事件的挑战

公共卫生事件可能带来多方面的危害，不仅直接影响公众健康，也可能对经济、社会、政府带来挑战。具体而言，公共卫生事件的挑战主要包括以下方面。

一是危及公众健康。由于公共卫生事件很难预测，需要基于科学专业的医学、药理学判断给出治疗方案，因此应急管理不可避免地具有一定的滞后性和动态调整性，会随着对病毒、病症了解的深入而变化，但也必须面对病毒变异带来的更大范围、更大程度的影响与冲击，对公众身体健康和心理健康都可能带来严重的不良影响。对于个体来说，由于活动范围和形式受到限制，可能会产生心理不适与抗拒，进而可能会加剧公众与志愿者、医务人员、政府组织之间的矛盾，滋生社会安全事件的风险。由于公共卫生领域的应急管理涉及专业知识，公众可能因不了解、不理解应对手段的出发点而拒绝配合，从而可能进一步加剧应对难度。并且，由于专家言论具有“放大器”效应，公众很容易建立对专家的认可与信任，但也由此极易产生对专家言论断章取义或恶意歪曲以误导公众的可能性。而若专家立场随研究深入而发生转变，又可能再度引起公众质疑，面临舆情危机。

二是冲击经济社会发展。这主要体现为两个方面。一是带来经济损失。公共卫生事件可能对经济活动产生广泛的干扰，包括减缓经济增长、增加公共支出、影响就业，从而造成巨大的经济损失。实际上，经济损失不仅限于直接受灾区域，还可能通过全球化的经济联系影响全球经济。二是冲击社会秩序。公共卫生事件的应对不当可能引发社会恐慌，影响社会秩序和稳定。此外，公共卫生事件应对中部分地方出现的信息不透明和谣言传播则可能进一步加剧社会失序，对公共安全构成威胁。

三是影响公众的政府信任。公共卫生事件的应对直接关切公众的人身安全和生命健康，当生存理性占据上风，公众对于生存的恐慌可能会导致其逆反心理的产生，进而影响公众对地方政府的信任。在面对突发公共卫生事件冲击时，部分地区在投入资源集中救治之外，未对舆情应对和信息公开给予充分重视，这可能导致公众因官方信息的缺位而对地方政府的应急管理能力和决心产生怀疑，进而给公众的政府信任带来不利影响。

4.5 社会安全事件

4.5.1 社会安全事件的概念

在现有研究中，一种观点将社会安全事件定义为由社会矛盾等引发的、具有一定影响、对社会正常生产生活秩序造成危害的群体性事件[①]。另一种观点则弱化事件的冲突性，主要关注事件可能对社会秩序产生的直接和间接影响，及其产生次生灾害或复合风险的可能性[②]。综合现有观点，本书将社会安全事件界定为由人为因素造成的、形成一定规模、对正常社会生产生活秩序造成不利影响、对社会公共利益带来危害的事件。

4.5.2 社会安全事件的特征

顾名思义，社会安全事件往往会对社会公共安全带来严重的冲击，主要表现

---

① 杨海坤、马迅：《总体国家安全观下的应急法治新视野——以社会安全事件为视角》，《行政法学研究》2014 年第 4 期。

② 陈璟浩、李纲：《突发社会安全事件网络舆情演化的生存分析——基于 70 起重大社会安全事件的分析》，《情报杂志》2016 年第 4 期。

出如下几方面的特征。

一是人为性。这主要体现在社会安全事件的发生一般与人的主观故意相关，而非自然系统的演化或变迁对人类正常生产生活秩序带来的冲击，其中每一环节都有人的主观能动性介入。社会安全事件的影响程度与参与人数和参与范围密切相关，在参与人数较少、参与范围不广的情况下，部分群体性事件还无法被界定为社会安全事件，更多可以借助柔性治理的方式，以调节和协商为主的形式进行干预和治理。目前，理论研究依据组织化程度和利益诉求的直接性将群体性事件划分为不同类型①，不同类型的归属也与事件所处的演化阶段相关，群体性事件可能随发展过程向不同类型转变，进一步演化为社会安全事件或得到有效处置。

二是社会性。这主要体现在社会安全事件的演化与治理具有显著的社会属性，可能需要借助社会舆论的引导、社会风气的塑造或社会情感的调节来实现有效的治理，以应对社会内部关系紧张而产生的社会性对抗。广义上，社会安全是指社会治理能将风险抑制在安全的框架之下，维持良性运行和发展，将社会不稳定因素及其影响控制在合理范围内。狭义上则包含两种定义，一种是指把社会安全等同于社会保障体系的建立，其一个重要前提是假定社会弱势群体的基本权益如果得不到有效保障将会对社会稳定构成威胁。另一种是在划分社会子系统的基础上将其定义为除经济子系统与政治子系统之外其他社会领域的安全②。影响发展的社会安全警源性指标主要包括公共安全、社会经济、自然灾害、公共卫生、重大事故、重大活动及周边环境③。无论采取何种定义，社会属性始终以其主要特征出现，是定性社会安全事件的核心标准之一。

三是复合性。社会安全事件的诱因多样，常受到其他灾害溢出效应的影响，也因此呈现出复合性和级联性的特征。发生自然灾害后，若受灾地区居民没有得到合理安置或接受合适的心理干预，可能会产生逆反心理，作出过激反应，这进而可能诱发社会安全事件；发生事故灾难后，涉事企业或机构会遭受财产损失，其生产性活动的停滞可能会影响其职工薪资和待遇，职工面临安全与生存的双重威胁，可能会以群体反抗的方式来回应风险，这也容易诱发社会安全事件；

---

① 童星、张海波：《群体性突发事件及其治理——社会风险与公共危机综合分析框架下的再考量》，《学术界》2008 年第 2 期。

② 郑杭生、洪大用：《中国转型期的社会安全隐患与对策》，《中国人民大学学报》2004 年第 2 期。

③ 魏永忠：《论我国城市社会安全指数的预警等级与指标体系》，《中国行政管理》2007 年第 2 期。

最后，公共卫生事件以其对公众生命健康的直接威胁而具有鲜明的特征，在应对病毒传播或感染、不明原因的疾病时，公众医疗资源可及性的差异可能会进一步放大健康不平等的影响，导致社会安全事件的发生。社会安全事件是其他三类事件溢出效应的主要承接方，也因此而具有多重诱因、多重影响，在治理过程中需要协调更多专业力量来统筹应对。

4.5.3　社会安全事件的危害

一是风险的聚集性。社会安全事件的危害主要集中于经济领域和社会领域。在经济领域，社会安全事件的危害可能体现为股市和汇市的过度波动、市场信心的缺失[①]。在社会领域，社会安全事件的危害则主要体现为触发因素的累积性、实际规模缺乏预见可能性、易导致不同利益群体间的冲突与博弈、可能引发政府与公众间的对立[②]。在网络舆情中，社会安全事件的危害主要体现为信息失真泛滥、群体极化倾向突出、易受境内外不法分子恶意操纵[③]。

二是风险的个体化。社会安全风险对于每个个体的影响具有明显的异质性。在经济领域，不同个体的财务状况、资本积累、投资组合使其在面对经济风险时的风险抵御能力有显著差异。在社会领域，因感受到的不公平和在社会成本收益分配格局中所处的地位不同，公众在群体性事件中的参与程度有异，在冲突中面临的利益受损风险也随之不同。目前，我国社会安全事件表现出群体性较为明显、组织性程度较低的特征[④]。一是群体性较为明显。目前，与城市外来务工人员、社会边缘群体相关的社会安全事件较多，近年来，与新兴产业或转型产业相关利益群体联系密切的社会安全事件也在增加。有研究基于对 2010—2019 年 309 起群体性事件的分析指出，从事件类型来看，维权事件占比最高（52.4%）；从爆发时间来看，7 月和 8 月是群体性事件高发月份，个别事件在重要节假日、重大活动等敏感时间发生；从发生区域来看，东部和西部地区是群体性事件高发区域；从事件涉及群体来看，政府官员引发的群体性事件减少，农民工、出租车司机、村民等为主要群体，中小投资者、中产阶层参与维权日益增多；从引发事件的成因来看，农民工讨薪、环境邻避等问题仍然突出，互联网

---

① 黄金老：《论金融脆弱性》，《金融研究》2001 年第 3 期。
② 张玉磊：《当前我国群体性突发事件的六大特征》，《党政干部学刊》2008 年第 10 期。
③ 谢山河、左功叶、周黎：《网络舆情中的社会安全隐患研究》，《求实》2010 年第 7 期。
④ 中国行政管理学会课题组：《我国转型期群体性突发事件主要特点、原因及政府对策研究》，《中国行政管理》2002 年第 5 期。

金融、共享经济等新业态、教育与就业等民生问题成为群众进行维权的新风险点[①]。二是组织性程度较低。群体性特征的突出回应了社会转型期社会矛盾加剧的可能性，但也正因社会发展的日新月异，旧问题的解决方案可能来源于新改革，这使诱发社会安全事件的群体具有组织上的无序性和行动上的非同一性。这类群体可能更多只是为实现个人利益最大化而聚集，一旦诉求得到满足，便往往会回归正常生活中。有研究指出，当前社会冲突的性质以经济领域的利益性冲突为主，具有可协调性；群体性事件开始作为“弱者的武器”被较为普遍地使用；对社会冲突事件也开始日益由封闭的、僵硬的内部处置演进到开放的、弹性的公开处理[②]。

阅读材料

北京丰台长峰医院“4·18”重大火灾事故

（一）概述

2023 年 4 月 18 日 12 时 50 分，北京市丰台区靛厂新村 291 号北京长峰医院发生重大火灾事故。4 月 18 日 12 时 57 分，丰台区消防救援支队接警；13 时 33 分，现场明火被扑灭。15 时 30 分，现场救援工作结束，共疏散转移患者 71 人。4 月 21 日，国务院安委会对该起重大事故查处实行挂牌督办。经调查，事故共造成 29 人死亡、42 人受伤，直接经济损失 3 831.82 万元。

（二）事故原因

长峰医院发生火灾的主要原因在于违法违规实施改造工程，并在施工过程中对施工安全疏于管理。据事故调查报告，施工单位违规进行自流平地面施工和门框安装切割交叉作业，环氧树脂底涂材料中的易燃易爆成分挥发、形成爆炸性气体混合物，遇角磨机切割金属净化板产生的火花发生爆燃，引燃现场附近可燃物。产生的明火及高温烟气引燃楼内木质装修材料，部分防火分隔未发挥作用，固定消防设施失效，致使火势扩大、大量烟气蔓延。事故爆发初期，医院未能有效组织高楼层患者疏散转移，且未第一时间报警，导致火势无法及时有效控制。

---

① 李倩倩、王红兵、刘怡君等：《我国群体性事件的典型特征、治理问题与对策建议》，《智库理论与实践》2022 年第 2 期。

② 朱力：《中国社会风险解析——群体性事件的社会冲突性质》，《学海》2009 年第 1 期。

（三）事故教训

该起事故的调查报告指出，事故主要教训包括以下几方面。一是事故涉事方防范化解重大风险的意识薄弱。在日常管理中没有对安全隐患给予充分关注，相关部门也没有从同类事故灾害中吸取经验教训。二是相关部门对涉事机构的安全管理不严格。涉事医疗机构内部部分消防设施老化，安全风险突出，但监管部门却没有重视，也未督促事发医院就在消防检测中发现的重大问题进行整改。三是涉事机构在规划建设过程中存在明显的安全漏洞。涉事施工方中源信诚公司持有相关资质的管理人员和技术工人数量并不满足法律要求，但这一不具备施工资质的企业却一直在从事建筑作业。四是相关部门在消防监督检查和专项整治中工作力度不够，初期应急处置能力不足。各地区、各部门必须引以为戒，加强应急预案建设，强化安全教育培训，定期开展应急演练，提高应急处置能力。

案例来源：应急管理部《北京丰台长峰医院"4·18"重大火灾事故调查报告》，2023年10月25日发布。

思考题

1. 你认为事故灾难有哪些特征？

2. 结合案例来看，该起事故灾难的发生原因有哪些？其对事故灾难的应对提供了哪些教训？

第5章

应急管理过程

“过程”是指事情进行或事物发展所经过的步骤。在质量管理学中，过程被理解为通过输入得到预期输出的相互关联或相互影响的一系列活动。应急管理是结合科学、技术、规划和管理等手段，以保障生命、健康和财产安全的有关活动[①]。应急管理过程可以被理解为通过科学、技术和管理等要素的输入、输出保障公众生命财产安全和促进社会持续发展等系统活动的总称。

不同研究者对应急管理的过程有着不同的划分标准。有研究者强调“关口前移”的重要性，将应急管理划分为风险管理和危机管理两个大的阶段[②]；罗伯特·希斯将危机管理划分为四个阶段：缩减（Reduction）、预备（Readiness）、反应（Response）、恢复（Recovery），简称“4R”理论[③]。尽管研究者们对应急管理过程的划分有不同观点，但是总体来看分为两类：一是对应急管理的全过程进行分类，二是对危机管理本身进行分类。2007年通过、2024年修订通过的《中华人民共和国突发事件应对法》第二条指出“突发事件的预防与应急准备、监测与预警、应急处置与救援、事后恢复与重建等应对活动，适用本法”[④]。本书遵循该法对应急管理全过程的规定，对应急管理的各个环节进行分析。

5.1 应急预防与准备

预防与准备指对突发事件的预先防范和提前准备，包括建立健全突发事件

① 乔仁毅、龚维斌：《政府应急管理》，国家行政学院出版社2014年版，第10页。
② 薛澜、周玲：《风险管理：“关口再前移”的有力保障》，《中国应急管理》2007年第11期。
③ ［美］罗伯特·希斯：《危机管理》，王成、宋炳辉、金瑛译，中信出版社2001年版，第21—23页。
④《中华人民共和国突发事件应对法》，2024年6月28日修订发布。

的应急预案体系、建设应急避难所、排查风险隐患、组建应急救援队伍、开展应急知识宣传与培训演练、建立应急物资储备与保障等工作。本部分内容着重厘清应急预防与准备的概念，辨析危险源、风险以及危机的含义与区别；第二部分具体介绍应急预案的基本含义与主要内容、应急资源的内涵与特征；第三部分重点介绍应急预案编制的程序。

5.1.1　预防与准备的基本内涵

5.1.1.1　应急预防与风险管理

有研究者认为预防强调采取一定的措施和办法，从源头上消除突发事件生长的条件，从而阻止突发事件的发生以增强抵御风险的能力[①]。由此可见，预防是在突发事件发生之前相关主体采用的消除或防范风险的举措，其目的是防止突发事件的发生。应急预防的重点在于确定风险的可控程度，即通过风险管理达到应急预防的目的。

风险管理理念起源于保险业，后拓展至金融、医疗、环境保护等领域。直到 20 世纪九十年代，“风险管理”这一概念才被引入应急管理领域，并被视为应急管理工作的起点。学术界对风险管理的解释各不相同：美国学者威廉姆斯和汉斯认为风险管理是对风险的识别、衡量和控制，以降低风险损失和维护公共安全为目的[②]。有观点认为风险管理是为解决偶然的损失以确保组织或企业的获利能力所做的付出[③]。钟开斌提出风险管理的发展趋势主要表现为三个特点：单一风险管理向综合风险管理转变、将潜在风险整合到发展规划和日常管理决策中、重点关注从传统风险到新风险因素的转变[④]。滕五晓则认为风险管理包括计划准备、风险识别、风险评估和风险处置等环节[⑤]。结合上述研究者的观点，本书认为风险管理主要包括以下几个环节。

第一，风险识别。风险识别是风险管理的第一环节，指辨识面临的风险，确认风险来源、影响范围、表现特征及其可能产生的不确定性。风险识别的时间节

---

① 杨月巧：《应急管理概论》，清华大学出版社 2016 年版，第 191 页。

② ［美］小阿瑟·威廉姆斯、理查德·M.汉斯：《风险管理与保险》，陈伟等译，中国商业出版社 1990 年版，第 16—17 页。

③ Nekrasov A, Shroff P K. Fundamentals-Based Risk Measurement in Valuation. The Accounting Review, 2009, 84(6): 1983 - 2011.

④ 钟开斌：《风险管理研究：历史与现状》，《中国应急管理》2007 年第 11 期。

⑤ 滕五晓：《应急管理能力评估：基于案例分析的研究》，社会科学文献出版社 2014 年版，第 65 页。

点在风险事故发生前；识别的内容包括风险类别、风险特征以及风险事故的潜在危害；识别的过程包括风险感知和风险分析；识别的目的在于确定风险等级、制定防范措施，为风险评估和风险处置提供依据。

第二，风险评估。风险评估分为风险分析和风险评价两部分，其中风险分析是风险评价的前置环节，指在风险识别的基础上对风险发生的概率和后果作定性描述的过程。风险评价是根据风险分析内容定量确定风险等级和严重性，进而对面临的风险等级和严重性进行综合排序。风险评估是风险管理工作的重要环节，通过对风险发生的后果与可能性的描述及量化过程，其目的是为下一步的风险处置提供应对策略。风险评估需要注意以下两点：一是持续地开展风险评估以增强应急能力；二是公开风险评估信息标准和等级，加强风险信息沟通。

第三，风险处置。风险处置不仅要考虑风险等级，也要考虑风险处置能力，以有效完成风险管控。首先，风险处置要以风险评估为依据。通过对危险源、脆弱性、不确定性、可能性、危害性的有效识别和评估，对不同等级和规模的风险采取相应的处置措施；其次，风险处置要确定风险管理的优先顺序，并据此提出具体的风险处置措施和工作计划；最后，风险处置的有效性与风险处置能力密切相关，为此需要通过持续学习培训、优化应急计划等措施不断提升风险处置能力。

第四，风险管理效果评估。风险处置策略执行之后，需对风险识别、风险评估和风险处置效果进行检查和评估，其目的是调整和优化风险管理对策。此外，传统风险的涌现以及与新型风险的叠加促使管理活动不断更新，要求对风险管理工作实行动态全流程的效果评估。

5.1.1.2 应急准备

有研究者提出应急准备是指通过计划、组织、装备、培训、演练、评估、改进等流程，依托组织与个人的必要能力，以便相关主体积极采取应对行动，避免或减少突发事件可能造成的损失[①]。总的来说，应急准备强调做好充分的准备应对即将来临的突发事件，其在很大程度上与应急预案和应急资源保障密切相关。

5.1.1.3 相关概念辨析

在应急管理领域，风险与危机交织发生在应急管理活动中，而两者在危害程度与发生阶段上有所区别。风险更多存在于突发事件发生前，描述可能引起突发事件的危险源，伴随突发事件继续存在，而危机则表现在突发事件全过程周期

---

① 范维澄、闪淳昌等：《公共安全与应急管理》，科学出版社 2017 年版，第 95—97 页。

中的“暗流涌动”，具有极强的破坏性和危害性，因此有必要厘清危险源、风险和危机的内涵与相关性。

第一，危险源。危险源是指一种对生命、财产、环境、资源和社会等可能产生不利影响的状态因素①。了解和识别危险源对于应急管理过程中预防与准备工作的有效开展非常重要。根据不同的标准，可以将危险源区分为不同的类别。例如，根据所属领域，危险源可以被区分为化学危险源、物理危险源、生物危险源、机械危险源等类别。根据属性特征，危险源可以被区分为状态上的缺陷、行为上的缺陷和管理上的缺陷②。状态缺陷可以被理解为不安全事件的实体条件（物体条件、物质条件、环境条件）；行为缺陷如不安全举措可能导致不确定性事故发生；管理缺陷本质上是人为缺陷，主要指管理人员在管理方面的失误。针对以上三种缺陷，可以采取如下应对措施：对于状态缺陷可以引进相关技术对危险源进行监测和控制；对于行为缺陷可以控制不安全举措以改变危险源的状态③；对于管理缺陷可以通过日常监管、制度建设、信息反馈等措施来加以应对。

第二，风险。风险（Risk）是指危险源（Hazards）演变成事故的可能性和损害程度，也可以被理解为危险源和脆弱性（Vulnerability）。风险管理与突发事件应急管理有着密切的联系。从不同的学科出发，风险有着不同的含义，经济学者奈特认为风险是能被计算概率与期望值的不确定性④，社会学者贝克提出“风险社会”，认为风险社会有两大特征：一是风险社会的逻辑呈现不断扩散的人为不确定性，二是导致现有社会结构、制度以及关系向更复杂的状态改变⑤。吉登斯从社会理论层面理解风险，认为风险是由不断发展的认知对世界的影响，即风险的产生具有时代局限性⑥。其中被普遍接受的观点是风险与不确定性事件发生的概率及产生的损失有关⑦。从发生领域来看，风险可以分为自然风险、社会风险、政治风险、经济风险和技术风险等类别。自然风险是指因自然状态改变而造成损失的风险，影响范围大且伤害程度高。社会风险是指由于社会个体或团体

---

① 中国国家市场监督管理总局，中国国家标准化管理委员会：《职业健康安全管理体系要求及使用指南》（GB/T 45001—2020），2020 年 3 月 6 日。

② 中国职业安全健康协会：《危险源辨识、风险评价和控制措施策划指南》（T/COSHA 004—2020），2020 年 11 月 26 日。

③ 罗云、樊运晓、马晓春：《风险分析与安全评价》，化学工业出版社 2004 年版，第 257—260 页。

④ [美] 富兰克・H. 奈特：《风险，不确定性和利润》，王宇、王文义译，中国人民大学出版社 2005 年版，第 158—169 页。

⑤ [德] 乌尔里希・贝克：《风险社会》，何博闻译，译林出版社 2004 年版，第 283—292 页。

⑥ [英] 安东尼・吉登斯：《失控的世界》，周红云译，江西人民出版社 2001 年版，第 17—23 页。

⑦ 王宏伟：《新时代应急管理通论》，应急管理出版社 2019 年版，第 83 页。

的不安全行为所带来损失的风险，具有范围小和损失程度低的特点。政治风险是指因政治原因带来损失的风险，具有影响范围广和损失程度高的特点。经济风险则是由市场波动与经营活动而使经济遭受损失的风险。技术风险是技术发展所带来的副作用。按存在状态可以将风险分为静态风险和动态风险，其中静态风险属于自然产生的风险，不受社会、经济、政治活动的影响，而动态风险则是由于社会、经济、政治活动等影响交织而带来的风险①。

第三，危机。危机(Crisis)起源于希腊语中的 krinein，字面意思是即将改变事物状态的一个时间点或时刻，目前多用来指代一种危险状态。在汉语中，“危”代表危险，“机”代表机遇。有研究者认为危机是会造成严重后果的不确定性事件②；也有研究者认为危机具有威胁性、不确定性、时间的有限性、双重效果等特征③。总而言之，危机从个体层面讲是对事件和情境的认知。

5.1.2 预防与准备的主要内容

5.1.2.1 应急预案及其发展

制定应急预案是应急预防与准备工作的重点，也是应急管理工作的重要内容。应急预案又称应急计划，其目的是在突发事件的事前、事中、事后阶段，安排好由谁做、做什么、何时做、怎么做以及资源如何配置等预先指定的行动方案。如美国《综合应急计划编制指南》将应急预案定义为在紧急情况和灾难发生时明确救援、处置、恢复重建行动中组织和个人责任、权限、应急资源调度的文件。我国在《突发事件应对法》中提到应急预案的内容是规范紧急应对活动而预先制定的方案，其最终目标是控制、减轻和消除突发事件引起的严重社会危害。

我国应急预案体系主要分为三个层级，分别是综合应急预案、专项应急预案和现场处置方案。综合应急预案从总体上规定了应急管理活动中的方针、政策、组织结构和其他应急职责，是应对突发公共事件的综合性文件。专项应急预案主要针对特定突发公共事件制定计划或方案。现场处置方案则主要针对具体的装置、场所或设施采取的应急处置措施，要求事故相关人员通过应急演练，熟练且正确地掌握应急现场的处置流程。

国内外对于应急预案的研究主要集中在预案编制、预案体系、预案评估和优

---

① 刘钧：《风险管理概论(第 3 版)》，清华大学出版社 2013 年版，第 14 页。
② [美] 劳伦斯・巴顿：《组织危机管理(第 2 版)》，符彩霞译，清华大学出版社 2002 年版，第 3 页。
③ 张成福：《公共危机管理：全面整合的模式与中国的战略选择》，《中国行政管理》2003 年第 7 期。

化等方面。1974 年 6 月，弗利克斯巴勒爆炸发生后，英国卫生与安全委员会制定了化工厂爆炸事故应急计划。1992 年美国颁布《联邦应急预案》。9·11 事件后美国成立国土安全部，于 21 世纪初进一步发布了《国家应急预案》。我国于 1949 年制定了单项的应急预案，并在 2001 年编制形成了综合应急预案，2006 年制定《国家突发公共事件总体应急预案》。作为全国应急预案体系的总纲，该预案确定了突发事件预警分级、响应分级的框架，规定了各主体在应对突发事件中的组织体系和工作机制，具有指导性、规范性、全面性。

预案的编制研究主要集中在应急预案的编制原则、编制方法上的讨论。有研究者从"任务—情景—能力"三个角度探讨应急预案编制的工作方法①。我国《突发事件应急预案管理办法》指出，编制应急预案的管理要实行属地为主、分级负责、分类指导、综合协调、动态管理的原则。国内学者更多关注应急预案体系编制的过程。有研究者运用复杂网络分析预案体系网络的形成机理和动态演化过程②；有研究者运用结构—功能分析法探讨了应急预案体系形成过程中预案失效的原因③。针对预案评估，国内外研究者注重评估指标体系建设和评估方法选择，如有研究者从"目标—政策—事实依据"层面构建了预案质量评估指标④；有研究者则发现应急预案的府际差异不大，但是府际应急定位存在模糊的问题⑤；有研究者从预案的功能、编制、管理内容和演练方式四个方面分析预案有效性⑥。预案评估方法偏向主观性，包括模糊综合评价、故障树评价、层次分析法、TOPSIS 法等。

5.1.2.2　应急预案的主要内容

应急预案是应急管理工作的基础，主要包含以下内容：

首先，应急预案的编制工作。根据《突发事件应急预案管理办法》(国办发〔2024〕5 号)，应急预案的体例包括总则、组织指挥体系及职责、预警和预防机制、应急响应、后期处置、保障措施、附则和附录，囊括了应急预案编制的目的、目

① 刘铁民：《应急预案重大突发事件情景构建——基于"情景—任务—能力"应急预案编制技术研究之一》，《中国安全生产科学技术》2012 年第 4 期。
② 汪婧、荣莉莉、蔡莹莹：《基于复杂网络的应急预案体系演化模型》，《系统工程》2013 年第 3 期。
③ 张海波：《中国应急预案体系：结构与功能》，《公共管理学报》2013 年第 2 期。
④ Kaiser E J, Davies J. What a Good Local Development Plan Should Contain: A Proposed Model. Carolina Planning Journal, 1999, 24(2): 29-41.
⑤ 陶鹏：《应急预案体现了府际差异性吗？——以北京市 M 区为例的研究》，《中国行政管理》2018 年第 3 期。
⑥ 钟开斌：《中国应急预案体系建设的四个基本问题》，《政治学研究》2012 年第 6 期。

标、利益相关方、过程以及其他内容。应急预案的编制主要遵循以下流程：成立小组、风险评估、设计处置方案、确定组织机构及职责、评估应急能力、开始编制预案、进入预案评审、相关部门备份预案、最终发布预案等①。

其次，应急预案的宣传、培训和演练。主要流程包括以下几个方面：各级政府和相关部门先通过宣传教育将应急管理理念贯穿到群众生活和工作里，接着组织突发事件的实景演练、桌面推演、综合演练，并对演练效果进行评估，然后分析应急预案的漏洞和不足，并对应急预案做出修改和完善。

最后，更新与修订预案。应急预案需要定期修订和改进，以有效应对突发事件。随着社会的不断发展与进步，应急预案在实施过程中可能暴露出新的问题，包括预案执行超过评审期限、应急演练发现问题、应急预案审核问题、组织成员调整、政策变动、法律法规变动、应急资源变动等突发状况②。比如，上海市应急管理局结合《中华人民共和国突发事件应对法》和《上海市突发事件应急预案管理实施办法》(沪府办发〔2014〕17 号)，提出有下列情形之一的，应制定应急预案编制或修订计划："(一) 应急预案超过有效期的；有关法律、法规、规章、标准、上位预案中有关规定发生变化的；(二) 上级部委有编制相关预案要求的；(三) 应急指挥机构及其职责发生重大调整的；(四) 面临的风险发生重大变化的、重要应急资源发生重大变化的或预案中的其他重要信息发生变化的；(五) 在突发事件实际应对和应急演练中发现问题需要作出重大调整的；(六) 认为应当编制应急预案的其他情况"③。

应急预案对突然发生的事故应对具有指导作用，是应急管理活动开展的工作指南。研究者提出计划、组织、指挥、协调、控制等五项管理职能，其中计划是管理的首要职能和基础，包括预测、决策和制定计划④。预案编制是预防与准备环节的基础，不仅包括预案文本设计，还包括预案编制的动态变化过程，经历预案制定、执行、反馈、评估和修改等环节。

应急预案确定应急救援和应急响应的内容和章程。应急预案应明确救援任务和职责，通过预案演练可以使救援队伍清晰地感受到自身的任务和目标，并及时对预案内容和章程进行调整。应急预案的确立和应用能够实现快速响应，根

---

① 乔仁毅、龚维斌：《政府应急管理》，国家行政学院出版社 2014 年，第 73—83 页。
② 杨月巧：《应急管理概论》，清华大学出版社 2016 年版，第 128 页。
③ 《上海市突发事件应急预案管理实施办法》，沪府办发〔2014〕17 号，2014 年 4 月 4 日发布。
④ [法] 亨利 · 法约尔：《工业管理与一般管理》，迟力耕、张璇译，机械工业出版社 2007 年版，第 44—45 页。

据机构设置和职责规定开展应急管理活动，做好应急资源准备，指导救援任务实施，尽量减少人员伤亡、财产损失，快速恢复社会秩序。

应急预案连通各部门管理体系。预案应确定各方职责，确保相关机构和部门的协调响应，以实现当地政府、上级政府、应急管理机构、救援队伍、志愿者、军队等主体的职责和协调配合。编制应急预案应遵循横向到边、纵向到底的原则，不仅要在内容上覆盖全面，还应在逻辑结构和部门协调上紧密结合，连通各部门管理职能，形成科学严谨的应急预案体系。

应急预案是增强社会风险意识的重要方案。应急预案的编制、评审、修改、发布、演练和宣传教育能够有效改善社会公众的风险观念，应当加强社会公众对基本应急知识的学习。公众应急风险意识是全面提升应急管理能力的重要基础。通过宣传教育和演练，有利于提高公众对防灾减灾意识的关注度和公众的应急能力。

5.1.2.3 应急预案编制程序

2024 年 2 月 7 日，国务院办公厅印发《突发事件应急预案管理办法》(以下简称《管理办法》)。《管理办法》第三条指出，“应急预案的规划、编制、审批、发布、备案、培训、宣传、演练、评估、修订等工作，适用本办法”①。该办法的发布为我国应急预案编制提供了程序遵循。为厘清应急预案编制工作，本部分选取 2020 年 9 月 29 日国家市场监督管理总局和国家标准化管理委员会发布的《生产经营单位生产安全事故应急预案编制导则》(以下简称《导则》)为例进行分析。《导则》明确规定应急预案是指针对可能发生的事故，预先制定的应急准备工作方案，以最大程度地降低损失。应急预案编制包括以下八个步骤：“成立预案编制工作组、资料收集、风险评估、应急资源调查、应急预案编制、桌面推演、应急预案评审和批准实施”②。

第一步是成立应急预案编制工作组。一般而言，应急预案编制工作组由单位有关负责人以及生产、技术、设备、安全、行政、人事、财务人员组成，明确任务分工和工作计划并开展预案编制工作。第二步是收集资料。根据预案编制的需要，工作组应收集相关法律法规、政策规定、标准性文件和规范性文件，以及周边区域基本信息、风险评估资料、相关事故经验资料、地方政府应急预案等。第三

---

① 《国务院办公厅关于印发〈突发事件应急预案管理办法〉的通知》，国办发〔2024〕5 号，2024 年 2 月 7 日发布。

② 参见《生产经营单位生产安全事故应急预案编制导则》，GB/T 29639—2020，2020 年 9 月 29 日发布。

步是风险评估。在编制预案时需要辨别危险源，分析可能发生的事故类别，厘清风险的可能性、危害性、影响范围，评估确定风险等级。第四步是应急资源调查，包括应急保障资源、监测手段和预警方式、其他单位和机构可提供的应急资源以及专业救援机构和社会性应急救援力量等。第五步是应急预案编制，包括确定应急组织机构和职能、应急响应标准及应急处置措施、相关部门和当地政府应急预案的衔接等。第六步是桌面推演，相关部门采取桌面演练的形式，模拟应急事件，其目的在于验证应急预案的可实施性，并不断完善应急预案。第七步是应急预案的评审，经过评审准备、组织评审、修改完善等步骤全面考察前六个步骤的可行性、科学性、合理性。第八步是构建应急预案体系，包括综合应急预案、专项应急预案、现场处置方案等①。

5.1.3　应急资源

应急资源是面对突发事件进行应急管理所必需的保障性资源，具体包括人力、资金、物资、设施、技术等方面。资源是应急管理工作顺利开展的重要保障，然而受时间、空间和可支配资源总量的限制，如何运用少量资源实施最优应急方案是十分重要的。

5.1.3.1　应急资源种类

第一，应急人力资源。其具体包括应急管理干部队伍、专业救援队、武装力量、非专业应急救援队伍等。应急管理干部队伍需具备防范化解重大风险、应急处置等专业素质。专业救援队伍和武装力量是应急救援和处置的专业人员，其中卫生应急、抗洪救灾、消防、海上应急救援、铁路事故应急救援、核事故应急救援等专业队伍根据应急预案在突发事件发生过程中发挥部门协作功能，以提升应急救援和处置的整体水平。非专业应急救援队伍包括社区自治组织、企事业单位的应急救援力量、应急志愿者以及各类专家。面对突发状况时，非专业应急救援队伍通过参与自助和互助应急救援能够发挥积极作用。

第二，应急资金资源。其主要包括财政预算、社会各界捐款、商业及政策保险等。资金是突发事件应急计划与准备的重要内容，也是确保应急管理系统稳步运行的重要构成部分，其中政府财政资金是应急资金保障的重要来源之一②。

---

① 参见《生产经营单位生产安全事故应急预案编制导则》，GB/T 29639—2020，2020 年 9 月 29 日发布。
② 《中华人民共和国突发事件应对法》，2024 年 6 月 28 日修订发布。

但当遇到特大突发事件或重大危机时，仅依靠政府财政拨款难以长久有效应对，因此也需要积极动员社会各界。此外，商业及政策保险可以助力应对突发事件造成的破坏，一定程度上能够减轻政府负担，有利于应急恢复与重建。

第三，应急物资资源。自然灾害、事故灾难、公共卫生事件和社会安全事件等突发事件的应急救援与处置过程中必备的应急物资包括防护救助用品、生活物资、救援设备、交通通信设施等。中央、省、市、县均需要建立救灾物资储备仓库以应对突发事件的发生，应急物资需要合理储备与调度，因此如何进行科学有效的储备与调度是应急管理实务研究的重点内容[①]。

第四，应急设施资源。应急设施保障指保障应急救援和抢险避难的应急供电、供水、交通、通信等基础设施以及保障遇险人员基本生活的应急避难场所。其中应急避难场所包含多种类型，如公园、空旷地、广场、学校操场等，应急避难场所需要具备基本的救援物资、医疗物资、紧急设施、应急通道、应急标志等。建设应急避难场所是提高应急处置能力和有效应对突发事件的重要举措之一。

第五，应急技术资源。推进应急管理需要依靠技术支撑建立应急平台，发展应急产业。应急平台以新兴信息技术为支撑，为应急预案编制与演练、应急监测与预警、应急恢复与重建、应急沟通、应急领导提供分析、评估、联动、协调、指挥等多种功能。2014 年，国务院《关于加快应急产业发展的意见》(国办发〔2014〕63 号)将应急产业界定为面向突发事件预防与准备、监测预警、处置救援提供产品和服务的产业，涵盖材料、医药、化工、电信、通信、物流、保险等多个领域[①]。基于应急技术的应急产业发展有助于为应急管理提供物质保障和技术支持，提升应急处置和恢复重建能力，增强社会应急管理能力。

5.1.3.2 应急资源特征

应急资源作为应对紧急情况或突发事件的各种资源，通常具有以下几个方面的特征：

一是稀缺性。稀缺性是应急资源的固有属性，尤其是专业性应急资源，如专业技术人员和专业救援队伍、专项应急资金、救援物资和医疗物资、高端监测技术和救援设备。

二是可及性。应急资源需要在紧急情况或突发事件发生时能够迅速获取和使用。这要求资源的存储和分配能够确保其在需要时可被迅速调用。

---

① 《国务院办公厅关于加快应急产业发展的意见》，国办发〔2014〕63 号，2014 年 12 月 24 日发布。

三是多样性。突发事件包括自然灾害、事故灾难、公共卫生事件和社会安全事件这四种类型。不同突发事件所需资源有所差别，厘清资源的内容以及各资源之间的关系是应急资源准备和响应的重要内容。

5.2　应急监测与预警

应急监测与预警是突发事件应急管理的关键环节。监测与预警指对突发事件的危险性及可能性的监控和预警，根据监测结果发布预警信息并调动各部门协调响应。

5.2.1　监测与预警的基本内涵

5.2.1.1　突发事件监测含义

（1）突发事件监测含义

突发事件监测指相关部门和监测人员对风险和灾害进行持续监控和测量，并利用相关数据和信息分析评估突发事件发生的可能性及后果。监测贯穿应急管理的全过程。

第一，根据监测时间分类，监测可以分为早期监测、中期监测和后期监测。早期监测指在风险管理阶段，风险尚未被感知或刚被发现，相关监测部门按照风险发展路径和行动脉络对危险源进行监测，以便尽早发现和控制风险并向有关部门报告相关信息。中期监测指风险发展到一定水平，难以改变其下一步的发展态势，相关主体根据风险发展的形势和变化情况采取相应的应对措施。后期监测指突发事件已经发生并造成一定影响，此时监测的一个主要目的是防止突发事件引发次生灾害。

第二，突发事件的监测需要遵循实时监测、动态监测、持续监测和科学监测等原则。以环境污染突发事件为例，如果监测缺位则难以准确判断和确定污染物的种类、浓度、扩散范围和速度以及危害程度等信息。2019 年 3 月 21 日，盐城市响水县陈家港化工园区发生爆炸事故，江苏省环境监测部门立即赶赴现场开展应急监测工作：收集和整理事故发生后应急环境监测的全部数据，开展污染评估工作和污染影响情况分析，从而为下一步工作提供依据。

第三，应根据突发事件的类别确定监测的方法和内容。社会安全事件的监测可以通过人工智能与大数据分析相结合的技术手段来监测可能威胁到国家和社会安全的信息[1]。自然灾害、事故灾难和公共卫生事件三类突发事件的监测内容主要包括突发事件的危险源、脆弱性、可能性和危害性。监测主体是地方政府及相关监测部门。突发事件监测需要整合各单位提供的相关信息和数据构建常规数据库，数据库应包含以下信息：危险源及可能产生的突发事件信息；危险源的种类、数量、危害和影响；灾害事故影响区域；公共卫生事件的种类、特征和影响区域；城市区域基本特征；应急能力、资源、装备和技术组成和分布；可能存在的不利因素以及其他根据应急专项预案需要收集的常规信息。

第四，监测为下一步的预警做准备。应急监测与预警是应急管理过程的第二环节，应急管理主体运用科学的监测方法，对突发事件中出现的有价值信息进行整合，为发布预警信息提供科学分析的基础。

（2）突发事件监测网络体系

突发事件的监测网络体系是指为了增强突发事件的应对能力而构建的应急监测网络。突发事件监测网络体系需明确不同层级监测机构如省级监测站、市级监测站和县级监测站的职能，以形成有机整体，实现快速响应。体系中各监测站应接受统一指挥和统一部署，并与各级政府及环保、公安、消防、卫生、交通等部门协同。省级监测站开展应急监测并指导省内各级监测站。市级监测站作为省级监测站的前沿哨站，开展辖区内所有项目的应急监测。县级监测站作为应急监测的“最后一公里”，整合全方位的监测资源，构建强大的应急监测网络体系[2]。

5.2.1.2　突发事件预警

突发事件预警是指在突发事件或其实际影响到来之前，将监测收集的风险信息告知相关人员，做好相应的准备工作并及时响应。预警的内涵可以从以下几个方面理解：

第一，预警发生在突发事件或其实际影响到来之前，与风险评估阶段重合。风险识别与风险评估阶段为应急预警提供分析依据和信息来源；风险处置为应急救援与处置环节提供先导信息和行动指导。突发事件的科学监测是精确预警的前提，通过有效预警将监测得到的信息及时传递给相关部门和人员，以便后续预警环节中的信息处理。

第二，预警报告由地方政府及有关部门发出。有关部门通过各类信息传播

---

① 武瑞敏、张志强：《网络信息学及其知识发现前沿与前瞻》，《图书与情报》2023 年第 1 期。
② 王述伟、魏子勇：《环境安全预警和应急监测体系建设探讨》，《中国环境管理》2013 年第 4 期。

渠道，根据突发事件预警制度统筹预警信息发布。本阶段需要根据风险的演变周期预测和警示突发事件的发展态势和影响范围。

第三，接收预警信息的可能是遭受自然灾害、事故灾难、公共卫生事件和社会安全事件的组织、团体、个人和应急管理组织人员。地方政府和有关部门确定风险级别后应及时向社会公众公布突发事件的变动信息、评估结果以及危害，并对相关信息的传播方式进行管理。预警信息的发布体现了政府、社会团体和相关人员之间的信息沟通，其目的是保障公民的知情权，维护社会正常秩序。

第四，预警内容需明确并及时发布。预警内容主要包括风险识别阶段的危险源辨析，风险评估阶段的风险等级评判，《突发事件应对法》设定的预警分级、响应等级确定以及救援应对措施等方面。明确预警内容并及时发布不仅能引起有关人员和社会的警惕，还能为突发事件的防范和处置提供可靠的信息基础。

5.2.1.3　监测与预警作用

监测与预警是不可分割的统一体，监测注重获取相关风险信息，预警则注重告知相关信息。通过监测与预警能够降低突发事件发生的概率或造成的影响，达到“预防为主，关口前移”的目标。

一方面，监测与预警可以有效减少突发事件中的人员伤亡和经济损失。我国应急管理工作践行“以人为本”的理念，坚持将人民的生命财产安全放在首位。数据显示，仅 2022 年第一季度，我国低温冷冻、雪灾、地震、风雹等自然灾害就造成 953.1 万人次不同程度受灾，死亡 6 人，经济损失 150 多亿元；全国各类安全生产事故 4 608 起，共造成 3 935 人死亡，其中“3・21”东航 MU5735 事件造成 132 人遇难①。人员伤亡和经济损失的惨重教训在一定程度上反映出应急监测与预警工作仍存在一些突出的问题和不足。

另一方面，监测与预警能降低受众面对不确定情境的惊慌情绪，做出正确的避灾响应，从而稳定社会秩序。面对不确定性风险，公众难以及时作出有效的判断来规避风险，因此需要相关部门根据预警报告向公众提供危险信号并采取相应的应急保障措施。预警信息的发布不仅有助于减少公众对突发事件的恐慌，还能动员相关主体快速响应，及时开展应急准备和救援工作，提高应急管理活动的有效性。

① 中国网：《应急管理部 2022 年 4 月例行新闻发布会》，2022 年 4 月 12 日，https://www.mem.gov.cn/xw/xwfbh/2022n4y22rxwfbh/，2022 年 7 月 1 日。

5.2.2　监测与预警的主要内容

5.2.2.1　监测的内容

（1）监测分类

一是自然灾害监测。我国自 2018 年组建应急管理部以来，积极构建多部门、多主体应急协同组织，建设跨领域、跨部门、多灾种复杂灾情识别、演化预测的科技共享平台，逐渐形成了较为完善的“天、空、地、人、网”一体化的自然灾害监测采集系统[①]。一体化的监测系统将监测传感器、数据处理、风险评估与通信传输技术相结合，进行有效的信息传播与沟通，通过科学的监测系统和先进可靠的监测技术跟踪灾害演变进程。

二是事故灾难监测。一般事故灾害与行为人的活动有关，比如行为人不遵守安全生产相关制度造成人员伤亡和经济损失，进而影响社会秩序和危害公共安全。常见的事故灾难有安全生产事故、交通运输事故、公共设施和设备事故、环境污染事故、生态破坏事故等[②]。《“十四五”国家应急体系规划》（国发〔2021〕36 号）（下称《规划》）提出“我国安全生产基础薄弱的现状短期内难以根本改变，危险化学品、矿山、交通运输、建筑施工等传统高危行业和消防领域安全风险隐患仍然突出，各种公共服务设施、超大规模城市综合体、人员密集场所、高层建筑、地下空间、地下管网等大量建设，导致城市内涝、火灾、燃气泄漏爆炸、拥挤踩踏等安全风险隐患日益凸显，重特大事故在地区和行业间呈现波动反弹态势”[②]。《规划》提出“健全风险防范化解机制，做到关口前移、重心下移，加强源头管控，夯实安全基础，强化灾害事故风险评估、隐患排查、监测预警，综合运用人防物防技防等手段，真正把问题解决在萌芽之时、成灾之前”[①]。监测事故灾难是国家应急管理能力建设的重要内容，不仅需要建立基于 GIS 系统的国、省、市、县重大危险源数据库，还需要实行动态分级分类监管。

三是公共卫生事件监测。公共卫生事件包括传染病疫情、群体性不明原因疾病、食品安全、职业危害、动物疫情等[③]。公共卫生事件的监测主要有以下内容：首先，从收集的有关突发事件资料中推演突发事件的演变规律，评估突发公共卫生事件发生率、疾病暴发的可能性和危害性；其次，调查疑似病例，经专家组

---

① 王文、张志、张岩等：《自然灾害综合监测预警系统建设研究》，《灾害学》2022 年第 2 期。

②《国务院关于印发“十四五”国家应急体系规划的通知》，国发〔2021〕36 号，2022 年 2 月 14 日发布。

③ 雷晓康、席恒等：《突发公共事件的危机管理》，陕西人民出版社 2006 年版，第 121—122 页。

辨认后，评估该事件的风险等级和演变趋势；接着，对原始资料进行整理与分析，提出预防和控制措施；最后，及时向有关部门汇报情况。

四是社会安全事件监测。社会安全事件包括恐怖袭击事件、经济安全事件、涉外突发事件等①。监测手段上可以运用大数据平台，将收集到的信息、情报、资料、图表等数据进行归类、甄别和分析，预测事故后果并发布预测结果，以及根据监测结果进行相应的社会管控。

（2）监测的手段

监测包含信息收集、信息传输和信息处理三个环节，通常表现为使用常规监测手段和高科技手段对可能引起突发事件的因素以及突发事件发生前的征兆进行观察、捕捉、预测。监测的手段主要包括"天、空、地、人、网"一体化监测体系。"天"指观测卫星、导航卫星、通信卫星；"空"指航空遥感平台、机载雷达、无人机遥感；"地"指个人终端、地面观测网、卫星地面增强网、物联网平台、应急地面通信网。一体化监测体系的建设，有助于实现对不同类型的危机或灾难进行全方位感知、多角度监测、多层面收集时空动态信息、公共基础信息和政务社会信息②。

5.2.2.2　预警的内容

（1）预警基本内容

一是预警信息。预警级别的判定和预警信息的发布是应急预警的主要内容，相关部门根据监测信息分析事件性质、特点及危害，明确突发事件种类、风险等级、来临时间、波及范围、警示内容、应对措施与发布机关等③。发布预警信息时应注意言语精炼、清晰易懂，内容表达无误，针对不同的受众也应使用不同的表达语言。

二是预警级别。《突发事件应对法》明确了自然灾害、事故灾难和公共卫生事件的预警级别。按照事件的紧急程度、发展态势以及潜在的危险性，预警级别被分为一级、二级、三级和四级，分别用红色、橙色、黄色和蓝色来表示，其中四级为最低标识④。

三是预警程序。根据《突发事件应对法》，突发事件的预警程序包含以下环

---

① 严利、叶鹏飞、赵燕：《突发事件应急法制体系的国际比较与框架设计》，《中国管理科学》编辑部，第八届中国管理科学学术年会论文集，2006 年，第 800—806 页。

② 王文、张志、张岩等：《自然灾害综合监测预警系统建设研究》，《灾害学》2022 年第 2 期。

③ 雷晓康、席恒等：《突发公共事件的危机管理》，陕西人民出版社 2006 年版，第 152—153 页。

④《中华人民共和国突发事件应对法》，2024 年 6 月 28 日修订发布。

节：首先，突发事件即将发生或者发生的可能性增大时，县级以上地方政府根据相关法律法规和程序规定发布警示信息并宣布进入预警期，同时向上级部门汇报；其次，县级以上地方政府根据预警级别，做出应急响应并采取一定的措施；之后，根据事态的发展，按照相关规定适时调整预警级别并重新发布；最后，发布警报的地方政府应当根据事态发展适时调整预警级别并重新发布，有事实证明不可能发生突发事件或者危险已经解除的，应当立即宣布解除警报、终止预警期并解除已采取的有关措施。

（2）预警信息发布

各级政府通过突发事件预警信息发布平台依法进行预警信息的发布、调整和解除，发布平台包括了国家预警信息发布网、各省市突发事件预警信息发布网。其中国家预警信息发布中心于2015年2月26日成立，依托中国气象局公共气象服务中心。该预警信息发布中心的管理主体为国务院应急管理部，主要任务是为预警信息提供权威平台、发布综合预警信息、维护信息发布系统、制定预警信息相关政策和技术准则、日常进行预警宣传等。国家预警信息发布中心结合广播、电视台、通讯服务和互联网平台，形成了规范化、业务化、统一化、协调化的预警信息发布体系，为公众提供专业和权威的预警信息[①]。国家预警信息发布中心连接了国家、省、市、县的应急预警通道，在突发事件的监测与应对中起到了重要的统合作用。

（3）预警的分类

一是自然灾害预警。自然灾害预警涉及自然资源、水利、农林业、草原、气象、地质等方面的监测预警工作。《国家自然灾害救助应急预案》规定：自然灾害发生后，根据灾害的种类、紧迫程度、发展形势和发生后的危害水平开展发布预警信息、调整预警信息、终止预警信息工作。以气象灾害为例：预警的级别分为蓝色预警、黄色预警、橙色预警、红色预警，预警的种类包括台风、暴雨、暴雪、寒潮、大风、沙尘暴、高温、干旱、雷电、冰雹、霜冻、大雾、霾、道路结冰等[②]。

二是事故灾难预警。事故灾难包括企业生产安全事故、交通运输事故、公共设施和设备事故、环境污染事故、生态破坏事故等。预警级别包括Ⅰ级预警、Ⅱ级预警、Ⅲ级预警、Ⅳ级预警。以生产安全事故预警为例，事故应急救援预案涉

① 武蓓蓓、徐辉：《中国气象局公共气象服务中心发展历程》，《气象科技进展》2017年第1期。

② 国务院法制办公室、中国气象局：《气象灾害防御条例释义》，中国法制出版社2010年版，第75—76页。

及的事故和灾害类型包括：火灾、爆炸、中毒等单一事故和综合性事故[①]。

三是公共卫生事件预警。公共卫生事件预警按照时间分为短期预警、中期预警和长期预警；按危害程度分为一般（Ⅳ级）、较大（Ⅲ级）、重大（Ⅱ级）、特别重大（Ⅰ级）四级。确定预警等级的标准有：疫情发生的省份区域、事件的传染性和散播性、是否为新型传染病或以往消灭过的传染病、具有传染性的病毒及携带体丢失、外地或境外输入型传染病以及国务院规定的其他公共卫生事件[②]。

5.2.3　基于监测与预警的应急响应

应急响应的时效性强，需要应急管理部门在收到预警信息后，快速、准确、有效地联合相关部门对突发事件的应对做出回应，其目标是减少突发事件造成的损失。根据《突发事件应对法》的规定，当监测的危机即将发生或者发生的可能性增大时，县级及以上地方政府根据相关规定发布预警级别并进入预警期，及时向上级部门、当地驻军和其他可能遭遇风险的地方政府汇报。响应流程如下：首先启动应急预案；其次加强监测、预报和预警工作，向社会公众发布预警信息；接着联合专业技术人员、领域专家、政府领导对突发事件信息和发展态势进行分析评估，进一步确定突发事件的危害性、可能性以及危险级别；然后定时向社会公众发布突发事件的变化信息，并对相关信息进行多渠道报道；最后向社会公众宣传应急救援知识，保障突发事件中的受灾群体能够采取正确的应对措施以降低危害损失。

5.2.4　监测与预警的经验总结

近年来，各地日益重视加强应急管理中的监测与预警工作，且积累了较为丰富的实践经验。例如，2021 年以来，福建省在 37 个县（市、区）安装地质灾害监测设备，通过监测设备实时采集、监测、传输和分析地质灾害相关数据，有效地提高地质灾害预警能力和处置能力[②]。

分析已有的成功监测预警案例，可以总结出以下几点经验：

第一，基层应急管理工作的有效落实。基层政府人员在应急监测和预警方面发挥着关键作用，通过预警广播、手摇报警器等多种警示手段，做到提前防范、

---

① 《国家突发公共卫生事件应急预案》，2006 年 2 月 26 日颁布。

② 福建省自然资源厅：《成功案例｜监测设备精准预警指导群众及时避险》，2022 年 6 月 13 日，http://zrzyt.fujian.gov.cn/zwgk/xwdt/zrzyyw/202206/t20220613_5928643.htm，2022 年 7 月 1 日。

迅速反应、果断决策，最大程度减小突发事件造成的损失并做好临时保障工作。

第二，预警信息的全覆盖。地方政府与相关部门收集监测信息之后，及时进行风险研判并通过多种渠道向社会公布风险预警信息，确保突发事件信息及时传达至县、乡、村、人。

第三，常规的应急预案演练。基层政府根据编制的应急预案，开展演练增加突发事件的实战经验，如设立突发事件应急指示牌可以增强公众风险意识，加强应急指导，助力解决应急管理“最后一公里”的问题。

第四，完善应急监测与预警体系。完备的预警体系、有效的预测机制和科学精准的政府决策紧密配合是成功应对突发事件的重要基础。这种综合策略有助于及时警示潜在风险，显著提高防灾减灾效率。

5.3 应急救援与处置

应急救援与处置是应急管理过程的重要构成部分，也是减少人员伤亡和财产损失的一个关键环节。做好应急救援与处置工作，应根据应急预案中规定的救援任务和处置流程，坚持“安全第一，生命至上”的理念，全力救援和及时处置，防范次生、衍生事故。

5.3.1 救援与处置的过程

应急处置是应急响应的核心内容，但应急响应不仅存在于事中，还存在于事后。当突发事件即将到来或已经到来时，政府应及时启动预警程序，迅速开展应急响应工作，以有效应对突发事件。当突发事件发生后，政府需要采取相应的处置措施，包括开展紧急搜救行动、提供必要的医疗救助、执行人员疏散计划、进行灾害和事故的初步评估、安全处置潜在的危险源、确保应急设施和资源的可用性，以及采取措施维护社会秩序和稳定。在这一过程中，政府的救援与处置行动必须基于三个核心原则：快速响应，以确保时间敏感性的需求得到满足；及时决策，确保在不确定性中采取有效的行动；高效救援，最大限度地减少伤亡和损失。这些原则指导应急管理主体在紧急情况下的所有行动，确保在面对突发事件时，能够做出迅速而有力的响应。

一是快速响应。突发事件的复杂性和紧迫性要求快速响应，不仅包括救援主体之间的快速响应，还包括应急指挥队伍与外界公众的快速响应。快速响应要求建立统一完备的应急指挥管理体系，准确、及时、有效地传递事件信息，快速组织救援队伍和调度应急救援物资，迅速开展应急救援活动[①]。

二是及时决策。应急指挥体系需要根据实际情况，快速做出响应决策。根据事故的性质、影响范围、后果以及特殊情况及时调整处理策略，准确地实施救援和应急处置工作[①]。

三是高效救援。应急处置工作中需要预防突发事件的次生、衍生、耦合、变异和扩大，以保证应急救援工作的顺利实施。需要注意的是，应急救援行动的成功很大程度上依赖于硬件设施的支持，如应急监测设备的准确性、应急物资的可得性和应急交通的可行性等[①]。

5.3.2 救援与处置的基本内容

5.3.2.1 应急救援主要内容

(1) 应急救援任务

一是应急疏散。突发事件发生后，应急指挥部门和相关工作人员根据突发事件性质、发生区域、影响范围、遇险人员等信息，评估应急疏散避险需求，明确应急疏散人群，可利用电子显示屏、广播等安全警示手段发布疏散指令。在应急疏散过程中，有序疏散至关重要，以避免在疏散过程中发生二次伤害。为此，管理人员需有效控制人员流动，并采取实时跟踪监测措施，确保受灾群众安全疏散。

二是抢险救援。在应急救援过程中，各部门应服从指挥，各司其职，相互配合。比如，公安部门负责现场维护、划定警戒区域、进行交通管制、维护现场秩序；医疗部门负责现场伤亡人员的救治和转运工作；专业救援队伍对现场的危险源进行监测和处理，保障受灾群众的生命安全；部队官兵在必要时也需投入抢险救援过程，营救受害人员，组织撤离或者采取其他措施保护受灾群众。

三是控制危险源。应急救援任务的一个重要内容是及时控制危险源。这一行动对防止事故进一步扩大至关重要，能够为有效进行救援操作提供坚实基础。专业的救援人员在应对紧急情况时，应迅速识别并控制危险源，以快速遏制事态的发展变化。同时，对事故引发或可能发生的危害进行实时监测，是确保救援行

① 杨书宏：《企业安全生产管理部门负责人任职条件培训教材》，企业管理出版社 2006 年版，第 86—88 页。

动有效性的另一个重要维度。这意味着，救援队伍需要具备扎实的专业知识和技能，以便在紧急情况下迅速作出反应，采取措施控制危险源。持续的监测工作能够确保救援人员及时获取事故演变的最新信息，据此调整救援策略和行动计划，最大限度地减少人员伤亡和财产损失。

四是消除危害。针对事故可能造成的现实危害，应急救援人员需迅速采取措施控制，防止事故危害进一步扩散。这包括对事故现场进行封闭和隔离，以避免危险源外露造成更大的伤害。这一步骤的目的是明确事故的影响范围，为后续的救援工作提供相对稳定的安全环境。其次，应急救援人员应快速查明事故发生的原因，对事故造成的危害进行准确评估。这一过程涉及收集和分析事故现场的各种信息，以确定事故的性质、影响范围和后续可能产生的风险。通过评估，救援主体可以有效制定救援计划和行动方案，确保救援行动开展的有效性与针对性。最后，完成救援任务后，应急救援人员应进行详细的事后总结。这包括对救援行动的过程、效果以及存在的问题进行回顾和分析，从中汲取经验教训，为指导和管理后续应急活动提供依据。

(2) 应急救援队伍建设

一是综合性应急救援队伍建设。建设综合性应急救援队伍需要开展以下工作：首先，确立政府的主导地位，在政策的指引下，加强跨部门之间的协调和指导。通过协同公安、安监、卫生、电力、环保、消防等职能部门，组建一支综合性应急救援队伍；其次，完善综合性应急救援队伍的建设机制，建立并优化指挥机制、预案响应机制以及综合应急平台；最后，重点落实综合性应急救援队伍的制度建设，包括建立完善的会议规章、通报制度以及研讨和调研制度。这些制度的建设和实施，有助于进一步提升救援队伍的响应能力。

二是专业应急救援队伍建设。近年来，专业应急救援队伍建设不断加强，在应急管理中发挥的作用进一步提升。2022年应急管理部印发的《"十四五"应急救援力量建设规划》(应急〔2022〕61号)明确指出，"应急救援力量是指参与生产安全事故、自然灾害应急救援的专业应急救援力量、社会应急力量和基层应急救援力量。专业应急救援力量主要包括抗洪抢险、地方森林(草原)灭火、地震和地质灾害救援、生产安全事故救援、航空应急救援等力量。社会应急力量是指从事防灾减灾救灾工作的社会组织和应急志愿者，以及相关群团组织和企事业单位指导管理的、从事防灾减灾救灾等活动的组织。基层应急救援力量是指乡镇街道、村居社区等组建的，从事本区域灾害事故防范和应急处置的应急救援队伍”①。

三是社区应急救援队伍建设。基层应急救援队伍建设可以充分发挥社区、街道、乡镇等基层组织和企事业单位的作用。社区是城市生活的基本单元，建立社区应急救援队伍能够增强基层应急管理能力，提高应急救援水平。社区应急救援队伍能够快速响应社区重大安全风险，遏制事故灾难的发生，减轻常见自然灾害威胁，保障社会公众的生命财产安全。

四是应急志愿者队伍建设。建立一个全国性的应急救援志愿者队伍服务平台，有助于鼓励各类志愿者及志愿组织参与到应急救援队伍建设中。这个平台旨在集结来自不同背景和专业领域的志愿者，以便在紧急情况下提供应急救援支持。地方政府应组织应急志愿者的招募和培训，动员具有专业技能和知识储备的志愿者参与抢险救灾和恢复重建工作。同时，不同部门尤其是公共部门应充分利用其人才资源的优势，组织动员其成员加入志愿者队伍，并对所有志愿者进行统一教育与培训。通过广泛地组织动员和宣传教育，旨在形成一个多元参与、技能多样的志愿者救援群体，以提高社会整体的应急响应能力。

（3）提升救援能力的路径

一是整合应急资源，凝聚社会力量。应急救援活动涉及将设备、物资、人力和技术等多种资源进行有效整合，其目的在于利用这些集中的资源解决紧急情况下的问题。在紧急情况发生时，迅速动员和调配资源对于缓解危机、保护人民生命财产安全至关重要。地方政府和应急救援部门应动员组织各类专业型志愿者队伍，搭建全国性志愿者服务平台，统一培训应急救援知识，形成系统完备的应急救援队伍体系。

二是发展应急产业，提升应急救援设备的人均占有量。进入风险社会，各种风险也变得更加复杂多样。当这些风险最终演变成实际的突发事件时，对应急救援的需求也就随之增加。应急救援需求的增加对应急救援设备提出了更高的储备要求。为此，需要加快应急产业的发展，研发制造先进模块化的应急救援设备，提高人均救援设备占有量。

三是加大安全教育培训力度，增强公众防灾减灾救灾意识。防灾是应急管理工作的首要任务。当危险来临，受灾群众应迅速远离危险源，等待专业救援队

---

① 《应急管理部关于印发〈“十四五”应急救援力量建设规划〉的通知》，应急〔2022〕61 号，2022 年 6 月 30 日发布。

伍救援。个体需要增强对风险的防范意识，并积极参与应急教育和培训。当面对危险情况时，个体就能够迅速采取行动，实施有效的自救措施。同样，当发现他人处于风险中时，这种培训能使个体成为应急救援队伍的一部分，有效参与救援活动。因此，通过安全教育培训，个体不仅能够增强自我保护的能力，还能在紧急情况发生时，贡献自己的力量，协助他人脱离危险。这种能力的提升，对于构建一个更加安全、更有准备、更有韧性的社会至关重要。

5.3.2.2 应急处置主要内容

（1）应急处置措施

应急处置措施是指在紧急情况下，用以减轻危害、保护人员和财产安全的一系列行动。采取应急处置措施在突发事件应对中对于保护公众生命安全、减少财产损失、维护社会秩序、加快恢复与重建等具有重要的意义。我国《突发事件应对法》规定，面对自然灾害、事故灾难、公共卫生事件应采取以下一项或多项处置措施：第一，组织营救和救治受害人员；第二，迅速控制危险源，实行人员、区域管制措施；第三，抢修公共设施，为受众提供避难设施和应急救援措施；第四，禁止或限制相关设备设施，关闭或限制相关场所，限制可能导致危害扩大的生产经营活动；第五，启用本级政府的财政预备费和应急救援物资；第六，组织公民、法人和其他组织参与应急救援和处置工作；第七，保障生活必需品的供应；第八，维护市场秩序，严惩扰乱社会秩序行为；第九，维护社会治安，严惩破坏应急处置工作等行为；第十，开展生态环境应急监测，保护环境敏感目标，控制和处置污染物；第十一，采取防止发生次生、衍生事件的必要措施。面对社会安全事件，应采取以下一项或多项处置措施：一是，控制事态发展，强制隔离当事人，妥善解决现场纠纷和争端；二是，控制特定区域的建筑物、交通工具、设备、设施以及燃料、燃气、电力、水的供应；三是，封锁涉事道路、查验现场人员身份证件、限制有关公共场所内的活动；四是，有选择地设置临时警戒线；五是，依法依规采取其他必要措施[①]。

（2）应急处置原则

突发事件的应急处置需要遵循一定的原则，以保证紧急情况下行动的有效性和及时性，最大限度地减少伤害和损失。具体而言，应急处置过程中须遵循以下原则：

一是以人为本原则。有研究者提出，加强公共安全与应急管理体系建设的

---

①《中华人民共和国突发事件应对法》，2024年6月28日修订发布。

总体思路是以做好预防和应急准备为主线①。在应对突发事件时，应急处置工作可能面临需要在多种不同目标之间做出选择的问题。在这种情况下，应急处置工作应遵循一个核心原则："先救人，后救物"。这意味着在所有应急行动中，人的生命安全是应最优先考虑的事项。该原则强调，在任何紧急情况下，保护受灾人员的生命和健康安全是最重要的目标，应确保每一个人都能得到有效保护。

二是属地管理原则。突发事件的预防与准备、监测与预警、救援与处置、恢复与重建应发挥"属地管理"的最大作用。无论是哪一层级的突发事件，属地政府及相关管理部门首先应及时开展先期处置并防止事态的进一步扩大和升级。其次，应将难以处理的突发事件信息如实报送给上级政府，做到迅速、准确、有效响应突发事件，减少突发事件带来的损失。

三是统一领导原则。应急处置中的统一领导原则是确保应急响应效率和效果的关键，主要包含了以下几个方面的内容：首先，明确决策机制。统一领导原则要求建立一个清晰的决策机制，确保在紧急情况下能够快速做出反应。这一原则要求所有关键决策都由指定的领导或指挥中心来完成，以避免决策过程中出现的迟滞和失误。其次，统一指挥体系。应急处置工作需通过统一的指挥体系来协调调度。这个体系明确规定了各级领导和部门的职责，要求各项任务能明确地被执行下去。最后，集中汇总和发布信息。在统一领导原则下，所有与紧急情况相关的信息都应集中汇总并由指定的机构或个人发布。这有助于避免信息的混乱和误导，确保公众和参与人员获得准确、一致的信息。

四是协调联动原则。应急处置中的协调联动原则是确保各方协同合作、资源共享和信息流通的关键。这一原则主要在以下几个方面得到体现。首先，加强多部门合作。应急处置往往涉及不同的政府部门，如公安、消防、卫生、交通等，协调联动原则要求上述部门之间密切合作，共同应对紧急情况。其次，促进跨层级响应。从中央到地方，不同层级的应急管理机构需要协同工作，形成有效的垂直响应机制，确保上下贯通、快速反应。再次，推进社会参与。除了政府部门，企事业单位、非政府组织也是应急响应的重要力量。协调联动原则鼓励社会参与，以整合广泛的社会资源和专业知识。最后，强化信息共享。有效的信息共享是协调联动的核心，包括紧急情况的实时数据、资源需求和调度信息等。分工细致、多元合作的协调联动原则有助于保障应急处置工作高效、有序地进行，最

① 闪淳昌：《建设现代化应急管理体系的思考》，《社会治理》2015 年第 1 期。

大限度地提高应急响应的效果，保护公众生命财产安全。

（3）应急处置流程

突发事件的应急处置流程由一系列前后衔接、相互关联的步骤构成，旨在高效应对紧急情况。这一流程主要包括以下几个步骤：

一是先期处置。根据属地管理原则，当事发地发生紧急情况时，当地政府需要立即上报事件，并采取先行处置措施。这包括启动应急预案、调度应急资源以及开展紧急救援活动。先期处置的目的是尽早控制和缓解事件带来的影响，防止情况恶化，为后续全面的应急响应赢得宝贵时间。

二是启动应急预案。基于对事件的初步评估，启动相应的应急预案，动员必要的资源和人员准备应对。首先，当地政府根据协调联动机制采取应急处置措施，成立现场指挥部，组建应急指挥体系；其次，当地政府及相关部门根据事件发展态势做出预警级别和响应级别的调整，保障协调联动工作顺利展开。

三是应急救援和保障。应急指挥部门和救援部门在紧急情形下征用公众或企业的应急物资和设备，请求其他地方政府及相关部门提供人力、物力、财力或技术援助，其目标是最大限度地减少突发事件造成的损失。

四是社区应急处置。社区是社会的细胞，处于突发事件应急处置的前线。《突发事件应对法》明确要求，突发事件所在地的基层组织应当按照当地政府的决定、命令，进行宣传动员，组织群众开展自救和互救，协助维护社会秩序[①]。建立和完善社区应急处置机制有助于增强社区应对突发事件的能力。这一机制包括制定详细的应急预案、建立快速反应团队、提供应急培训以及确保必要资源的可用性。通过这些措施，社区能够在紧急情况发生时迅速有效地响应，减少事件可能造成的损害，保护居民的生命和财产安全。此外，建立健全社区应急处置机制还有助于提升社区的整体韧性。这意味着在面对自然灾害、公共卫生事件或其他紧急情况时，社区不仅能够承受冲击，还能迅速启动恢复和重建工作。

五是信息沟通。信息沟通贯穿应急管理全过程，不仅包括应急指挥和应急救援队伍内部的沟通，还包括应急管理部门与外界的沟通。一方面应急管理现场指挥部将突发事件的性质、特点、危害性以及发展态势汇报给上级政府和有关部门。另一方面属地政府通过互联网、媒体、通信设备、新闻发布会将突发事件最新信息发布给社会公众，防止不实信息阻碍应急管理工作的开展以及对政府

---

① 《中华人民共和国突发事件应对法》，2024年6月28日修订发布。

公信力的影响。

六是实时监测。实时监测同样贯穿应急管理工作的全过程，能够为应急处置和决策过程提供关键的信息支持。具体来说，实时监测涉及两个方面的内容：一方面，根据不同类型的突发事件，持续监测危险源及其发展趋势。通过实时监测，可以准确掌握事件的当前状态和可能的变化，从而为应对措施的制定提供科学依据。另一方面，基于对事件态势的持续预测和分析，不断调整和优化应急处置方案。这要求应急管理主体能够灵活地根据监测数据和信息，及时更新其应对策略，确保应急措施始终适配事件的实际情况。

七是应急结束。应急结束是指整个应急处置工作的完成。这一阶段开始于现场危险源被完全消除之后，意味着应急状态的解除。具体来说，应急结束包括了以下几个关键步骤：一是解除应急状态。当现场的危险源被成功控制或消除之后，现场的应急指挥机构将被正式撤销。二是结束应急响应。随着现场指挥机构的撤销，政府宣布应急响应结束。此时，所有紧急操作和特别措施均告一段落，标志着应急处置工作的正式完成。三是推进恢复与重建。应急状态结束后，关注点将被转移到如何从事件中恢复和重建。这包括对受影响地区和群体的支持，重建基础设施，以及采取措施减少未来同类事件的影响。

5.3.3　应急沟通的基本内容

5.3.3.1　应急沟通内涵

应急沟通涵盖了从预防与准备、监测与预警、救援与处置，到恢复与重建的每一阶段。一个有效的应急沟通系统要求信息传递真实、迅速，能够有效地实现应急目标，满足政府和社会的预期。这一过程涉及四个关键要素：沟通主体、沟通目标、沟通方式以及沟通保障。一是沟通主体。沟通主体包括政府及其相关救援部门、企事业单位、媒体和公众。这些主体参与应急沟通，确保信息的广泛传播和接收。二是沟通目标。应急沟通旨在通过有效的信息传递使公众了解事件发展态势，让决策者知晓公众在风险情境中的需求，从而提高应对风险的决策质量。三是沟通方式。应急信息的沟通需要加以程序化和规范化，以保证信息的权威性和准确性。这包括制定明确的沟通策略和使用标准化的信息发布格式。四是沟通保障。这主要是强调使用和维护有效沟通的媒介，其中包括建设一体化的应急信息沟通平台，以确保信息能够顺利且有效地在所有相关方之间流通。应急沟通需要遵循以下原则：及时有效、准确无误、公开透明、多主体参与、清晰易懂。有效的应急沟通可以保障应急管理工作的稳步进行、实现资源有效整合和调度、保障公众的知情权、提高政府应急管理的整体效能。

5.3.3.2　应急信息发布

及时、公开和透明的信息发布是政府及相关部门与公众、媒体和受灾群众有效沟通的前提。《突发事件应对法》对应急信息发布进行了明确的规定：第一，建立健全突发事件信息发布制度，政府及有关部门及时向社会公众发布应急管理的决定、命令、措施等信息；第二，建立健全突发事件新闻采访报道制度，确保突发事件信息的准确、客观、公正、透明；第三，国家建立突发事件应急管理工作投诉、举报制度，公布统一的举报、投诉方式①。

危机情境中的信息发布强调真实性、及时性、连续性和公众导向性，信息发布的渠道应具有权威性。突发事件信息发布的主要渠道有政府公报、新闻发布会、新闻通稿、政府网站发布、社交平台官方账号推送、发送宣传册和手机短信等。信息发布的流程包括进行信息收集、整理与分析、核实；确定信息发布的目的和主要内容；确定信息发布的方式和时机；进行后续发布或补充发布等。

5.4　应急恢复与重建

应急恢复与重建阶段的主要任务是帮助受影响的社区和个人尽快回到正常的生活和工作状态。相比于事件发生前的准备工作，恢复与重建在某些方面更加关键，直接关系到公众的生活质量和受灾地区的可持续发展。保障民生是应急恢复与重建阶段工作的基本出发点。该阶段的主要工作包括成立专门的指导协调小组，对受损情况进行全面的评估和鉴定，监督、落实恢复与重建的各项活动。在实施阶段，重点是对恢复与重建工作进行严格的监督和管理。这涉及确保补助资金的规范使用，所有重建活动都应严格按照预先设定的计划进行。本部分主要从恢复与重建内涵、对象、类型、阶段等方面介绍我国应急管理恢复与重建的内容与实践。

5.4.1　恢复与重建的内涵

突发事件得到有效控制后，应急管理工作从救援与处置阶段过渡到恢复与

---

① 《中华人民共和国突发事件应对法》，2024 年 6 月 28 日修订发布。

重建阶段。恢复与重建的目标主要是消除突发事件的长期、中期、短期影响。恢复意为恢复原状，使因突发事件而造成的失序生产生活活动恢复常态。重建指对受突发事件影响的基础设施和公共服务等内容等进行重新建设。根据《突发事件应对法》，在应急救援与处置工作结束后，当地政府应当首先调查和评估突发事件的影响，制定恢复重建计划，并向上级政府汇报。其次，地方政府应及时组织和协调医疗卫生、公安、交通、铁路、民航、邮政、电信、建设、能源、广播电视等部门力量恢复社会秩序。接着，有关部门应妥善做好救助、补助、抚慰、抚恤、安置等善后处置工作，并解决可能发生的冲突和矛盾，同时将调查报告、处置信息和整改经验以报告的形式提交给上级政府。最后，上级政府应当根据需要，提供资金、物资支持和技术指导，并组织其他地区进行资金、物资和人力的支援。

5.4.2 恢复与重建的对象

《突发事件应对法》第 86 条强调，在停止应急处置措施后，要防止发生自然灾害、事故灾难、公共卫生事件的次生、衍生事件或者重新引发社会安全事件，组织受影响地区尽快恢复社会秩序[①]。2019 年，国家发改委、财政部、应急管理部联合发布《关于印发〈关于做好特别重大自然灾害灾后恢复重建工作的指导意见〉的通知》(以下简称《指导意见》)，《指导意见》中明确指出灾后恢复重建应使灾区生产生活条件和经济社会发展得以恢复，达到或超过灾前水平，实现人口、产业和资源环境协调发展[②]。从《突发事件应对法》和《指导意见》的规定可以发现，我国应急管理灾后恢复与重建，较为注重社会层面、经济层面、环境层面的工作，而对心理层面灾后创伤修复与重建的重视程度还有待提升。

第一，社会层面。恢复与重建在狭义上可以理解为完善基础设施，恢复和重建社会生活秩序，保障受灾群众的基本生活需求，使整个社会正常运转；在广义上可以将灾后恢复重建理解为受灾区域的社会治理体系和社会治理能力的重构[③]。

第二，经济层面。在应急管理中，经济层面的恢复与重建主要表现在以下几个方面：首先，基础设施重建。这包括道路、桥梁、公共建筑、供水和电力系统等

---

① 《中华人民共和国突发事件应对法》，2024 年 6 月 28 日修订发布。

② 《关于印发〈关于做好特别重大自然灾害灾后恢复重建工作的指导意见〉的通知》，发改振兴〔2019〕1813 号，2019 年 11 月 28 日发布。

③ 王正攀：《灾后恢复重建的社会治理重构研究：一个理论分析框架》，《中国应急管理科学》2020 年第 11 期。

关键基础设施的修复和重建。基础设施是经济活动正常运行的基础，其修复重建对于恢复正常的生产活动至关重要。其次，生产活动的恢复。针对受灾严重的农业、工业和服务业等生产领域，应采取包括提供财政支持、税收减免、贷款优惠等政策，以促进受灾地区经济的快速恢复。最后，就业恢复与创造。应通过各种就业计划和培训项目，帮助因灾失去工作的居民重新就业，同时创造新的就业机会，以减少灾害对就业市场的长期影响。以2021年河南"7.20"洪灾事件为例，该事件造成的经济损失约1 337亿元，农作物受灾面积约1 600多万亩，工业和服务业也受到重创。河南省地方政府及有关部门积极推动金融机构与受灾群众对接，扩大信用贷款和中长期贷款，助力企业复工复产，推动项目落地实施，着力稳定就业[①]，以此促进经济层面的恢复与重建。

第三，环境层面。环境层面的恢复与重建主要指在自然灾害或人为破坏后，采取有针对性的措施恢复生态系统的功能，以及重建可持续的环境条件。具体而言，环境恢复与重建主要包括以下几个方面的内容：一是生态系统修复。对受损的自然生态系统进行修复，如森林恢复、湿地恢复等，目的是恢复生态系统的结构和功能。二是土地环境治理。这主要是对受损的土地进行整治，包括改善土壤结构、恢复土地肥力等，其目的是促进土地的可持续使用。三是水环境治理。这主要是指恢复和改善水环境，包括水土保持、水质净化等。

第四，心理层面。应急恢复与重建的工作往往比较集中于物理基础设施的修复和社会秩序的恢复。然而，相比之下，受灾群众、幸存者、受难者家属以及参与救援的人员的心理健康安全却常常未能得到充分重视。重大突发事件不仅对人们的生活环境造成破坏，也可能给其心理状态带来巨大冲击，甚至造成长期的心理创伤。根据世界卫生组织的调查，突发事件过后，30%—50%的一线救援人员会出现心理失调的现象，及时的心理干预能够有效缓解心理失调情况。可见，对心理安全的重视应成为应急管理工作中不可忽视的一环。这包括提供及时的心理干预和支持，帮助受影响个体处理创伤后压力障碍(PTSD)和其他心理健康问题，以及通过建立社区支持网络来促进心理恢复。心理健康服务的有效提供不仅能够帮助个人更好地从事件的影响中恢复，还能够增强社区的整体韧性，提高面对未来潜在灾害的应对能力。

---

① 杨海燕、杨虹、范纪安：《多举措加速灾后恢复重建　河南省发展改革委在行动》，2021年8月25日，http://www.chinadevelopment.com.cn/fgw/2021/08/1740814.shtml，2023年12月9日。

5.4.3 恢复与重建的类型

在应急管理中，恢复与重建可以根据其目标和范围分为短期恢复与长期重建两类，两者有着不同的恢复目标和策略：

第一，短期恢复。短期恢复主要指在突发事件发生后，立即采取措施尽快恢复受影响区域的基本功能，并采取措施阻止次生、衍生灾害的发生。短期恢复与应急处置阶段有重合，应急处置更侧重于救援和对危险源的处置，短期恢复则注重应急处置之后各项机能的恢复，如交通、通信、能源、卫生等。

第二，长期重建。长期重建主要指在短期恢复之后，对受影响区域进行全面、系统的重建和恢复工作，侧重于恢复或提升受影响区域经济、社会、环境等方面的功能，使其达到或超过突发事件发生前的水平。长期重建的时间往往比较久。

5.4.4 恢复与重建的阶段

目前，学术界将恢复与重建过程分为三个阶段：准备阶段、实施阶段、结束阶段①。

准备阶段的工作主要包括政策法规准备、物资准备、资金准备、调查评估、恢复规划准备等。在进行灾害处置后，当地政府需要对突发事件造成的影响和损失进行调查和评估，制定恢复重建计划。灾后恢复与重建计划主要包括以下几个要点：其一，灾后恢复重建计划以调查数据为依据，坚持以人为本、科学规划、因地制宜的原则。其二，恢复重建计划由受灾区域的属地政府制定，主要内容包括实施阶段和结束阶段的所有工作安排，如善后处置、调查评估、保险赔付、心理危机干预、人员救助、法律援助等内容。其三，重大突发事件发生后的恢复重建工作由省级政府统一领导和规划，并向国务院报告；较大和一般突发事件发生后的恢复与重建工作由市县级政府负责制定，并向省级政府报告，同时接受省级政府的指导与监督。其四，上级政府根据受灾情况的调查评估信息为受灾区域提供资金、物资、人力支持和技术指导，根据损失情况制定优惠政策。

实施阶段的工作主要包括快速恢复、临时救助、社会救助、保险机制启动等物质层面的恢复和心理层面的恢复等。其中，物质层面的恢复包括：一是救援人员和相关部门快速响应恢复措施，为受灾群众搭建临时避难所、提供医疗救

① 乔仁毅、龚维斌：《政府应急管理》，国家行政学院出版社 2014 年版，第 167—180 页。

助、提供物资支持、尽快恢复基础设施、解决因处置突发事件引发的矛盾纠纷，同时公开救援资金和物资的使用情况。二是呼吁社会资源的救助，鼓励慈善组织、企业、公众等社会力量积极捐赠。三是启动保险机制，督促保险机构及时有效地评估突发事件造成的损失情况，积极开展保险理赔工作。另外，心理层面的恢复和重建是应急心理能力建设的重要内容，突发事件造成的创伤难以完全抹灭，政府及相关部门应及时进行心理干预，采取心理评估、心理咨询、心理治疗、心理监测、心理援助等措施，提高受灾群众、幸存者、受灾家属和救援人员的应急心理能力。

结束阶段的工作主要包括事故总结和信息留档。一方面，受灾区域属地政府应针对突发事件发生的原因、经过、结果进行总结，评价恢复重建效果，总结经验教训和制定改进措施，及时向上级政府提交报告。另一方面，针对在突发事件应对管理工作之中形成的材料，应建立健全档案收集、整理、保护和利用机制。

阅读材料

7·20 河南暴雨

2021年7月17日至23日，河南省遭遇历史罕见特大暴雨，发生严重洪涝灾害。灾害共造成河南省150个县(市、区)1 478.6万人受灾，因灾死亡失踪398人，其中郑州市380人、占全省95.5%；直接经济损失1 200.6亿元，其中郑州市409亿元、占全省34.1%。

灾害应对全过程如下：

7月19日，郑州市气象局发布暴雨红色预警信号。

7月20日，“河南大雨”相关话题登上微博热搜。

7月21日，根据《河南省防汛应急预案》有关规定，经会商研判并报省防汛抗旱指挥部指挥长批准，省防指决定将防汛应急响应级别由Ⅱ级提升为Ⅰ级。应急管理部启动消防救援队伍跨区域增援预案，连夜调派多个省份消防救援水上救援专业队伍，包括1 800名指战员、250艘舟艇、7套“龙吸水”大功率排涝车、11套远程供水系统、1.85万余件(套)抗洪抢险救援装备。

7月21日，河南省纪委监委印发《关于强化防汛救灾监督执纪工作的紧急通知》：严禁迟报、瞒报、漏报重要汛情灾情信息。

7月22日，郑州市防指决定将防汛级别降为Ⅲ级。

8月2日下午，河南省人民政府新闻办公室举行新闻发布会通报受灾情况。

灾害发生后，党中央、国务院高度重视，习近平总书记作出重要指示，要求始终把保障人民群众生命财产安全放在第一位，抓细抓实各项防汛救灾措施，并派出解放军和武警部队迅速投入抢险救灾工作，为做好防汛救灾工作注入了强大动力、提供了坚强保障。李克强总理多次作出重要批示，主持专题会议部署，深入河南灾区考察，要求抓实防汛救灾措施，加快恢复重建，严肃认真开展灾害调查工作。国家防总、国家减灾委立即启动应急响应，派出工作组指导开展防汛救灾工作。河南省委省政府、国家有关部委、解放军和武警部队、消防救援队伍等各有关方面和广大干部群众全力以赴投入抗洪抢险救灾。

资料来源：新华社《河南郑州"7·20"特大暴雨灾害调查报告公布》，2022年1月21日，https://www.gov.cn/xinwen/2022-01/21/content_5669723.htm，2024年2月25日。

思考题

1. 请结合本章内容，思考7·20河南暴雨应急管理全过程包含哪些环节？
2. 在该案例中，应急响应和处置存在哪些不足？
3. 请结合所学知识，设计一个市级层面特大洪水专项应急预案。

第6章

应急管理制度

制度是规范个人行为的准则[①]。应急管理制度是应急管理工作需要遵循的行动准则和依据。本章主要围绕应急预案、应急管理法制、应急管理机制三个部分来展开。通过对应急管理制度的总体分析与重点剖析,有助于进一步了解应急管理工作的规则体系,为当前推进应急管理体系和能力现代化提供基础支撑。

6.1 应急预案

6.1.1 应急预案的结构

6.1.1.1 应急预案的定义和属性

应急预案是世界各国在应急管理中普遍运用的政策工具[②],其目的在于最大程度地预防和减少突发事件及其造成的损害,保障公众的生命财产安全,维护国家安全和社会稳定,促进经济社会全面、协调、可持续发展[③]。预案需要结合各类突发事件的特点和应对要求,不断进行修订和更新,提升实际演练和运用的适用性和有效性,确保应急工作的高效协调和有效运转。应急预案在应急管理实践中发挥着重要作用,在部门间或区域间实现预案的协同,有助于提升部门或区域整体应急响应和处置的能力,减轻灾害影响。

应急预案是政府组织管理、指挥协调应急资源和应急行动的整体计划和程

① [美] 道格拉斯·C.诺斯:《制度、制度变迁与经济绩效》,杭行译,格致出版社 2008 年版,第 1 页。
② 张海波:《中国应急预案体系:结构与功能》,《公共管理学报》2013 年第 2 期。
③ 参见:《国家突发公共事件总体应急预案》,2006 年 1 月 8 日,https://www.gov.cn/yjgl/2006-01/08/content_21048.htm,2023 年 12 月 26 日。

序规范，旨在应对突发事件或紧急情况，内在要求坚持预防与应急相结合，常态和非常态相结合[①]，其具有区别于政府常态管理制度范畴的一般属性。该属性主要表现为如下方面。

一是预防性。应急预案是提前制定的应急工作计划，需明确各种突发事件的应对措施和工作程序，以应对未来可能发生的紧急情况。

二是组织性。预案在制定过程中需明确不同层级和部门的职责和权限，规定各类应急资源的调配和利用方式，体现应急管理工作的组织性。

三是可操作性。在紧急情况下，预案要能够迅速启动，并提供具体的操作指南，包括应急流程、处置措施、应急队伍的组织和调动等。

四是发展性。预案应当根据实际情况不断修订和更新，以适应社会发展和突发事件应对工作的需要。

6.1.1.2 预案的类型和层级

依据突发事件的类型[②]，应急预案大致可以划分为自然灾害类预案、事故灾难类预案、公共卫生事件类预案以及社会安全事件类预案。依据作用对象的不同，应急预案也可进一步细化，划分为政府组织、企事业单位、居民群体等应急预案。按照突发事件类型、责任主体、行政区域层级等因素综合考量，可将应急预案划分为总体应急预案、专项应急预案、部门应急预案、基层应急预案以及企事业单位应急预案和重大活动应急预案等类型[③]。可见，应急预案体系庞杂、种类繁多，虽然这些应急预案的划分较为多元、细致、具体，但是不同领域、行业和部门间的预案是相互联系的，一些跨领域的复合型突发事件通常离不开多种预案间的有机协同与配合。这反映出突发事件的复杂性对应急预案和应急管理实践提出的内在要求。

应急预案可分为国家级、省级、地市级和县级等不同层次，每个层级都会制定相应的预案，以便根据实际情况进行应急响应和处置[④]。应急预案体系结构框架如图 6－1 所示。各级预案之间也需要协调配合，形成层层负责、衔接紧密的应急预案体系，以确保突发事件的有效应对和处置。

---

① 钟开斌、张佳：《论应急预案的编制与管理》，《甘肃社会科学》2006 年第 3 期。

② 依据《中华人民共和国突发事件应对法》，突发事件是指突然发生，造成或者可能造成严重社会危害，需要采取应急处置措施予以应对的自然灾害、事故灾难、公共卫生事件和社会安全事件。

③ 陶振：《突发事件应急预案：体系、编制与优化》，《行政论坛》2013 年第 5 期。

④ 2006 年 1 月 8 日向社会公开发布的《国家突发公共事件总体应急预案》，初步规定了我国应急预案体系的框架结构包括：突发公共事件总体应急预案、突发公共事件专项应急预案、突发公共事件部门应急预案、突发公共事件地方应急预案、企事业单位根据有关法律法规制定的应急预案、举办大型会展和文化体育等重大活动的应急预案。

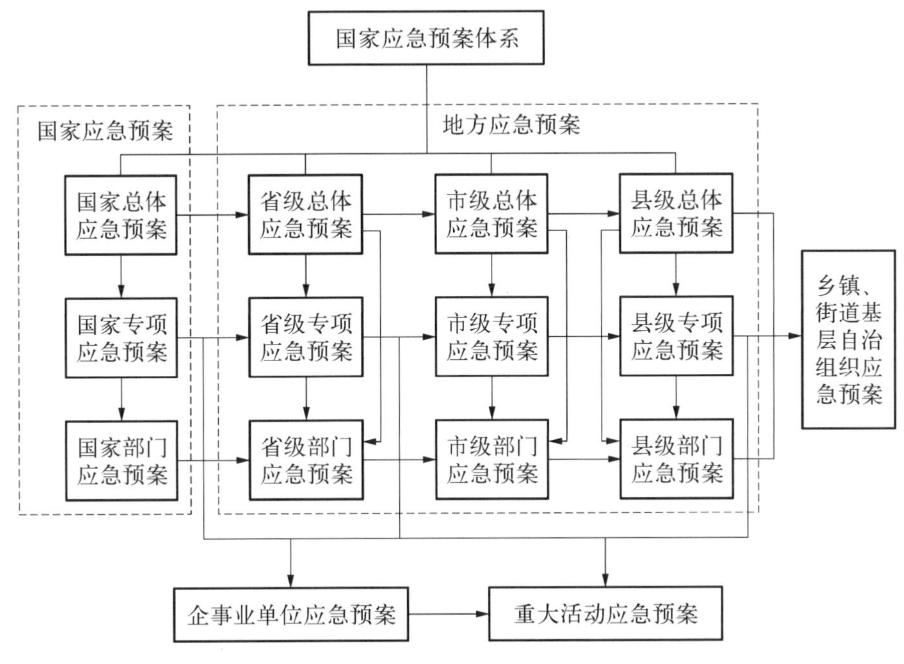

图6-1　应急预案体系结构框架图①

6.1.1.3　预案的编制原则和构成要素

（1）应急预案的编制原则

将应急情境、制度情境和管理结构等纳入预案编制视野，需要具体把握管理理念、组织结构、流程规范等内容，从而顺利推进应急预案编制工作②。应急预案的编制遵循政策议程设计的一般性原则，同时根据应急管理内在特征，也遵循适用的具体性原则，其具体编制原则大致包括如下内容。

一是合法性原则。法无授权不可为，预案的编制必须符合国家和地方的法律法规，以及相关的行业标准和规范。应急预案可以对法律、法规、规章中的制度进行落实和细化，但不能自行创设对公民、法人或者其他组织的权利义务安排③。

二是系统性原则。应急管理作为一项系统性工程，牵涉多元主体、要素和功能，因此预案需要采取系统性的思维和方法，全面、协调地考虑各个环节和方面的应对措施。

① 参见闪淳昌，薛澜：《应急管理概论：理论与实践》，高等教育出版社2012年版，第385页。
② 陶鹏：《论应急预案编制与管理的政策过程面向》，《西南民族大学学报（人文社会科学版）》2021年第2期。
③ 林鸿潮、陶鹏：《应急管理与应急法治十讲》，中国法制出版社2021年版，第57页。

三是预防性原则。应急管理早期阶段，发布预警，及时介入干预，可以有效预防和减少突发事件的发生，降低突发事件带来的损失[①]。因此，预案的编制要强调预防性措施的作用，重视事前规划和准备工作。

四是灵活性原则。突发事件的发生和演化过程并非一成不变，因此预案需要具备一定的灵活性和适应性，能够根据实际情况进行调整，满足适应性和可操作性需求。

五是周密性原则。对各项应急资源应进行广泛深入调查，明确事前、事中、事后全链条的闭环管理。预案的编制应细致、周密地考虑各种可能的突发情况和应对措施，增强应对过程的全面性和有效性。

六是积累性原则。预案的编制需要借鉴以往的应急管理经验和教训，不断总结和完善，以更好应对随之而来的不确定性风险。

(2) 应急预案的构成要素

应急预案的编制流程大致包括成立预案编制小组、风险识别与评估、风险分类分级、采取处置措施、应急能力评估、编制预案、评审与演练以及发布预案等具体环节[②]。综合现有对应急预案事前评估的指标体系来看，应急预案的编制应把握四个一级指标（应急预案编制的科学性、预案构成要素的完备性、预案内容的完整性、预案的可操作性），而应急预案的构成要素往往随着应急环境的变化而相应调整，以适应应急管理战略目标，其主要包括如下内容。

第一，应急预案基本情况。这主要涉及对预案背景和基本信息进行介绍，包括预案编制目的和依据、编写单位和责任人、预案名称和编号，为后续的应对措施提供规范和依据。

第二，应急管理机构与职责。明确应急管理机构与职责有助于在突发事件发生时迅速、有效地实施应对措施，确保各项应急活动有序进行。这需要科学确定应急管理的组织结构，厘清各应急管理主体的边界及其所承担的职责，有机衔接应急状态下响应、处置、救援和善后等工作，保障应急的及时性和有效性。

第三，预防准备情况。这要求事先对各类尚未发生的突发事件或潜在风险进行预防准备，明确风险预防的规则和程序，加强对致灾因素的评估，并建立资源保障体系，以避免或减少灾害的发生。

---

① 董泽宇：《基于结构、功能与过程的突发事件预警管理》，《中国应急管理》2023年第9期。
② 陶振：《突发事件应急预案：体系、编制与优化》，《行政论坛》2013年第5期。

第四，基本应急流程。这主要涉及围绕应急响应、处置、恢复等阶段进行程序设计，包括应急指挥、应急响应和综合处置，实现对应急救援、疏散、医疗救护、物资保障等的有效组织。

第五，恢复善后程序。这包括对灾后进行恢复重建和反思学习，明确责任追究办法，推动预案调整完善，确保预案与时俱进，同时定期进行演练和评估，致力于打造从广度到深度、从碎片到系统的预案体系[①]。

6.1.2　应急预案的功能

功能分析法在应急管理理论和实践中占据重要地位，默顿综述现有关于功能的研究，探索提出了"显功能/潜功能"和"正功能/反功能"，建立了新的功能主义分析范式[②]。应急预案要避免陷入"唯正功能"的误区，应具体把握预案正功能的发挥需要满足相应的条件与要求。并且，应急预案应实现潜功能和显功能的兼而有之，追求过程（功能）和结果（效果）的统一。本部分主要从正功能角度来阐释应急预案所具有的功能，主要包括加强应急预防和准备、提升应急响应和处置能力、保障灾后恢复和重建三个方面。

6.1.2.1　加强应急预防和准备

风险评估与预警。应急预案旨在全面覆盖可能遭遇的各类紧急情况，力求通过科学的预警机制和预防措施，提升风险的早期识别与评估能力。在此基础上，通过采取及时有效的应对措施，实现将突发事件发生概率降至最低水平的目标。对灾害风险的识别和评估，有助于应急部门及时掌握风险的影响程度及其演化情况，提前向公众或可能受灾群体发布预警信息，采取针对性的预防措施。

建立风险防控体系。应急预案要求加强风险防控体系建设，制定相应的风险管理计划和措施[③]，包括防灾减灾规划、安全生产制度、应急救援设施建设等，从源头降低灾害风险。

提升公众防灾减灾意识。应急预案的制定及其演练，能够提高公众的自我保护能力，减轻紧急情况对社会造成的影响。通过开展相关宣传教育活动，有助于提高公众对灾害风险的认识和防范能力，培养公众的自我保护意识和应急行

---

① 温志强、郝雅立：《转危为机：应急管理体系的完善与发展困境——汶川地震十周年回顾》，《理论学刊》2018年第4期。

② ［美］罗伯特·K.默顿：《社会理论与社会结构》，唐少杰等译，译林出版社2006年版，第151—153页。

③ 詹承豫：《动态情景下突发事件应急预案的完善路径研究》，《行政法学研究》2011年第1期。

动能力。

6.1.2.2 提升应急响应和处置能力

快速响应和组织。应急预案为应对突发事件提供了详细的操作指南和流程安排，能够帮助组织快速行动、高效应对，提高应对突发事件的效能。通过协调内外部资源，制定联合行动计划，包括资源的供给和调配，有助于应急响应顺畅和协调推进。

灾害救援和应对。应急预案通过明确应急响应和行动的责任分工，有助于在突发事件发生时高效地执行应对措施。在灾害事件发生后，应急管理部门应迅速组织相关部门和人员进行应急响应，快速部署资源，协调指挥各方力量参与灾害处置和救援工作。

提供物资和医疗救助。应急预案通过明确安全疏散、避险等措施，可最大程度地保护人员的生命和财产安全。应急管理部门应及时调动力量和资源，提供救灾物资和医疗救助，满足受灾群众的基本生活需求和医疗救治需要。

提升政府组织形象。各级政府通过制定可行的应急预案，并有效执行，能够提升组织在应急管理方面的形象和信誉①，增强社会各方主体对政府组织的信任。同时，应急预案依据相关法律法规和制度的要求编制，有助于组织合规运行，减少法律风险。

减少灾害损失。应急预案通过规定具体的操作性流程和方法，使行动者能够明确应急操作程序，提高应急响应能力，进而降低突发事件造成的损失，包括物质损失、非物质损失等。

6.1.2.3 促进灾后恢复和重建

提供灾后安置和救助。应急预案关注灾后或紧急情况结束后的恢复重建，应急管理部门依据预案能够有效提供应急物资，帮助受灾群众尽快恢复生产生活。灾害会对受灾群众的心理造成一定的冲击，相关部门和机构应依据预案，结合实际情况提供心理应急救助②。

推动经济社会秩序恢复。应急预案为突发事件的有效应对提供了具有可操作性的方案支持，有助于推动经济社会秩序的快速恢复，减少突发事件造成的影响。

推动危机学习和反思。应急预案及其实践演练为危机学习提供了坚实的基

---

① 陆凤英：《公共危机管理视野下的政府形象塑造策略》，《西北师大学报(社会科学版)》2012 年第 3 期。

② 赵玉芳、毕重增：《突发公共事件的心理健康服务体系的建构》，《心理科学》2008 年第 5 期。

础。相关人员在突发事件发生后应及时回顾和总结，评估突发事件应对的效果和存在的问题，并结合应急预案中的措施，寻找改进的方向和方法，以进一步推动应急预案的修订更新。

推动资源整合和合作共治。合作的有序性和有效性往往成为决定应急管理成功与否的关键因素[①]。应急预案关注灾害的合作应对，这是因为恢复和重建往往是一个长期的过程，应急管理部门需要整合各方资源，包括政府、企业、社会组织等主体，共同推动灾后恢复和重建工作。

6.1.3　应急预案的建设

自 2003 年抗击“非典”疫情以来，我国已经初步建立了以“一案三制”为核心框架的应急管理体系，在应急管理实践演进中，面对内外部形势的复杂变化，我国的应急预案应尽快实现从“量变”到“质变”、从“有”到“优”的转化，有效提升预案的针对性、操作性和实用性，让预案切实实用、管用、好用[②]。这要求对应急预案展开相应的评估，了解预案编制的实践成效，并立足应急预案改进的原则和要求，不断完善应急预案体系。

6.1.3.1　应急预案评估的方法

文本评估。应急预案的核心要义在于制定和实施应对突发事件的规划或方案，而评估应急预案为预案实践和突发事件应对提供了有力支撑。因此需对应急预案的内容完整性、结构合理性、编写逻辑性等进行评估，检查预案是否完整、清晰和可操作。常见的综合评估方法有模糊综合评价法、综合评分法、综合指数法、功效系数法、最优值距离法、多元统计方法等[③]。

案例分析。鉴于突发事件及其应对是一种非常态，“过程—事件分析”显得十分必要，因而案例分析成为应急管理研究中广泛采用的方法。通过分析过去的突发事件案例，对比现行的应急预案，有助于检验预案能否适应不同类型的突发事件，并提供有效的应对措施。

模拟演练。组织应急预案的模拟演练，考察预案在实际应急情况下的可行性和有效性，有助于发现并解决潜在的问题，提升应急能力和效果。将示范性与

---

① 林蓉蓉：《突发公共事件应急管理合作中的合作结构、过程和结果——基于应急合作的研究述评》，《中国行政管理》2021 年第 1 期。

② 钟开斌：《中国应急预案体系建设的四个基本问题》，《政治学研究》2012 年第 6 期。

③ 张海龙、李雄飞、董立岩：《应急预案评估方法研究》，《中国安全科学学报》2009 年第 7 期。

检验性相结合、加强现场指挥与应急演练等措施是目前提高应急预案演练效果的有效措施，这需要从演练分类、演练评估等方面提升应急预案的实效性[①]。

专家评审。专家评审是落实应急预案第三方评价和质量控制的重要途径。邀请相关领域的专家对预案进行评审，从专业角度出发，评估预案的合理性、全面性和实用性，可以采取文本预审、现场查验、能力考量等途径[②]，以深入解析预案质量及评价其实施效果。

6.1.3.2 应急预案评估的指标

预案合法性。应急预案的制定和实施应在法律轨道内运行，因此需要评估预案是否符合相关法律法规要求。

预案完整性。评估预案是否包含了必备的内容，如应急响应流程、责任分工、资源调配等，评估是否存在重要内容遗漏，特别是注重解决各参与主体的责任归属与应急协同问题[③]。

预案清晰性。从清晰性角度来看，评估预案的表述是否清晰明了，是否易于理解和操作，以及预案中的应急响应、紧急通知、资源调配等是否明确具体。

预案可操作性。为避免盲目化和形式化应对，需要评估预案的操作流程和措施是否具有可行性，是否可以有效回应应急需要。

预案适应性。为了解预案的适应性，需要评估针对不同类型的突发事件是否制定了相应的预案和响应措施，评估预案中的组织机制和指挥体系是否能够有效适应应急环境的变化，推动应急工作的适应性开展。

预案保障能力。评估预案在应急管理中的保障能力，是否能够协调和调动各方资源，如人员、物资、技术装备等。应急预案体系的优化不仅需要从技术层面着手，还需要从公共政策层面推进，加快相关应急体制、机制与法制的配套建设，以提升应急预案的综合实效[④]。

6.1.3.3 应急预案改进的标准

安全性标准。应急预案中的操作规程必须满足保护人员生命安全和财产安

---

① 姜传胜、邓云峰、贾海江等：《突发事件应急演练的理论思辨与实践探索》，《中国安全科学学报》2011年第6期。

② 张小兵、陈哲、仵林静：《环境风险企业应急预案专家评审模式解析——以化工企业突发环境事件应急预案评审为例》，《河北科技大学学报(社会科学版)》2023年第1期。

③ 张红：《我国突发事件应急预案的缺陷及其完善》，《行政法学研究》2008年第3期。

④ 张海波、童星：《中国应急预案体系的优化——基于公共政策的视角》，《上海行政学院学报》2012年第6期。

全的要求，践行“人民至上、生命至上”的理念。

实用性标准。预案内容必须实际可行，能够应对各类紧急情况，具备可操作性。应急预案应指导各级政府和相关部门的行动，包括疏散人员、调配物资、开展救援和恢复工作等。

整体性标准。应急预案需要综合考虑各个环节和因素，形成一个完整的体系，确保系统的协同和配合效果。如针对化工厂泄漏、爆炸等事故，相关应急预案应明确事故应急响应流程、疏散方案等一整套的应对措施。

权变性标准。应急预案需要具备权变性，能够根据不同的应急情况和需求进行相应调整，保证应对措施的适应性和灵活性。例如，当交通突发事件发生时，相关应急预案可以指导交通部门的救援行动，包括事故先期处置、现场处理、伤员救护、交通管制和事故调查等。

公平性标准。应急预案应坚持公平原则，对各参与主体一视同仁，确保资源的合理分配和社会的公平公正，避免因资源投入和分配问题引发次生危机。

建设性标准。应急预案应能够帮助组织和个人预测和评估风险，提供应对方案指导，这需要从理念引领、能力塑造、预案规约等维度协同推进预案的建设[①]，促进突发事件的有效防范。

可持续性标准。应急预案应具有可持续的指导作用，能够辅助监测和评估风险，同时，依据环境的变化及时修订和改进相关内容，以此确保预案在实践中发挥前后相继的推进效果。

信息共享标准。应急预案需建立健全信息共享机制，不断收集和汇总灾害数据信息，为预案改进提供科学依据。如针对传染病暴发、疫情流行等公共卫生事件，相关应急预案应明确疫情监测与报告、信息告知和共享等措施，以有效应对突发的公共卫生风险。

6.1.3.4　应急预案改进的途径

应急预案的应用范围非常广泛，涵盖了不同类型突发事件的应对。应急预案应当在一定的标准和原则下有序运行，以确保对突发事件的应对和处置起到指导、协调等作用。为推进应急预案的规范化建设与适应性变革，应沿着以下途径对应急预案予以改进。

加强预案编制多方合作。应急预案编制是一项复杂的系统工程，离不开各

---

① 李牧、董明皓：《论基层应急法治能力提升的三重向度》，《学术交流》2022 年第 9 期。

方力量的共同参与。应加强应急管理部门与专家团队、专业机构等主体的合作与交流，共享经验和信息，提高预案编制的全面性。

社会参与与意见征集。应急预案的制定与完善离不开社会层面的智力支持。应广泛征求社会各界的意见和建议，特别是对重大突发公共事件的预案公开征集意见，以提高预案的社会认可度和可行性。

增强风险评估与预警。在应急预案编制中，应建立科学的风险评估体系和预警机制，以便对潜在风险进行有效评估和预警，提高风险应对的能力。

不断学习和更新预案。对突发事件的应急学习关键在于事后的总结、反思和提升，在学习中及时调整和优化应急预案，为应对相关风险隐患做好准备。在改进应急预案的过程中，应吸收应急管理新理念、新技术和新方法，使之适应应急管理的新形势和新要求。

信息管理和技术赋能。优化和改进应急预案，离不开信息管理和通信系统的技术赋能作用。利用现代化的通信技术和工具，有助于提高应急预案编制的信息传递和协调效率，确保在应急情境下能够快速准确地收集和共享信息。

实操演练与总结评估。发挥应急预案实效性的关键在于实操演练。在预案演练过程中，通过建立反馈机制，收集相关人员的建议和意见，可以推动应急预案的持续改进。对过去的突发事件处置进行及时总结，将经验和教训应用于预案改进中，有助于增强预案的可持续性。

制度宣传与培训指导。在应急预案制定后，需要定期组织培训和沟通会议，促使相关人员能够理解和掌握预案内容，并知道如何在紧急情况下采取正确的应对措施。应建立健全应急管理相关制度，解决应急处置过程中反应迟缓、协调不力、处理困难等问题[①]。

6.2 应急管理法制

6.2.1 应急管理法制的框架

6.2.1.1 国家层面的应急管理法制

近年来，国家对应急管理立法越来越重视，已经推进了《国家安全法》《网络

① 毛瑞明：《论我国政府应急管理制度建设》，《江西社会科学》2010 年第 5 期。

安全法》《核安全法》《反恐怖主义法》《安全生产法》《突发公共卫生事件应急条例》《生产安全事故应急条例》等立法工作。总体来看，我国目前已基本形成了以宪法为根本、以《突发事件应对法》为核心、以相关法律法规规章为基础，门类齐全、覆盖面广的应急管理法制体系[①]。我国应急管理法制体系的基本构成如表 6-1 所示。

表 6-1　我国应急管理法制体系的基本构成[②]

层　次	性　质	举　　例
宪法中的有关条款规定	国家根本大法	《宪法》第 62 条、第 67 条、第 80 条和第 89 条，对紧急状态和战争状态的确定和宣布，对动员令的决定和发布等，都直接作出了规定
综合性应急管理基本法	综合性应急管理活动的基本法律依据	《突发事件应对法》《紧急状态法》
专业性应急管理单行法或专门法	适用于某一类型突发事件或应急管理某一环节的法律依据	《森林法》《安全生产法》《大气污染防治法》《传染病防治法》
相关法律法规中涉及应急管理的有关条款规定	应急管理的法律依据	《中华人民共和国刑法》中关于“危害国家安全罪”“危害国防利益罪”等条款规定

考虑到应急管理法制体系完备性和丰富性以及研究的可及性，这里主要列举几项代表性的应急管理相关法律规定，分别从颁布主题、时间和基本内容等层面进行介绍。

《中华人民共和国突发事件应对法》。该法于 2007 年颁布，并于 2024 年修订，明确了中央和地方政府的突发事件应对职责，规定了突发事件预防与应急准备、监测与预警、应急处置与救援、事后恢复与重建、责任追究等内容。

《中华人民共和国国家安全法》。该法于 2015 年颁布，内容包括维护国家安全的任务和职责、国家安全的保障体系、公民与组织的权利和义务等方面的内容。

《中华人民共和国安全生产法》。该法于 2002 年颁布，主要规定了安全生产的基本原则和要求，明确了从业人员的权利义务、安全生产的监督管理、事故的

---

① 马宝成：《应急管理体系和能力现代化》，国家行政学院出版社 2022 年版，第 62 页。
② 马宝成：《应急管理体系和能力现代化》，国家行政学院出版社 2022 年版，第 63—66 页。

应急救援与调查处理等规定，为安全生产领域的应急管理提供了法律保障。

《中华人民共和国突发公共卫生事件应急条例》。该条例由国务院于2003年制定，明确规定了突发公共卫生事件的预防与应急准备、报告与信息发布、应急处理等内容。

6.2.1.2　地方层面的应急管理立法

总体而言，我国应急管理法制体系发展经过了三个重要时期，包括体系形成阶段、快速发展阶段和体系革新阶段，见表6－2所示。地方层面与国家层面的应急管理立法相互衔接，共同构成我国应急管理体系的立法框架。各省、自治区、直辖市根据国家层面相关立法的要求，结合本地实际推进地方性应急管理立法，规定了地方应急管理的职责分工、应急救援和处置、信息报告等方面的内容。

表6－2　我国应急管理法制体系的发展脉络①

阶　段	主　题	内　　容
体系形成阶段	“非典”疫情触发的应急立法需求	以“一案三制”为主体的应急管理体系开始形成，逐步建立了应急法制的基本框架。例如，2004年的《宪法》修正案将“戒严”制度修改为“紧急状态”制度；2007年应急管理领域综合性法律《突发事件应对法》颁布实施
快速发展阶段	南方雪灾和“5·12”汶川地震之后的密集立法	2008年之后，针对地震等重大突发事件开始了密集立法，例如，修订了《防震减灾法》《气象法》等，制定了《社会救助暂行办法》《自然灾害救助条例》等
体系革新阶段	应急管理体制改革之后的立法趋势	2018年国家机构改革后组建了应急管理部，应急管理领域相关立法也进入新的发展阶段，呈现出两个特征：一是综合性立法增多；二是立法充分关照和回应国家治理现代化进程中的新成果，如“双随机、一公开”“互联网＋监管”“失信联名惩戒”等制度得以在立法中体现

以下列举几类代表性的地方应急管理立法：

地方消防立法。各地重视通过立法规定地方消防的管理措施、责任追究、事故调查等内容。例如，为了预防和减少火灾危害，加强应急救援工作，保护人身、财产安全，维护公共安全，上海市于1995年制定并于2020年修订了《上海市消

① 林鸿潮、陶鹏：《应急管理与应急法治十讲》，中国法制出版社2021年版，第145—147页。

防条例》[①]。

地方道路交通管理立法。各地重视通过立法规定地方道路交通事故的应急救援、责任追究、事故调查等内容。例如，为了加强道路交通管理，保障道路交通有序、安全、畅通，上海市于 1997 年制定并于 2016 年修订了《上海市道路交通管理条例》[②]。

地方安全生产条例。随着城市化和市场化的加速演进，安全生产风险变得愈发严峻，各地对安全生产工作越来越关注，重视通过立法规定地方安全生产责任的分工、督导、监管等内容。例如，为了加强地方安全生产工作，防止和减少事故，保障人民群众生命、财产安全和城市安全运行，促进经济发展和社会稳定，上海市于 2005 年制定并于 2021 年修订了《上海市安全生产条例》[③]。

6.2.2　应急管理法制的原则

6.2.2.1　总体原则

国家应急管理体系的建设离不开法制保障[④]，需要遵循相应的原则。而应急管理法制层面的总体原则主要包括以下几个方面。

法治原则。在应急管理中，必须依法制定应急管理法律法规，依法行使应急管理职权，具体遵守权利保障原则、权力依法行使原则、合理性原则、效率原则、比例原则、信息公开原则等[⑤]，确保应急管理工作规范、公正、公平、透明。

安全第一原则。安全是应急管理工作的出发点和落脚点。无论是在预防、预警、处置还是救援等环节，都要以人民为中心，坚持安全第一的原则。

救灾优先原则。灾害发生后，应急管理工作要以救灾为重点，迅速组织力量，展开紧急救援工作，最大限度减少损失。

预防为主原则。应急管理工作要以预防为主，在灾害、事故发生之前做好风险评估、预警预报、预防准备等工作，最大程度地降低各类灾害事故的发生概率

---

① 《上海市消防条例》，2023 年 5 月 10 日，https://www.shanghai.gov.cn/scjc2/20230510/2f44d81f1be94f00bd93af8aaa1a f6d9.html，2023 年 12 月 19 日。

② 《上海市道路交通管理条例》，2020 年 4 月 7 日，https://dlysj.jtw.sh.gov.cn/dfxfg/20191125/0006-3767.html，2023 年 12 月 18 日。

③ 《上海市安全生产条例》，2021 年 11 月 4 日，https://yjglj.sh.gov.cn/xxgk/xxgkml/zcfg/dffggz/20211104/747315a993b54f1b9582e778a25d914e.html，2023 年 12 月 16 日。

④ 莫于川：《我国的公共应急法制建设——非典危机管理实践提出的法制建设课题》，《中国人民大学学报》2003 年第 4 期。

⑤ 王奇才：《应对突发公共卫生事件的法治原则与法理思维》，《法制与社会发展》2020 年第 3 期。

和影响程度。

综合应急原则。综合应急是指全过程、全方位、全要素的应急管理。这一原则要求在应急管理中，各部门、各层级加强协同配合，形成合力，共同应对各类灾害事故。

6.2.2.2　具体原则

为保障应急管理工作的科学、有序和高效进行，最大程度地减少突发事件带来的损失和影响，提升应急管理工作的有效性，应急管理法制应遵循如下具体原则。

应急权责法定原则。在应急管理工作中，各级政府和相关部门应当依法履行职责，使得权力的行使与责任的承担相匹配，一方面，确保不同部门的应急管理权力合法，另一方面，应明确不同部门在应急管理工作中的职责和任务，确保应急管理工作协调和运转有序。

紧急状态启动原则。在应对重大突发事件时，可能需要实行紧急状态，采取特殊措施来保障公共安全和社会稳定。应急管理工作应依据实际情况迅速启动紧急状态，在此过程中应恪守权力限制、人权保障、正当程序等基本法治精神和原则[①]。

统一高效指挥原则。在应急管理法制中，应充分考虑不同部门的职责，确保各部门间合作协调、信息共享、资源互助，形成合力。应急管理工作需要建立统一的指挥体系，各级政府和相关部门应按照职责分工，统一指挥，协调配合，确保指挥系统的高效运作。

信息公开共享原则。信息公开共享是有效应对突发事件的重要前提和保障[②]，也是政府应急管理法制建设的内在要求。应急管理工作应坚持信息公开原则，政府部门应当及时向公众公开有关突发事件的信息，保障公众的知情权，提高公众的突发事件应对能力。

6.2.3　应急管理法制的功用

应急管理立法体系是整个国家立法体系的重要组成部分，具有多重功用价值。依据作用导向、目的和方式的不同，可以划分为规范性功用和保障性功用。

6.2.3.1　规范性功用

应急管理法制的规范性功用对于提高应急管理工作的科学性、合法性和有

---

① 梅扬：《紧急状态的概念流变与运作机理》，《法制与社会发展》2023 年第 6 期。

② 何文盛、李雅青：《突发公共卫生事件中信息公开共享的协同机制分析与优化》，《兰州大学学报(社会科学版)》2020 年第 2 期。

效性具有重要意义，有助于实现国家应急管理工作的科学化。应急管理法制的规范性功用主要体现在以下几个方面。

界定权责。应急管理法制对各级政府和相关组织的应急管理责任和义务加以明确，规范了政府机构、部门和人员在应急管理中的职责和权力范围，明确了政府的组织结构和职能分工，能够促进应急管理工作有章可循，确保应急体系有序运行。

确立程序。应急管理法制规定了应急管理工作的基本程序和操作规范，明确了各类灾害事故应对的主要目标、组织机构、工作流程等，为应急管理工作的推进提供重要依据，有助于推动应急工作的有序开展。

规范管理。应急管理法制为应急管理工作提供了标准和规范，有助于推动应急管理的规范化建设。为提升应急管理工作的科学性和专业性，应急管理法制明确了各类应急力量的组织标准、应急设施的建设标准、应急流程的规范标准等。

6.2.3.2　保障性功用

完善的应急法制是国家公共应急系统中最重要的非技术支撑体系之一[①]。应急管理法制对于法律权益保障、危机管控保障、资源配置保障和信息沟通保障等方面具有重要意义，有助于提高应急管理工作水平。

法律权益保障。应急管理法制规定了应急管理权益保护的法律依据，确保公民、企事业单位和其他组织在突发事件发生时能够及时获得救助和保护。在应急管理实践中，应急管理法制有助于引导各主体依法维护自身的法律权益，承担应急管理相关义务。

危机管控保障。应急管理法制提供危机管控的立法保障，通过对风险识别评估、风险预测预警、风险沟通处置、应急指挥救援、灾后恢复重建等的明确规定，以最大程度保障公众的生命财产安全。

资源配置保障。应急管理法制明确了各级政府部门和其他组织之间的协作关系，确保资源调配程序得当，有助于配备应急救援设备和物资等，保障应急处置拥有相应的资源支持，增强应急救援队伍能力，释放应急管理的效能。

信息沟通保障。应急管理法制规定了政府在应急状态下及时公开信息的要求，保障公众获取应急信息的权利。在突发事件发生后，信息公开保障机制促使

---

① 莫于川：《我国的公共应急法制建设——非典危机管理实践提出的法制建设课题》，《中国人民大学学报》2003 年第 4 期。

应急信息得到传播和沟通，有助于增强公众和政府的互动，激发公众参与应急管理的积极性。

6.3　应急管理机制

6.3.1　应急管理机制的主要构成

应急管理机制是为应对突发事件而由组织、人员、流程、技术等要素相互作用形成的整体，在相互协同作用中保障应急管理工作的有效性。应急管理机制涵盖了事前、事发、事中和事后的突发事件应对全过程中各种系统化、制度化、程序化的方法与措施[①]，在应急实践过程中可将其进一步划分为预防减灾机制、应急响应机制、信息共享机制、组织动员机制、恢复重建机制和危机学习机制（见图6-2）。

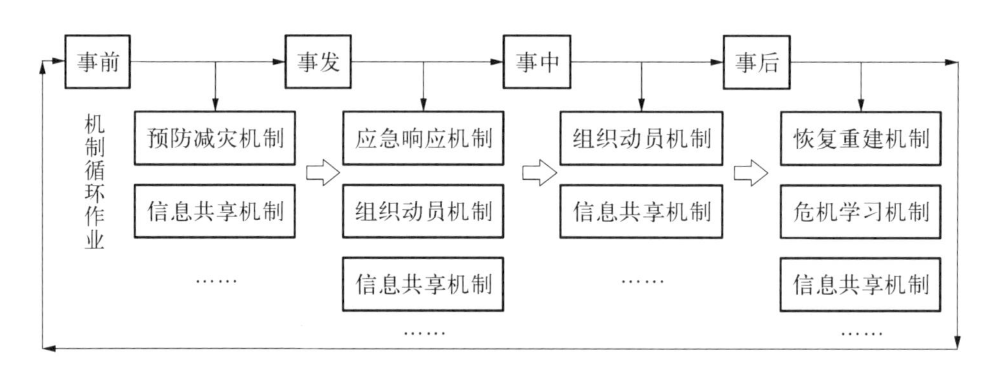

图6-2　应急管理机制循环作用图[②]

6.3.1.1　预防减灾机制

预防减灾机制是指在突发事件发生之前，遵循风险预防原则，采取一系列措施，防范灾害发生或减轻灾害造成的损失。预防减灾机制的构成要素主要包括如下内容。

防灾减灾规划。防灾减灾规划明确了灾害风险分析、预警机制、应急响应和救援方案等内容，以提前做好突发事件预防和减灾工作。

基础设施建设。伴随着风险的复杂性和叠加性发展，应急管理基础设施升

---

① 闪淳昌、周玲、钟开斌：《对我国应急管理机制建设的总体思考》，《国家行政学院学报》2011年第1期。
② 作者自制。

级显得尤为必要，这要求定期检修和维护易受灾区域的基础设施。

应急宣传教育。应急宣传教育表现为风险防范知识的宣传以及应急预案的常态化演练，有助于提高应急响应能力和处置水平，预防和减少突发事件的发生。

应急救援准备。应急救援准备重在人员队伍和资源支撑，通过建立多层次、分工明确的应急救援体系，能够确保行动主体在突发事件发生后迅速、有序地进行应急救援工作。

6.3.1.2　应急响应机制

应急响应机制是指在突发事件发生时，政府和各相关部门组织和协调的一系列行动和措施，通过高效率的应急响应降低损失①。应急响应与突发事件的分级密切相关（见表6－3），应急响应机制主要包括以下几个方面。

表6－3　我国应急响应的适用情形②

突发事件级别	颜色等级	最高响应主体
一般（四级）	蓝色	县级人民政府
较大（三级）	黄色	市级人民政府
重大（二级）	橙色	省级人民政府
特别重大（一级）	红色	国务院

风险识别评估。为准确研判风险及潜在突发事件可能带来的危害，应急响应机制强调快速准确地识别风险，并对其进行全面评估，包括风险演变为突发事件的概率及其可能带来的后果。在此基础上，将采取针对性的措施以应对风险。

风险监测预警。各类风险监测和预警系统，是发挥风险预警和预测功能的基础，旨在进行科学的数据分析和风险模拟，引导人们采取相应的防范措施。

应急响应启动。一旦收到突发事件的预警，政府和相关部门应启动应急预案，迅速组织救援和抢险力量，采取现场救援、疏散、抢险等应急处置措施。

6.3.1.3　信息共享机制

应急管理的信息共享机制是指为了实现各级政府和部门之间及时、高效、准确交流和共享应急管理信息而建立的一套机制。该机制在运行层面主要包括如

① 韩雪：《突发公共事件应急响应：程序的效率价值与政治责任》，《行政论坛》2016年第2期。
② 作者自制，参考《中华人民共和国突发事件应对法》和《国家突发公共事件总体应急预案》。

下内容。

信息源采集。这要求建立突发事件信息采集系统，通过专门的网络平台、高效的传感器系统、规范的报告系统等，及时获取风险源、灾情动态、救援资源等关键信息。

信息汇总与整理。对于采集到的相关信息，需进行科学、系统的汇总整理。这一过程涵盖了对信息的分类处理、编码标识以及验证核实等多个环节，旨在确保信息的准确性、全面性、完整性和可追溯性。通过上述一系列步骤，将构建起突发事件信息库，为后续工作提供坚实的数据基础。

应急信息发布与传播。应急信息发布拥有一套规范的标准和流程，通过新闻媒体、互联网、短信、微信等多种渠道及时向社会公众发布应急信息。

应急信息交流与共享。应急信息共享平台为信息交流和共享提供了有效渠道，能够推动各级政府、相关部门和救援力量等主体间交流和共享应急信息。

6.3.1.4　组织动员机制

应急管理的组织动员机制是指在突发事件发生时，为了高效地动员和组织各级政府、相关部门及社会力量参与应急处置工作而建立的一套机制，构成了发动社会各界广泛参与的重要基础[①]。组织动员机制主要包括以下内容。

领导体系。在组织架构层面，组织动员机制强调健全的应急管理领导体系，要求明确各级政府和相关部门的职责权限，建立应急管理指挥系统，确保指挥一致、行动统一。

动员指挥。在行动层面，应通过调度会议、通知、命令等方式，快速动员和组织各级政府、相关部门及社会力量参与应急处置工作，以确保应急行动的高效率。

协同配合。组织动员机制强调协同配合，各相关部门和单位之间应加强沟通和协作，形成合力。

物资保障。强化物资保障是提升应急管理能力的内在要求。这需要综合研判应急形势，遵循平战结合的原则，充分且有效地调配各类应急资源，以确保应急物资能够迅速供应并得到有效利用。

6.3.1.5　恢复重建机制

通过合理构建和运用恢复重建机制，能够有效地帮助受灾地区尽快恢复正

---

① 陈潭、梁世杰：《组织动员、社区学习与应急治理——社区公共卫生应急治理的响应范式与实践逻辑》，《社会科学》2021 年第 12 期。

常的生产生活，减轻灾后影响。恢复重建机制主要包括以下要素。

灾情评估。灾害事件发生后，需要及时进行灾情和损失的评估，确定恢复重建的优先顺序和策略。

重建规划。灾后恢复重建是一项系统工程，通常涉及长、中、短期规划，应明确不同规划的目标、任务和措施，调动各方主体参与其中。

重建行动。结合灾情评估结果以及重建规划确定的目标和任务，制定具体的重建方案，调配相应的人力、物力、财力等资源，扎实推进重建行动。

监测评估。灾后重建的监测和评估旨在实施追踪调查，对恢复重建项目的实施效果进行监测和评估，确保灾后重建工作取得持续进展。

6.3.1.6　危机学习机制

危机学习机制是指针对突发事件的处理过程进行全面的评估，从历史中总结经验教训，不断提升应急适应能力和危机管理水平的一种机制[①]。换句话说，通过发现问题、完善和优化流程，以确保同类事件不再发生或减少损失。

总结与评估工作。在突发事件结束后，需要对该事件进行全面的总结和评估，包括发生原因、处理效果、社会影响等，为提高应急能力提供基础。

完善管理规章制度。在制度层面，突发事件往往会暴露组织管理存在的缺陷，分析和填补应急管理的制度漏洞，有助于为突发事件的应对提供制度保障。

优化应急工作流程。在流程层面，反思应急实践的教训，剖析应急流程中存在的不足，对应急管理工作流程进行优化，有助于推动应急管理工作更加协调、有序和高效。

更新应急预案。在行动层面，危机学习和应急预案的更新具有紧密的联系，在已有预案框架的基础上，结合危机学习的成果以及危机应对的新形势，对应急预案进行适应性更新，有助于快速有效应对具体的危机情境。

6.3.2　应急管理机制的预期价值

应急管理机制是应急管理系统的运作过程与方式，科学顺畅的运行机制是现代化应急管理体系的重要特征，有助于提升应急管理的能力与水平[②]。在实践运行环节，应急管理机制通常被赋予相当高的期待，一般认为，其具有全链条

---

① 王庆华、孟令光：《价值、管理与行动：理解危机学习的三重面向》，《行政论坛》2023 年第 5 期。

② 温志强、王彦平：《情景—演练—效能：中国特色应急管理能力现代化的行动逻辑》，《理论学刊》2024 年第 2 期。

管理导向、全域化管理导向、全要素管理导向的预期价值。

6.3.2.1　全链条管理导向

应急管理机制的全链条管理导向是指将应急管理的各个主体、环节和要素进行有机协同，实现全过程的有效应对，以提高防灾减灾救灾能力。

第一，注重规划和预防。在应急规划和预防阶段，应明确政府、企事业单位、社会组织等各参与主体的角色责任，对各级政府、社会组织和企业等力量进行整合，以更好预防和减轻突发事件的影响。

第二，注重应急响应。在应急响应阶段，应实现应急资源的统一调度，建立起有效的指挥系统和信息共享机制，提升应急响应效率。

第三，注重救援和救护。在救援救护阶段，应实现各类救援队伍、救援装备和救援资源的整合和协同，确保各项救援工作有序进行。

第四，注重恢复和重建。在恢复和重建阶段，应实现各方力量的整合和协同工作，加强资金和物资的支持，推动恢复重建工作的顺利进行。

6.3.2.2　全域化管理导向

全域化管理导向是指在应急管理中，着力实现管理范围的区域覆盖，不仅仅局限于特定的地区，而是将应急管理的范围扩大到全域。这具体包括以下几个方面。

第一，突出跨域的信息共享。全域化管理要求在应急管理中实现跨区域的信息共享。通过构建信息平台和通讯网络，及时、准确地传递信息，确保跨区域行动主体能够及时了解和掌握突发事件的情况，做出科学决策和有效应对。

第二，突出跨域的应急准备。制定跨区域应急联动预案、组建应急联动救援队伍、加强应急物资储备等，确保在发生跨域突发事件时能够快速反应，迅速组织调度相应的资源和力量。

第三，突出跨域的协同合作。在全域化管理中，通过跨域协同合作的安全培训、科学规划、防灾减灾等措施，有助于减少跨域突发事件的传导性危害。

6.3.2.3　全要素管理导向

全要素管理将应急主体、资源、方式等进行充分匹配，以增强抗灾能力和应急管理能力。这具体包括以下几个方面。

第一，强调应急资源共享。这要求整合政府、市场和社会应急资源，包括物资、设备、信息等，建立健全资源共享机制，确保各类资源能够及时调配和使用。

第二，强调应急主体联动。这要求积极推动社区居民、企业组织、社会团体、志愿组织和专业协会等主体参与应急管理工作，加强应急教育和宣传，提高全社会对应急管理的认知度和参与度。

第三，强调应急能力建设。全要素管理要求全面提升应急管理能力，通过加强培训和演练，不断提高参与者的应急管理能力，包括组织领导能力、资源调度能力、应急指挥能力、应急救援能力等。

6.3.3　应急管理机制面临的挑战

伴随全球风险社会的深度演化，新兴风险、巨灾、跨界危机频繁发生，相互叠加，对应急管理提出了新的挑战[①]。在此背景下，应急管理机制在实践中主要面临制度与政策因素、组织与队伍因素、资源与能力因素三个方面的挑战。

6.3.3.1　制度与政策因素

其一，法制体系有待完善。我国应急管理法律法规、规章制度、标准规范不断趋向成熟，但应急管理立法体系建设还存在缺少“基本法”、应急法律规范之间存在交叉冲突、体系架构不完备、法律保障机制不健全等问题[②]，使得在实践环节中指导性和操作性不足，导致部分应急管理工作难以有效推进。

其二，政策配套不足。近年来，随着国家应急管理法制建设的不断推进，地方应急管理的配套制度或政策建设也不断加强，然而，仍然有一些地方的应急管理实践或是缺乏配套制度，使得部分领域的应急工作难以有效推进和落地；或是相关政策与应急能力不协调，导致应急管理过程面临挑战，如一些部门以政策模糊或责任配套不明的理由，逃避承担应急协同或配合工作。

其三，应急预案不健全。应急管理需要制定完善应急预案来应对各种突发事件，但有些地方在应急预案的编制和更新方面面临挑战，导致应急管理的能力不足。

6.3.3.2　组织与队伍因素

其一，组织架构不明确。在巨灾、跨界突发事件冲击下，应急管理通常涉及多个部门和单位的协调合作，如果组织架构不合理或缺乏明确的责任划分，将导致部门之间职责不清、协调困难，从而影响应急响应的效率。

其二，组织沟通不畅。应急管理需要各部门之间的密切协作。如果缺乏跨

---

① 张海波：《中国应急管理的适应性：理论内涵与生成机理》，《理论与改革》2022年第4期。
② 周孜予、杨鑫：《“1＋4”全过程：我国应急管理法律体系的构建》，《行政论坛》2021年第3期。

部门、跨单位的合作机制，不仅协调工作难以进行，资源协同利用也会受到限制。现实中，一些跨区域的突发事件处理困境，主要源自各部门之间信息沟通渠道不畅通，信息共享不及时。

其三，组织专业性不足。应急管理的专门机构不健全，特别是基层应急专业队伍不足，导致有的地方应急工作时常出现被动局面。面对复杂的突发事件，一些管理人员缺乏专业培训和实践经验，导致应急管理工作的效果不佳。

6.3.3.3 资源与能力因素

其一，财力资源不足。应急管理需要大量的资金来购买设备、培训人员、组织演练等。但是，由于财政预算有限，一些地方在应急管理方面的投入较少，导致资源不足，影响应急管理的效果。

其二，人力资源不强。应急管理工作离不开专业人才的支持，但是目前一些地方的专业人才，尤其是复合型应急管理人才相对稀缺，这在很大程度上制约了其应急管理工作进展。

其三，技术资源不优。应急管理需要各种先进的科学技术来进行监测、预警、救援等工作，但是有些地方在技术研发、投入和使用等方面面临挑战，导致科技赋能应急管理的效能受阻。

6.3.4 应急管理机制的整体优化

应急管理机制在应急管理过程中发挥着重要作用。应根据当前应急管理机制面临的挑战，在全链条管理、全域化管理和全要素管理视域下实现机制的整体优化，这包括应急队伍建设、应急资源建设、应急能力建设、应急手段建设和应急文化建设。

6.3.4.1 应急队伍建设

加强应急队伍建设有助于提升应急管理能力，有效应对和处置各类突发事件。

一是完善机构设置。应建立健全应急管理体系，发挥应急管理机构在应急政策制定、应急演练组织、应急资源协调等环节的作用，进一步明确各部门与组成人员的职责和权限。

二是优化人员配备。应加强应急管理人才的培养和选拔，招聘和培训应急管理专业人员，提高应急管理队伍的素质和能力，并建立相应的激励机制，留住优秀人才。

三是强化部门协调。应建立完善应急信息管理系统，实现信息共享、统一管理和快速响应，提高应急管理的效率和准确性。同时，建立健全跨部门的协调机制，加强各部门之间的沟通和协作，形成应急管理的合力。

6.3.4.2　应急资源建设

在应对各种突发事件时，应急资源建设强调对资源进行储备、调配、维护等一系列工作，这些资源包括财力资源、人力资源、技术资源等。

一是加强应急资源的储备。在储备物资时，应结合突发事件的种类、影响程度和处置难度等因素，对物资类型、规格、数量等进行全面和动态分析，加强对紧缺和重要的应急资源的储备力度，确保应急资源供给的有序、稳定和可持续。

二是加强应急资源的调配。在应对各种突发事件的过程中，为确保应急物资能够迅速、有效地使用，需要完善应急物资管理系统，实现应急物资的库存管理、调配管理、运输管理等有机衔接，确保物资供应。

三是加强应急资源的维护。完善应急资源管理制度，及时做好物资的统计、登记、保管和定期检查，加强对应急物资的维护和更新，确保其质量和性能，以增强应对灾害的能力。

6.3.4.3　应急能力建设

应急能力建设是指在应急实战导向下，通过采取一系列措施提升行动主体应急管理的素质和水平。

一是组织实战演练。根据行业和地域等实际情况，开展常态化应急预案演练，模拟各类突发事件，评估和分析应急响应的效果与不足之处，及时进行总结。

二是社会互助建设。通过加强公共宣传、发展社会救助事业、营造正确的社会舆论氛围等方式，加强“自救、互助、共赢”的应急宣传，营造促进应急治理共同体建设的社会环境。

三是安全共识培养。增强公众的自我保护意识和安全意识，在社会各界形成应急管理的共识。同时，加强跨部门和跨地区之间的协同合作，增强应急管理工作的联动效应。

6.3.4.4　应急手段建设

应急手段建设是指完善各类应急策略和方式，以提高组织对突发事件的应对能力。

一是完善监测预警。完善监测预警机制、预警发布机制和信息传递机制，确保及时、准确地发布预警信息，为突发事件的应对提供信息化支撑。

二是优化应急预案。定期评价和更新应急预案，对应急预案的具体内容和操作流程等进行审查和改进，以提高应急管理的灵活性和适应性。

三是科技赋能支撑。不断更新信息化系统、遥感监测、模拟仿真等技术，借助相关技术手段开展应急管理工作，为应急管理工作插上技术的翅膀，提高应急管理的效能。

6.3.4.5 应急文化建设

应急文化建设是指在全社会推广、宣传和普及应急知识，增强全民应急意识，提高抵御突发事件的自救互救能力，主要包括以下内容。

一是应急管理制度化。推进应急管理工作的制度化，建立和完善应急管理法制体系，对各类突发事件的应急处置进行规范和指导，确保应急管理工作在法制轨道内运行。

二是应急演练实战化。应急文化建设中，需要组织各类应急演练活动，提高群众应急反应能力和自我保护意识，营造全民参与应急的氛围。应急演练可以从小规模的单位或社区演练开始，逐渐增加演练难度，扩大演练范围，以提升演练的实效。

三是应急宣教常态化。定期开展应急宣传教育活动，普及大众关于应急管理的相关知识，以及共享各种应急预案和救援信息，同时加强在学校、企业、社区等场所的应急知识教育，营造全民参与应急的文化氛围。

阅读材料

全国安全生产事故和“一案双罚”典型案例

（一）福建泉州欣佳酒店“3·7”重大坍塌事故

1. 事故简述

2020 年 3 月 7 日，福建省泉州市鲤城区欣佳酒店所在建筑物发生坍塌事故，造成 29 人死亡、42 人受伤，直接经济损失 5 794 万元。

2. 发生原因

事故单位将酒店建筑物由原四层违法增加夹层改建成七层，达到极限承载能力并处于坍塌临界状态，加之事发前对底层支承钢柱违规加固焊接作业引发钢柱失稳破坏，导致建筑物整体坍塌。

3. 处理结果

2021 年 10 月 17 日，福建省泉州市中级人民法院和所辖丰泽、安溪、南安、德化等4个基层人民法院，对泉州市欣佳酒店坍塌事故涉及的杨某某等13名被告人犯重大责任事故罪，伪造国家机关证件罪，伪造公司、企业印章罪，提供虚假证明文件罪，行贿罪一案，以及7起职务犯罪案件进行一审公开宣判，依法对杨某某等13名被告人和7名失职渎职、受贿公职人员判处刑罚。

4. 教训反思

一是企业违法违规肆意妄为。欣佳酒店的不法业主在未取得建设相关许可手续，且未组织勘察、设计的情况下，多次违法将工程发包给无资质施工人员，在明知楼上有大量人员住宿的情况下违规冒险蛮干，最终导致建筑物坍塌；相关中介服务机构违规承接业务甚至出具虚假报告。

二是安全发展理念不牢。涉事地方片面追求经济发展，通过"特殊情况建房"政策为违法建设开绿灯，埋下重大安全隐患；相关地方或部门对违法建筑长期大量存在的重大安全风险认识不足，房屋安全隐患排查治理流于形式。

三是地方政府有关部门监管执法严重不负责任。涉事地方的规划、住建、城管、公安等部门对欣佳酒店未取得建设相关许可手续、未取得特种行业许可证对外营业等违法违规行为长期视而不见。

四是相关部门审批把关层层失守。涉事地方消防机构、公安等有关部门及基层政府在材料形式审查和现场审查中把关不严，使不符合要求的项目蒙混过关、长期存在。

（二）"一案双罚"典型执法案例

1. 概念介绍

"一案双罚"是指因企业主要负责人不履行法定职责导致企业违反安全法律法规，不仅要对企业进行处罚，同时还将处罚企业负责人。

2. 典型案例

2023年6月30日，江苏省常州市经开区政法和应急管理局执法人员对常州某家居装饰材料有限公司开展执法检查，发现该公司粉尘清理制度落实不到位，未及时清理生产现场粉尘，致使生产车间积尘严重。

3. 处理情况

该公司上述行为违反了《安全生产法》第41条第2款的规定。经开区政法和应急管理局依据《安全生产法》第102条的规定，责令该公司限期消除事故隐患，并处人民币2万元罚款。

调查中还发现，该公司主要负责人普某某未督促检查本单位安全生产工作，未及时消除生产安全事故隐患，违反了《安全生产法》第21条第五项的规定，依据《安全生产法》第94条第1款的规定，责令其限期改正，并处人民币2.225万元罚款。

资料来源：应急管理部《2020年全国应急救援和生产安全事故十大典型案例》，https://www.mem.gov.cn/xw/bndt/202101/t20210104_376384.shtml；《2023年第二批"一案双罚"典型执法案例》，https://www.mem.gov.cn/xw/yjglbgzdt/202308/t20230818_459742.shtml；《泉州欣佳酒店坍塌事故一审宣判：13名被告人和7名公职人员获刑》https://www.fj.chinanews.com.cn/news/2021/2021-10-19/491606.html。

思考题

1. 我国应急管理制度体系包括哪些内容？

2. "一案双罚"制度对于防范安全生产事故发挥哪些作用？如何更好推进应急管理制度建设来预防和减少安全生产事故？

3. 地方性应急管理典型经验如何转化为可复制、可推广的制度举措？

第7章

应急管理能力

应急管理能力是影响应急管理绩效的一个关键因素。提升应急管理能力对于有效防范和应对突发事件具有至关重要的作用。基于上述考虑，本书将应急管理能力作为专门的一部分进行介绍。

7.1 应急管理能力的基本内涵

不断提升应急管理能力，推进国家治理体系和治理能力现代化需要明晰应急管理能力的基本内涵。本部分将通过对以下两方面内容的分析来明确应急管理能力的内涵，一是厘清应急管理能力的相关概念，二是阐明应急管理能力的主要内容。

7.1.1 相关概念辨析

7.1.1.1 能力

国内外学者分别从心理学、知识及素质等不同的角度对能力的基本定义及具体内容进行了探讨。

一是心理学视角。从心理学视角出发，能力被定义为人们在完成某件事情的过程中所具备的心理特征，而这种个体特征具体指向一种心理能力。该心理能力大致可以分为两类，一类是当前人们已经具备的能力；另一类是未来人们可能具备的潜能。例如，有研究者将能力界定为人们能够顺利完成某项任务所必须具备的个性心理特征[①]。周国韬、张明则将能力定义为人们在实践中

---

① [苏] 阿・阿・斯米尔诺夫等主编：《心理学》，朱智贤等译，人民教育出版社 1957 年版，第 488 页。

所积累和发展的个性心理特征，该特征能够直接影响人们所参与活动的效率、实践及成效[1]。在《现代汉语词典》中，能力则被解释为能够成功完成某项工作任务所应当具备的主观条件[2]。在心理学的视角之下，能力始终与个体所需完成的特定任务紧密联系在一起，且能够直接影响个体的完成效率。换言之，只有能够在任务完成过程中对个体效率产生直接影响的心理特征才属于能力的范畴之内。

二是知识论视角。从知识论的角度出发，美国当代教育管理学家托马斯·J.萨乔万尼在其著作《校长学：一种反思性实践观》中将知识等同于能力，认为知识就是一种能力[3]。但学界更为普遍的观点认为，能力并不等同于知识，两者既有区别又相互联系。具体而言，一方面，二者的区别在于：知识是人类过往历史经验的总结与凝练，能力则是指人们为完成某项活动所必须具备的心理特征及行为条件。一般认为，能力的发展较知识的获取过程更为缓慢；且知识的积累与储备是无上限的，而能力发展在经历一个特定的峰值后会呈现出逐步衰退的趋势。另一方面，二者的联系在于：能力是在知识储备的基础上发展而来的，同时，能力又是获取知识的重要条件，个人能力的高低能够在掌握知识的过程中有所体现。

三是素质论视角。从素质论的角度出发，美国哈佛大学的研究者首次提出了能力素质这一概念，即胜任力，并将能力定义为核心素质的集合，认为能力素质是能够在日常工作中对员工进行区分的潜在特质，包括知识、技能、态度以及价值观等。在冰山理论中，该研究者进一步将个人能力素质划分为冰山水面以上的、外显的部分及冰山水面以下的、内隐的部分。其中，冰山水面以上的部分主要包括较为容易被测量和评价的个人知识、技能及行为等内容；冰山水面以下的部分则主要包括较难了解和测评的动机、态度及价值观等内容[4]。《辞海》将能力定义为完成特定活动所必要的本领[5]。在素质论的视角之下，能力更倾向于指代个体在担任特定工作岗位或任务角色时所必须具备的特质及本领的集合。

综合心理学、知识论及素质论相关观点，能力可以被概括为广义和狭义两个

---

① 周国韬、张明：《教师心理学》，警官教育出版社1998年版，第96页。
② 中国社会科学院语言研究所词典编辑室编：《现代汉语词典》，商务印书馆2002年版，第9页。
③ [美]托马斯·J.萨乔万尼：《校长学：一种反思性实践观》，张虹译、冯大鸣校，上海教育出版社2004年版，第314页。
④ McClelland D C. Testing for Competence rather than for "Intelligence". American Psychologist, 1973, 28(1): 1-14.
⑤《辞海》，上海辞书出版社2000年版，第589页。

层面。就广义层面而言，能力可被定义为完成某项工作时所必须具备的心理素质和行动条件，主要包括行之有效的方式方法及所对应的心理特征。例如，在从事特定的表演活动时，要求表演者同时具备进行演出的行为方式和艺术表达力、情绪感染力等心理素质。就狭义层面而言，能力则主要单指完成某项工作所必要的心理素质。

7.1.1.2　应急管理能力

自2003年“非典”疫情暴发以来，国内学术界掀起了应急管理相关研究的浪潮，研究者们从危机、公共危机事件、应急管理、危机管理及风险管理等角度，围绕应急管理这一主题开展了较为广泛且深入的研究。但关于应急管理能力本身的研究相对较少，“危机管理能力”“应急管理能力”及“应急能力”等相关概念的具体内涵及应用边界尚未得到厘清，常常被研究者作为同一概念在研究中交叉使用。国内外学术界尚未形成对“应急管理能力”内涵的统一界定，研究者分别从素质本领、应急管理流程、政府行政能力及城市治理能力等角度对“应急管理能力”的基本内涵进行了阐释。

一是素质本领的角度。韩自强认为应急管理能力是应急管理活动相关参与者在执行和达成应急管理职责和目标时，应当掌握的各种知识、技术和资源。在这一定义的基础之上，他进一步聚焦应急管理主体，依据从宏观到微观的标准，将应急管理能力细分为国家层面、政府部门层面及应急管理者层面三个层次。首先，国家层面的应急管理能力作为国家治理能力的延伸，既涵盖与国家治理能力紧密相关的能力内容，也包括特定的构成部分。其次，在政府部门层面，应急管理能力是政府相关职能部门基于减少公共危机事件、保护公众生命财产安全的目的与使命，开展常态风险治理及应对非常态危机事件的相关能力。具体而言，以我国的应急管理部为例，其核心任务主要是通过持续的风险管理，降低公共危机事件的发生率，并在突发事件发生后迅速采取必要措施以保障公众的生命和财产安全。最后，应急管理者层面的应急管理能力则主要指从事应急管理实践工作的相关工作人员的知识储备、专业技能与职业素养[①]。有研究者从更为宏观的角度，将国家应急管理能力定义为各级政府及其职能部门、社会组织、私营部门、社会公众在面对突发事件时所展现的综合素质和能力[②]。在这一定

① 韩自强：《应急管理能力：多层次结构与发展路径》，《中国行政管理》2020年第3期。

② 李尧远、曹蓉、许振宇：《国家应急管理现代化：意涵、标准与路径》，《中国地质大学学报（社会科学版）》2017年第3期。

义中，从实施管理的主体来看，国家应急管理能力的主体不仅包括政府及其职能部门等行政力量，还涵盖了社会组织和公民个人等社会力量；从管理能力的本质来看，国家应急管理能力体现为一种受公共危机事件的发生频次与处理结果影响的素质和本领；从管理能力的体现来看，国家应急管理能力在应对突发事件的单一环节或全过程之中都能够有所体现。类似地，有研究者秉持应急能力主体范围广的观点，认为应急能力涵盖了政府、社会组织、企业和事业单位、居民家庭以及个人在应对各种危机事件时所应具备的能力和素养[①]。综合上述研究者观点，立足素质本领的视角，应急管理能力主要指政府等主体在履行应急管理职能时所必需的能力及素质的总和。

二是应急管理流程的角度。基于预防、保护、减缓、响应及恢复等应急管理阶段的划分，美国联邦政府在 2011 年发布的《全国准备目标》中将应急管理核心能力划分为包含计划、公共信息和预警、协调三项在内的通用任务及相关具体能力[②]。类似地，加拿大在其应急管理框架中，强调应急管理主要由预防和缓解、应急准备、应急响应及灾后恢复四个相互依赖的功能组成[③]。齐明山、李彦娅将政府危机管理能力定义为政府动员相关资源，对可能或已经出现的危机事件进行预测、监控和协同处理，以期有效地预防、应对和消除危机并降低损失的能力[④]。程道敏将应急管理能力定义为对突发事件的事前、事中及事后各个阶段的应对能力，且为政府执政能力的重要组成部分。具体而言，事前阶段的应急管理能力主要表现为对公共危机事件的认识、监测和预防能力；事中阶段的应急管理能力主要表现为管理主体对危机事件的应对处理能力；事后阶段的应急管理能力则主要体现在恢复重建能力上[⑤]。李湖生认为，应急管理能力是由事件预防能力、减灾能力、监测预警能力、应急处置与救援能力以及恢复重建能力等多方面构成的集合体[⑥]。相较于素质本领的视角，立足流程角度的应急管理能力相关定义在应急管理阶段划分的基础之上，从不同的层面对相关主体的具体能力进行了

---

① 赵润滋：《城市社区应急准备能力评估研究》，西北大学硕士学位论文，2018 年，第 21 页。

② 转引自游志斌、薛澜：《美国应急管理体系重构新趋向：全国准备与核心能力》，《国家行政学院学报》2015 年第 3 期。

③ 姚国章、谢润盛：《加拿大应急管理框架》，《中国应急管理》2008 年第 11 期。

④ 齐明山、李彦娅：《社会转型时期政府危机管理能力的缺失及其提升路径分析》，《天津行政学院学报》2008 年第 6 期。

⑤ 程道敏：《城市社区应急管理能力建设问题研究》，中共四川省委党校硕士学位论文，2018 年，第 13—14 页。

⑥ 李湖生：《各类突发事件应对异同及健全应急管理体系相关问题探讨》，《安全》2020 年第 3 期。

界定与明晰。

三是政府行政能力的角度。王丛虎认为应急管理能力是有效应对危机和成功处置各类突发事件的基础①。陈升、刘思利将政府应急管理能力定义为应对公共突发事件时，政府采取措施整合、支配资源，以期减少利益损失、维护公众生命财产安全的能力②。韩志明认为，政府公共危机管理能力的本质在于，在危机期间，政府是否有能力采取适当的措施，以及这些措施的效果如何③。在该角度的研究看来，政府是从事应急管理事业的核心主体，因而有关应急管理能力的定义也主要围绕政府行政能力而展开。

四是城市治理能力的角度。有研究者认为城市应急管理能力指通过持续提升制度、行动、资源和精神等各方面综合能力，优化应急管理体系④。杨文光、尚华和罗琮则认为城市应急管理能力包括资金支持能力、事故预防能力等⑤。

7.1.2　主要内容

7.1.2.1　应急管理主体

立足不同应急管理主体的划分，研究者们分别对国家、政府、社会以及领导干部个体等相关主体的应急管理能力主要内容进行了阐述。

（1）国家层面

有研究者认为国家层面的应急管理能力主要包括相关的国家治理能力以及特定的构成部分。具体而言，与国家治理能力相关的能力主要包括依法治国、依法执政、推动经济高质量发展以及建设完善的社会主义先进文化和价值体系等九项基础性能力。以依法治国、依法执政的能力及推动经济高质量发展的能力为例，其基础性主要体现为能够在预防危机事件及危机事件发生后的处置过程中都发挥重要作用，任何阶段与环节都无法脱离开基础性能力而运作。国家应急管理能力的特定构成部分主要包括：① 政治和社会动员能力；② 应急资源储备与生存能力；③ 应急装备与科研水平；④ 危机学习能力。其

---

① 王丛虎：《总结成功经验持续推动理论与实践创新》，《中国应急管理报》2021 年 12 月 11 日。
② 陈升、刘思利：《政府应急管理能力及应急管理绩效的比较实证研究——基于汶川地震与芦山地震受灾群众的视角》，《灾害学》2016 年第 3 期。
③ 韩志明：《政府公共危机管理能力的不确定性分析》，《湖北社会科学》2007 年第 3 期。
④ 马建珍：《关于提升南京城市应急管理能力的调查与思考》，《中共南京市委党校学报》2010 年第 5 期。
⑤ 杨文光、尚华、罗琮：《改进 TOPSIS 方法下的全国城市应急管理能力评估研究》，《数学的实践与认识》2020 年第 14 期。

中，政治和社会动员能力直接决定了应急管理中能否形成多主体协同共治的合力局面[①]，见表 7－1。

表 7－1 国家层面应急管理能力主要内容[②]

国家层面应急管理能力	国家治理能力	依法治国、依法执政的能力
		推动经济高质量发展的能力
		建设完善社会主义先进文化和价值体系的能力
		统筹保障民生，满足人民日益增长的美好生活需要的能力
		维护国家安全和社会稳定的能力
		发展社会主义民主，实现社会治理共建共治共享的能力
		促进人与自然和谐共生，实现可持续发展的能力
		构建职责明确的政府治理体系，实现对权力运行的有效制约和监督的能力
		参与全球治理，推动构建人类命运共同体的能力
	特定组成部分	政治和社会动员能力
		应急资源储备与生存能力
		应急装备与科研水平
		危机学习能力

有研究者基于国家应急管理体系这一基础，对国家应急管理能力的基本概念进行了厘清。该观点认为，按照具体功能划分，国家应急管理体系可以划分为五个面向：应急统筹协调、应急处置与救援、应急资源和物资保障、应急信息管理、应急预警和决策辅助。这五个面向相关的能力整合协同，构成了国家应急管理能力的主体部分[③]。

① 韩自强：《应急管理能力：多层次结构与发展路径》，《中国行政管理》2020 年第 3 期。
② 参见韩自强：《应急管理能力：多层次结构与发展路径》，《中国行政管理》2020 年第 3 期。
③ 姜长云、姜惠宸：《新冠肺炎疫情防控对国家应急管理体系和能力的检视》，《管理世界》2020 年第 8 期。

（2）政府层面

在政府部门层面，有研究者认为应急管理能力主要是指应急管理部门所要求具备的相应能力。根据我国应急管理工作开展的实践情况，应急管理部门的主要职能可以从危机事件发生之前的风险治理、日常准备以及事件发生后的处置响应这三个角度来理解。因而，部门层面的应急管理能力主要涵盖了风险治理、准备与响应三个阶段所需具备的能力与本领，包括三个阶段都涉及的通用能力与特定阶段所需的具体能力①，见表7-2。

表7-2　应急管理部门能力主要内容②

<table>
<tr><th colspan="4">应急管理部门能力</th></tr>
<tr><td colspan="4">1. 参与式规划与预案制定能力；
2. 信息开放、共享与内外沟通能力；
3. 协同合作的意识和能力</td></tr>
<tr><td rowspan="2">风险治理</td><td rowspan="2">应急准备</td><td colspan="2">应 急 响 应</td></tr>
<tr><td>主导能力</td><td>支持能力</td></tr>
<tr><td>风险评估</td><td>参与式规划编制</td><td>消防</td><td>交通</td></tr>
<tr><td rowspan="2">危险源识别与处置</td><td>社区与城乡韧性建设</td><td>搜救</td><td>基础设施与生命线</td></tr>
<tr><td>内部教育、培训演练</td><td>事态评估</td><td>环境安全与危化</td></tr>
<tr><td rowspan="2">脆弱性评估与减缓</td><td rowspan="2">面向公众的风险与危机沟通、宣教与预警</td><td>后勤与物资保障</td><td>现场秩序与维护</td></tr>
<tr><td>民生保障</td><td>伤亡、急救与公卫</td></tr>
</table>

有研究者提出，在新时代应急管理体制改革的背景之下，政府应急管理能力的核心内容涵盖以下四个方面：① 各部门、各层级与全社会的有效协同能力；② 预防为主和快速反应的平战结合能力；③ 发动群众和有效组织资源的动员能力；④ 遏制突发事件高发态势的超稳定能力③。

① 韩自强：《应急管理能力：多层次结构与发展路径》，《中国行政管理》2020年第3期。

② 参见韩自强：《应急管理能力：多层次结构与发展路径》，《中国行政管理》2020年第3期。

③ 李宏、邓芳杰、唐新：《论新时代政府应急管理的四大核心能力》，《中国人民公安大学学报（社会科学版）》2020年第3期。

（3）社会层面

有研究者认为，风险治理存在国家、市场和社会三种机制。其中，社会韧性属于社会机制范畴，强调面对外界不确定性与扰动因素时，社会系统自身所具有的调节、恢复和适应能力，以维持社会结构的总体均衡。社会韧性的建构需要在对社会系统进行脆弱性分析的基础上，注重社会包容性、社会连接性和社会能动力的建设[①]。

有研究者根据不同的应急管理主体，如领导、干部队伍、救援队伍、社会力量及公众等，将应急管理能力划分为领导指挥决策能力、干部队伍执行能力、救援队伍行动能力、社会协同参与能力、公众自救互救能力等几个方面[②]。

也有研究者将城市应急管理能力划分为四个关键方面：制度能力、行动能力、资源能力和精神能力。在制度能力方面，主要包括五个核心要素。首先，需要具备权威且专业的应急管理组织部门，负责全面统筹和协调应急管理工作。其次，建立高效的危机决策制度，并形成与之相配套的参谋咨询与信息系统，以确保决策的科学性和准确性。第三，完善公开的信息发布制度，及时向公众传递危机信息和应对措施。第四，建立健全法治保障制度，为应急管理提供法律支持和约束。最后，明确行政责任制度，确保各级政府和相关部门在应急管理中承担起各自的责任。在行动能力方面，主要包括预防能力、快速反应能力、决策能力、联动能力、沟通能力、社会动员能力和反思学习能力。在资源能力方面，主要指的是人力资源、物质资源和技术力量。精神能力主要包括政府的号召力、凝聚力、影响力和公信力[③]，见表7-3。

表7-3　城市应急管理能力主要内容[④]

主要维度	核　心　能　力
制度能力	权威专业的应急管理组织部门
	高效的危机决策制度及与之配套的参谋咨询与信息系统

① 赵方杜、石阳阳：《社会韧性与风险治理》，《华东理工大学学报（社会科学版）》2018年第2期。
② 李湖生：《各类突发事件应对异同及健全应急管理体系相关问题探讨》，《安全》2020年第3期。
③ 中共南京市委党校课题组：《关于提升南京城市应急管理能力的调查与思考》，《中共南京市委党校学报》2010年第5期。
④ 参见陈升、刘思利：《政府应急管理能力及应急管理绩效的比较实证研究——基于汶川地震与芦山地震受灾群众的视角》，《灾害学》2016年第3期。

续　表

主要维度	核　心　能　力
制度能力	公开的信息发布制度
	完善的法治保障制度
	行政责任制度
行动能力	预防能力
	快速反应能力
	决策能力
	联动能力
	沟通能力
	社会动员能力
	反思学习能力
资源能力	人力资源
	物质资源
	技术力量
精神能力	号召力
	凝聚力
	影响力
	公信力

（4）个体层面

在应急管理个人层面，针对我国应急管理相关管理人员、专职技术人员及兼职工作人员所开展的培训活动及其主要内容，有研究者将应急管理能力划分为应急管理专业知识与公共管理意识、科学素养以及领导特质三部分①，见表7－4。

① 韩自强：《应急管理能力：多层次结构与发展路径》，《中国行政管理》2020年第3期。

表 7-4　个人层面应急管理能力主要内容[①]

应急管理职业素养		
知 识 体 系	领 导 力	科学素养
应急管理知识	政治担当	系统思维
	开放透明和合作	
公共管理与法律政策	人民为本职业操守	辩证思考
	内外沟通互动	
信息技术应用	合作协同	终身学习
	危机学习	

另有研究者认为，领导者在应急管理中发挥着核心作用，进而从领导者的多重角色出发，阐述了领导者应具备的应急管理能力。《国家公务员通用能力标准框架（试行）》对公务员公共危机能力提出了如下要求：① 有效掌握工作相关信息，及时捕捉带有倾向性潜在性的问题，制定可行预案并争取把问题解决于萌芽之中；② 正确认识和处理各种社会矛盾，善于协调和处理不同利益关系；③ 面对公共危机，头脑保持清醒[②]。作为公共安全的首要维护者、危机过程的关键决策者、危机决策的执行监督者以及危机过程中的多重责任者，除去前述公务员所必须具备的通用性能力，领导者还应当具备敏锐洞察的能力、统领全局的能力、快速决策的能力、组织协调的能力以及处乱不惊的能力[③]。

有研究者提出，领导的应急管理能力不仅体现为其在履行应急管理职责时所应具备的个人基本素养和专业理论水准，更全面地涵盖了突发事件发生前的风险感知和风险研判、发生过程中的危机处置，以及发生后的危机成长；最终体现为最大限度保护人民群众的生命财产安全，以及维护社会生产生活平稳有序开展的综合能力。研究者认为，领导的应急管理能力应包括政治素养、基础能力、专业应急、舆论沟通、应急处置、风险研判和危机成长 7 个维度；个人修

① 参见韩自强：《应急管理能力：多层次结构与发展路径》，《中国行政管理》2020 年第 3 期。
②《国家公务员通用能力标准框架（试行）》，《中国公务员》2003 年第 12 期。
③ 欧黎明、王云强：《领导干部应急管理能力建设概论》，红旗出版社 2016 年版，第 34 页。

养、知识技能和管理能力三个层次。其中，个人修养是具有相对稳定性的基础层次，主要体现领导干部在长期成长、学习和培养历程中所形成的应急基础素质；知识技能是支撑层次，是应急管理职责履行的前提和保障；管理能力是功能层次，该层次建立在前述两个层次的基础之上，是领导在应急管理过程中的具体行为体现①。

7.1.2.2　应急管理流程

在应急管理流程划分的基础之上，研究者从不同角度将应急管理能力进一步细化为各应急阶段所涉及的具体能力。

美国联邦政府在对通用能力与具体领域能力进行划分后，进一步将具体领域能力细化为预防、保护、减缓、响应和恢复五个阶段的各项能力。其中，预防能力主要包括取证与归因、情报与信息共享、封锁与中断、监控、搜索与监测等方面能力。保护能力主要涉及进入控制和身份确认、网络安全情报与信息共享等方面能力。减缓能力主要涵盖社区减灾、长期脆弱性减灾、风险和抗逆力评估、威胁和危害确认等方面能力。响应能力主要包括关键交通、环境响应、健康和安全、遗体处理服务、基础设施系统、大规模人员照顾服务、大规模搜寻和救援行动、现场安全、操作沟通、公共及私人服务资源、公共医疗健康服务及情势评估等能力。恢复能力主要包括经济恢复、健康服务、住房建设、基础设施建设以及自然和文化资源保护等能力②。

有研究者在综合危机管理“4R 理论”相关观点的基础之上，结合《突发事件应对法》，认为国家应急管理能力主要包括预防与准备、监测与预警、处置与救援以及恢复与重建等四方面能力。其中，预防与准备能力的提升主要是指提高应急基础设施水平、防范重大危险源、开展应急管理知识科普宣教、储备应急物资、壮大应急救援力量以及研发应急技术与设备等方面的能力与水平；监测与预警能力主要体现在应急信息系统和突发事件监测体系的有效性和科学性，突发事件预警的准确性和及时性以及突发事件预警措施的科学性和可行性；处置与救援能力主要包括应急措施的有效性和及时性，突发事件事态信息发布的及时性和准确性，救灾秩序的维护和民众自救互助能力等方面；恢复和重建能力主要体现在次生灾害的防范措施、灾后社会秩序的恢复、重建计划的制定、生产生活秩

① 叶龙、史静怡、杜英歌等：《新时代党政领导干部应急管理能力结构维度及其测量研究》，《北京交通大学学报(社会科学版)》2023 年第 3 期。

② 丁留谦、李娜、王虹：《美国应急管理的演变及对我国的借鉴》，《中国防汛抗旱》2018 年第 7 期。

序的重建、灾害补偿的合理性以及灾后总结等多个方面的稳定性和合理性[①]，见表7－5。

表7－5　国家应急管理能力主要内容[②]

主要维度	核心能力
预防与准备能力	应急基础设施
	重大危险源防范
	应急管理知识科普宣教
	应急物资
	应急救援力量
	应急技术与设备
监测与预警能力	应急信息系统
	突发事件监测体系
	突发事件预警
	突发事件预警措施
处置与救援能力	应急措施
	突发事件事态信息发布
	救灾秩序
	民众自救互助能力
恢复与重建能力	次生灾害防范措施
	灾后社会秩序
	恢复重建计划
	生产生活秩序恢复
	灾害补偿以及灾后总结

① 李尧远、曹蓉、许振宇：《国家应急管理现代化：意涵、标准与路径》，《中国地质大学学报(社会科学版)》2017年第3期。

② 参见李尧远、曹蓉、许振宇：《国家应急管理现代化：意涵、标准与路径》，《中国地质大学学报(社会科学版)》2017年第3期。

也有研究者从备灾、减灾、响应及恢复四个阶段出发，认为备灾与减灾两个阶段同属于危机事件发生前的准备阶段，继而在备灾、响应与恢复三个应急管理阶段的基础上，将政府应急管理能力划分为：① 应急准备能力；② 信息处理能力；③ 应急救援能力；④ 资源整合能力；⑤ 恢复稳定能力[①]，见表7-6。

表7-6 国家应急能力主要内容[②]

应急管理过程	政府应急能力
备灾	应急准备能力
	信息收集能力
响应	应急救援能力
	资源整合能力
恢复	恢复稳定能力

程道敏将应急管理过程分为事前、事中及事后三个阶段，并认为应急管理能力主要包括：应急认知能力、信息处理能力及监测预警能力；应急处置能力、应急保障能力；居民反应能力、社会疏导能力；应急动员能力。具体而言，应急认知能力主要涉及信息收集、信息处理和预警发布；信息处理能力主要是指相关应急信息接收、存储、转化、传送和发布等能力；监测预警能力主要包括启动应急机制、组建应急工作机构、开展应急救援、公布事件以及恢复重建；应急处置能力主要是指为尽快控制和减少突发事件发生所带来的负面影响而采取一系列应急举措的行动能力；应急保障能力为对所需要人力、物资、资金、信息通信技术及制度等应急资源的动态管理能力；居民反应能力主要是指居民自救能力、居民互救能力以及居民家庭应急准备能力；社会疏导能力包括组织疏散能力以及指挥协调能力；应急动员能力主要涉及应急宣教、应急演练以及组织捐赠等工作[③]。

钟开斌基于突发事件生命周期和应急管理链条式闭环过程，将领导干部的

① 陈升、刘思利：《政府应急管理能力及应急管理绩效的比较实证研究——基于汶川地震与芦山地震受灾群众的视角》，《灾害学》2016年第3期。

② 参见陈升、刘思利：《政府应急管理能力及应急管理绩效的比较实证研究——基于汶川地震与芦山地震受灾群众的视角》，《灾害学》2016年第3期。

③ 程道敏：《城市社区应急管理能力建设问题研究》，中共四川省委党校硕士学位论文，2018年，第13—14页。

应急管理重点任务划分为11项，并根据具体任务内容划定了过程性核心能力。其中，事前阶段的重点任务是防发生、防范异态，主要包括源头防范、风险管控、应急准备及监测预警四项能力；事中阶段的重点任务是防扩大、控制事态，主要包括事态研判、信息报告、决策部署、组织指挥以及舆论引导五项能力；事后阶段的重点任务为防反弹、恢复常态，主要包括恢复重建和调查学习两项能力[①]，见表7-7。

表7-7　应急管理11项过程性核心能力[②]

事件阶段	重点任务	核心能力
事前（孕育潜伏）	防发生、防范异态	源头防范
		风险管控
		应急准备
		监测预警
事中（爆发持续）	防扩大、控制事态	事态研判
		信息报告
		决策部署
		组织指挥
		舆论引导
事后（衰减平息）	防反弹、恢复常态	恢复重建
		调查学习

综合上述国内外研究者对应急管理能力内涵所持的观点，可以对应急管理能力进行如下界定：所谓应急管理能力，是指应急管理相关部门及其工作人员等主体，为维护社会运行秩序稳定和保护公众生命财产安全，在从预防与准备、监测与预警、处置与救援到恢复与重建的突发事件完整周期内，通过一系列科学高效的应急方法及手段，最大限度降低突发事件危害性所体现的综合能力。

① 钟开斌：《应急管理十二讲》，人民出版社2020年版，第27页。
② 钟开斌：《应急管理十二讲》，人民出版社2020年版，第27页。

7.2 应急管理能力的影响因素

根据其性质，影响一个国家或地区应急管理能力的因素可以被划分为内部影响因素与外部影响因素。其中，内部影响因素包括应急管理体系建设、应急指挥系统运行、信息公开机制完善、管理主体能力素养、应急救援队伍培养及应急资源管理配置等；而外部影响因素则主要包括宏观经济发展环境、社会公众应急意识及大众传媒发展水平等。总体而言，应急管理能力的影响因素主要包括以下几个方面：

7.2.1 应急管理体制机制

7.2.1.1 应急管理体制

应急管理体制通常是指应急管理机构的组织形式，也是政府行政管理体制的重要组成部分[①]。一般而言，应急管理体制涵盖横向与纵向机构、政府机构与社会机构，是由领导统筹决策机构、专项应急指挥机构以及日常事务处理机构等不同机构所构成的复杂系统[②]。

具体而言，应急管理体制主要涉及管理机构统筹指挥与职责分工两个层面的组织关系。其中，统筹指挥主要指指挥部门履行指导决策职能，综合协调各职能部门参与应急管理工作；职责分工则指各部门按照应急管理职能划分，各司其职，综合统筹部门资源，充分发挥专业优势，建立信息共享机制，积极促进协同合作，凸显应急优势互补，在应对突发事件的全过程中认真履行应急处置工作职责。

7.2.1.2 应急管理机制

应急管理机制指预防与应急准备、监测与预警、应急处置与救援以及善后恢复与重建等方面的系统化应急管理方法和措施，涵盖了应急管理工作流程、工作职能以及工作重点等内容。近年来，我国的应急管理机制在应对各类突发事件的实践过程中不断完善。

就应急管理机制而言，基于防范化解风险、提高应急能力以及确保公众安全

---

① 钟开斌：《“一案三制”：中国应急管理体系建设的基本框架》，《南京社会科学》2009年第11期。

② 薛澜、钟开斌：《国家应急管理体制建设：挑战与重构》，《改革》2005年第3期。

的目的，我国在整合优化应急管理职能职责、专业力量与社会资源的基础之上，组建了应急管理部，形成了统一指挥、专常兼备、反应灵敏、上下联动的应急管理体制①。应急管理机制运行是否协调高效将直接从组织制度层面影响应急管理主体能力水平的发挥。

根据《突发事件应对法》的相关规定，我国的应急管理机制主要由包括预防与应急准备机制、监测与预警机制、信息报告与通报机制、应急指挥协调机制、信息发布与舆论引导机制、社会动员机制、善后恢复与重建机制、调查评估和学习机制以及应急保障机制在内的九项机制构成，能够从全过程、多阶段的基础层面对应急管理能力产生影响。其中，预防与应急准备机制是指在危机事件发生之前，应急管理相关主体通过采取预案编制、宣传教育以及应急演练等系列风险管理行为，以达到消除或降低危机事件发生可能性及危害性的目的；监测与预警机制是指为减少危机事件的发生概率及损失，采取风险监控及隐患排查等手段，争取尽早发现突发事件苗头并及时预警；信息报告与通报机制是指高效整合突发事件相关信息资源，建立健全统一信息集合平台，打通信息交流共享渠道，实现应急管理主体间信息的互联互通；应急指挥协调机制是指综合各方信息及专家建议，促进科学高效地开展应急决策与处理；信息发布与舆论引导机制是指及时、准确地向社会公众发布危机事件及其处置等相关信息，定期开展应急知识宣教活动，提高信息公开透明度，掌握舆论导向主动权；社会动员机制是指积极动员、正面激励、有序引导社会力量参与突发事件处置工作，增强社会层面的应急意识与能力；善后恢复与重建机制是指在突发事件处置后期，尽快恢复生产生活原有秩序，尽力将灾害损失降到最低程度，实现非常态管理阶段向常态管理阶段的平稳过渡；调查评估与学习机制是指借助第三方机构等评估主体，对应急管理工作全过程多阶段开展评价工作，以及时发现问题、提出方案、改进不足；应急保障机制是指通过规范应急物资的生产、储备、调配以及运输等工作程序，实现应急物资的高效供给与配置②。

7.2.2 应急管理保障体系

应急管理保障是支持应急管理工作有效开展的重要基础，能够从多维度、多

---

① 马宝成：《加快推进应急管理体系和能力现代化》，《中国应急管理科学》2020 年第 7 期。
② 钟开斌：《“一案三制”：中国应急管理体系建设的基本框架》，《南京社会科学》2009 年第 11 期。

层面对应急管理能力产生重要影响。现代化应急管理保障体系主要包括应急预案规划、应急物资储备、应急医疗救助、应急交通运输以及应急通信联络等。

7.2.2.1 应急预案规划

应急预案规划是针对突发事件提前制定的应急管理工作计划①,具体指为应对可能发生的紧急情况,提前制定一系列详细的行动计划和管理措施的过程。这个过程旨在通过预先的准备和规划,最大限度地减少紧急事件对人员、财产和环境的影响,保障公共安全和社会秩序。从体系层面来看,应急预案可以划分为综合应急预案、专项应急预案及现场处置方案②。其中,综合应急预案是应对各类突发事件的全面文件,从宏观层面上阐明突发事件处置的总体指导方针、政策、组织及相应职责,对应急措施、行动及保障等程序工作提出规范性要求。专项应急预案是根据综合应急预案的整体规划和指导,针对各类突发事件制定的应急规划方案,通常作为综合应急管理预案的附件。现场处置方案则是根据具体的设施设备、场所情境及部门岗位制定的应急管理措施,具有简明扼要、具体细致、针对性强等特点。从类型层面来看,应急预案可以划分为应急行动指南或检查表、应急响应预案、互助应急预案以及应急管理预案四类③。应急预案作为一种政策手段,在指引政府对突发公共事件管理的同时,也能够通过新闻媒介的宣传提高社会公众对政府应急管理工作的认知水平以及风险意识④。全灾种、全行业、全过程应急预案体系的健全、各级各类应急预案的有效衔接以及各类灾害快速研判响应制度的建设能够持续检验、提升应急管理能力。

7.2.2.2 应急物资储备

应急物资储备是指为应对各种突发事件而预先准备和储存的重要物资,主要包括食品、饮用水、药品、医疗设备、救援装备、通讯工具以及其他生活必需品。应急物资储备的目的在于面对突发紧急情况时能够迅速提供必要的支持和援助,满足受影响人群的基本生存需求,以及支持应急响应和恢复工作。

实际上,应急物资涉及应急过程中所需的所有物资,主要可以分为以下三类:一是基本生活保障物资,包括粮、油、水等;二是工程材料以及机械设备,主要是指应急处置过程中专业队伍所需的专业性物资;三是应急装备及配套物资,

---

① 钟开斌:《"一案三制":中国应急管理体系建设的基本框架》,《南京社会科学》2009 年第 11 期。
② 谢迎军、朱朝阳、周刚等:《应急预案体系研究》,《中国安全生产科学技术》2010 年第 3 期。
③ 吴宗之、刘茂:《重大事故应急预案分级、分类体系及其基本内容》,《中国安全科学学报》2003 年第 1 期。
④ 张海波:《中国应急预案体系:结构与功能》,《公共管理学报》2013 年第 2 期。

特指针对少数特殊突发事件所储备的特定物资[①]。相较于基本生活物资和工程材料及机械设备，特定物资具有储备量小、针对性强的特点。构建多类型及多层级的应急物资储备体系、规范各级储备库物资储备标准、健全应急物资储备管理制度、打通应急物资共享共用渠道以及推进应急物资物流及配送系统建设，能够有效夯实应急管理工作开展的物质基础。“物资稳则天下安”，科学合理的应急物资储备能够有效提升应对突发事件的能力，不断推进国家治理体系与治理能力现代化[②]。

7.2.2.3 应急医疗救助

应急医疗救助主要是指针对受到突发事件影响的群体所开展的医疗救治与援助。应急医疗救助体系主要包括应急医疗设施及应急医疗队伍两部分。其中，应急医疗设施一般包括住院、检查治疗及配套保障等的相关设施。相较于常规医疗设施，应急医疗设施具备建设速度快、功能具体化等特点。应急医疗救助在降低伤患者致残率和死亡率等方面发挥着举足轻重的作用[③]，是应急管理工作的重要一环。应急管理能力的提升要求增强常规医疗设施的应急转化能力、完善应急医疗设施的建设预案和管理方案以及加强应急医疗队伍的培训演练。

7.2.2.4 应急交通运输

应急交通运输的目的是确保应急救援力量的快速到达以及应急物资设备的及时抵运。应急交通运输体系的健全与否与应急救援工作能否顺利开展紧密关联，直接影响应急管理体系处理紧急任务与突发情况的相关能力[④]。加强应急运输绿色通道建设、保障应急救援力量优先通行以及优化应急物资投运机制能够有效提升应急医疗救治及物资后勤保障能力，以保障应急管理工作的高效、有序开展。

7.2.2.5 应急通信联络

应急通信联络主要是指综合运用通信资源与设备，统筹通信手段与方法，搭建具有临时性、紧急性的应对突发情况的通信机制[⑤]。应急通信联络的应用涉

① 张红：《我国应急物资储备制度的完善》，《中国行政管理》2009年第3期。
② 王丛虎：《构建和完善服务需求导向的应急物资保障》，《人民论坛》2022年第9期。
③ 刘厚俭、熊悦安：《紧急医疗救援应急能力建设再思考》，《中国急救复苏与灾害医学杂志》2007年第7期。
④ 张改平、萧赓、李红昌等：《我国应急交通运输体系的问题及建议》，《中国公路》2020年第7期。
⑤ 王海涛：《应急通信发展现状和技术手段分析》，《电力系统通信》2011年第2期。

及应急管理工作的全过程，其中，在突发事件发生之前，应急通信需求主要是指支持国家及地方易发多发突发事件监测及确认的通信系统需求；在突发事件发生之后，应急通信需求主要包括支持灾区救灾指挥员实施现场指挥的通信需求、现场抢救的通信需求、现场电视转播需求、灾区现场应急通信需求、灾区群众自救和呼救及对外通信的应急通信需求[①]；在恢复重建工作开展阶段，应急通信需求集中体现在重建前期，之后主要由公共通信系统支持通信工作。突发事件现场通信联络的顺畅与否，直接决定了救援工作能否高效进行，也直接影响了应急管理能力的提升[②]。近年来，我国自然灾害和新型灾害事故频发，灾害救援工作呈现出处理难度大、专业化要求高等特点[③]，这就要求应急通信联络系统能够在复杂灾害情况下确保信息通畅，保障救援工作高效开展，最大程度降低生命财产损失。

7.2.3　应急管理救援队伍

应急救援是针对破坏性突发事件所采取的预防、响应、救助及恢复的系列活动，其目的在于及时营救受害人员、迅速控制现场事态并监测评估危害程度以及有效恢复现场环境秩序并查明事件原因。加强应急救援队伍建设，提高应急救援能力是强化应急管理能力的一个关键之举。应急救援队伍建设主要包括以下三方面内容：应急救援队伍规范化建设、各级各类专家队伍建设以及社会应急救援力量发展。

7.2.3.1　应急救援队伍规范化建设

应急救援队伍规范化建设要求有效整合应急资源，建立统一领导指挥的应急救援队伍，以此保障应急救援的实战能力水平；同时，构建应急救援队伍规范化建设标准体系，对救援队伍的规章制度、人员管理、技能素养、场地保障、装置配备、教育培训、训练演练以及资金保障等重点管理内容的规范要求进行明确。

7.2.3.2　各级各类专家队伍建设

加强各级各类专家队伍建设要求建立覆盖各行业领域的应急专家队伍体系，完善应急专家队伍工作制度，形成鼓励支持相关专家参与突发事件应对的常态化工作机制，充分发挥专家智囊团的意见咨询与决策辅助作用。

---

① 吴光兴：《我国特大自然灾害下的应急通信管理方法研究》，《通讯世界》2017年第9期。

② 房凯：《重大灾害现场消防应急通信保障方法研究》，《中国新通信》2020年第21期。

③ 张昊、吕欣驰：《论重特大灾害消防应急通信技术》，《消防科学与技术》2011年第2期。

7.2.3.3 社会应急救援力量发展

社会应急救援力量的发展对于提高社会的整体应急响应能力和灾害管理效率具有重要作用。社会应急救援力量发展要求明确社会应急救援力量在应急救援队伍体系中的地位，通过政府购买服务等形式搭建起应急救援协同合作服务平台与渠道，完善救援志愿者队伍工作机制，分级分类开展志愿者队伍教育培训，健全志愿服务表彰激励机制，提高应急志愿队伍组织化程度，推动社会应急救援力量健康发展。

7.2.4 应急管理法治建设

自党的十八大以来，全面依法治国的基本方略已深入到我国各领域、各行业中。在应急管理领域的具体体现为，持续推进应急管理法治建设，进一步提高应急管理的法治化水平[①]。应急管理法治是构建应急管理体系的关键环节，既是规范应急管理的基础，也是开展应急管理工作的重要依据[②]。应急管理法治建设主要包括应急管理法制建设、应急管理标准建设以及应急管理行政执法三方面内容。

7.2.4.1 应急管理法制建设

作为应急能力获得与提升的重要保障与支撑，应急管理法制建设一方面能够促进应急管理工作更为有序且高效[③]，另一方面能够规范和平衡政府紧急权力的使用[④]。法治化之于应急管理能力的价值主要在于：一是引导和约束应急管理行为；二是明晰规定应急管理权责；三是保障应急管理物资投入[⑤]。应急管理能力的提升不仅仅在于应急管理机制设计的科学合理性，更在于其法治化发展的具体程度。我国应急管理法律体系建设虽然起步较晚，但近年来在管理实践中得到了不断的完善与发展。2007 年《突发事件应对法》的出台标志着我国的应急立法体系建设实现了从无到有、从分散到综合的历史性跨越[⑥]。2019 年，应急管理部正式提出“1＋4”应急管理法律体系建设框架构想，进一步推动了我国应急管理法治化的发展进程。其中，“1”是指应急管理法，“4”主要包括《安全

① 钟开斌：《国家应急管理体系：框架构建、演进历程与完善策略》，《改革》2020 年第 6 期。
② 周孜予、杨鑫：《“1＋4”全过程：我国应急管理法律体系的构建》，《行政论坛》2021 年第 3 期。
③ 陈福今、唐铁汉主编：《公共危机管理》，人民出版社、党建读物出版社 2006 年版，第 50 页。
④ 马怀德：《应急反应的法学思考——“非典”法律问题研究》，中国政法大学出版社 2004 年版，第 46 页。
⑤ 林鸿潮：《论公共应急管理机制的法治化——兼辨“一案三制”》，《社会主义研究》2009 年第 5 期。
⑥ 周孜予、杨鑫：《“1＋4”全过程：我国应急管理法律体系的构建》，《行政论坛》2021 年第 3 期。

生产法》《自然灾害防治法》《消防法》以及《应急救援组织法》。2021年,为进一步推动完善应急管理法律体系,应急管理部在系统梳理和分析的基础之上,研究形成了“1+5”应急管理法律体系骨干框架。其中,“1”是指应急管理方面综合性法律,“5”则指包括安全生产、消防、自然灾害防治、应急救援组织、国家消防救援人员在内的五方面的单行法律[①]。

7.2.4.2 应急管理标准建设

应急管理标准制定的目的在于通过规范应急管理工作,促进安全生产、防灾减灾以及紧急救援等应急管理能力的提升,进而保障公众生命财产安全。进一步规范应急管理工作、提升应急管理能力要求各行业领域制定完善应急管理标准并逐步形成分类分级标准体系,建立健全各类标准的实施监督与信息反馈机制,加强标准化应急工作政策支持与资金保障,以确保标准制定的科学合理与落地实效。

7.2.4.3 应急管理行政执法

应急管理行政执法的目标是通过加强安全生产监管、落实防灾减灾、应急救援以及紧急抢险等方面的行政处罚和行政强制职能[②],降低突发事件发生的可能性和风险。行政执法能力水平的提升能够进一步带动应急管理能力的增强。提高应急管理行政执法能力主要包括两方面内容,一是深化应急管理综合行政执法改革,通过整合各方资源,建立高效协同的应急综合执法队伍,强化应急部门综合统筹及统一领导职责,加强执法人员职业保障及装备配备;二是明确权责清单,推动透明执法、精准执法,依法公开行政处罚信息,提高应急管理行政执法的公正性与权威性。

7.2.5 应急管理宣教体系

应急管理宣教是指通过开展防灾减灾及主题安全教育活动等方式,一方面,加强应急知识和技能的普及,增强社会公众的安全意识,提升应急避险和自救互救的能力[③];另一方面,引导、鼓励社会力量参与突发事件应对工作,形成多方参与、多元共治的良好应急氛围。加大应急宣教体系建设,能够提高应急管理社会

---

① 钱洪伟、黄宇茜:《国家突发事件应急体系建设“十四五”规划设计若干思考(二)》,《决策探索(中)》2020年第2期。
② 程敏:《利于加快构建权责一致、权威高效的监管执法体系》,《中国应急管理报》2020年12月29日。
③ 孙伟锋:《完善基层应急管理体系》,《现代职业安全》2020年第11期。

动员能力。强化应急宣教体系建设主要包括以下三方面内容：

第一，加大应急宣教力度。通过开展应急宣传主题活动、开设应急知识宣传专栏及组织应急避险演练等多样化方式，加大应急宣教力度，扩大应急宣教覆盖面，增强广大群众应急安全意识。

第二，健全应急培训制度。优化配置应急培训资源，充分依托应急职能部门及高校专业优势，深入推进分类、分级应急培训活动的组织开展。

第三，完善社会动员机制。拓宽社会力量参与渠道，落实社会参与保障机制，积极引导公民、企业及社会组织等社会力量有序参与应急管理工作，推动"政府统筹领导，社会广泛参与"的多元应急管理工作格局。

7.3 应急管理能力评价

7.3.1 应急管理能力评价的内涵

评价一词出自《宋史・隐逸传上・戚同文》，其原文为："〔宗翼〕隐而不仕，家无斗粟，怡怡如也，未尝以贫窭干人。市物不评价，市人知而不欺。"其释义为对某事物或人物的判断、分析得出的结论。评价是多维度、综合性社会活动的集合，可以被划分为"评定""评脉"和"评断"三方面内容。首先，评价是对事物价值高低的评定，其结果呈现方式主要为给定等级或分数；其次，评价是对事物本质或线索的评脉，其任务在于诊断促成事物形成的程序或事件发生的原因；最后，评价是对事件发展未来走向的推测，其最终目的包括预判事件未知的走向或态势①。

基于引进与应用场景的转换，评价的目的也会随之发生变化。总结而言，项目评价的目的主要包括以下四方面内容：① 指导项目未来改进。评价最重要的目的在于为项目未来的改进工作提供参考性指导，应急管理能力的评价能够通过可量化的手段为政府决策提供客观、科学的分析依据②，评价主体通过沟通、交流等方式获取项目进展的具体信息，并在此基础上形成项目评价报告，以此作为项目改进的方向性指示；② 了解预期完成情况。因众多社会服务项目的资金主要来源于纳税人缴纳的税收，因而评价的另外一大目的在于评价预期目标的

---

① 肖群鹰、朱正威：《公共危机管理与社会风险评价》，社会科学文献出版社 2013 年版，第 41 页。

② 王锐兰：《政府应急管理的绩效评价指标体系研究》，《安徽大学学报（哲学社会科学版）》2009 年第 1 期。

完成情况,以便衡量该项目所带来的社会收益。而评价作为公众表达意见的重要途径之一,能够促使政府回应社会热点问题,对纳税人负责[①];③ 丰富社会知识体系。除开直接为项目决策提供参考,评价行为也可能基于学者的学术研究兴趣而发生,相关研究方法的应用与研究计划的实施能够创造性地丰富社会科学知识体系[②]。

根据前述对评价及应急管理能力内涵的阐释,应急管理能力评价可以被定义为:从应急管理与危机处置的全过程出发,构建一个科学、合理的评价指标体系,并采用可操作的评价方法,定期进行评价,总结其优劣,从而提高应急管理的实效性。

7.3.2　应急管理能力评价的原则

7.3.2.1　科学客观原则

对应急管理能力的评价,应符合客观实际,充分、真实地反映突发事件应急管理过程与行为的内部机制和本质特点。为保证应急管理能力评价的客观公正性,除聘请应急管理相关领域专家、咨询机构人员之外,还应鼓励社会组织及公众积极参与评价工作[③];所选取的评价指标须具有清晰的含义,能够进行精确的计量与标准化的统计;相关评价指标应体现出应急管理能力的内涵及预期目标实现水平,从而确保评价方法应用的科学性与评价结果呈现的客观性。

7.3.2.2　系统层次原则

由于突发事件的应急管理是一个系统的过程,因此,在对其进行评价时,必须从系统化的角度着手。系统视角是指从投入、产出、内部结构、系统状态和外部环境等各个角度,全面地考虑与系统目标有关的评价指标。同时,应急管理体系也必须遵循分层原则。由于系统中存在着诸多子系统,因此,在各个层面上应该采取不同的评价指标,使政策制定者能够根据不同的层面,对其所关心的内容进行动态的调整。

7.3.2.3　切实可行原则

应急管理能力评价的目标,正在于推进灾害治理与防灾减灾能力的建设与提

① 滕五晓:《应急管理能力评估——基于案例分析的研究》,社会科学文献出版社2014年版,第4—5页。
② [美] 彼得·罗西:《项目评估:方法与技术》,华夏出版社2002年版,第30—33页。
③ 陈立梅:《谈应急管理绩效评估的完善措施》,《郑州航空工业管理学院学报(社会科学版)》2007年第3期。

升，同时为今后的应急管理工作提供指导。因此，对突发事件应急管理能力的评估，应当具备较强的可操作性①。同时，所选择的评价指标要求内涵明确，易于理解，数据容易收集，指标易于比较，从而全面客观地反映评价对象的实际情况和发展态势。此外，由于不同地区、行业和领域的实际发展情况不同，具体应用时评价指标也应当进行相应的改变与调整②。在对特定领域、类别的突发事件进行评价时，应充分考虑到突发事件的具体情况，因地制宜、因时制宜地进行评价。

7.3.2.4　动态互斥原则

应急管理是一个动态的过程，基于动态性原理对其进行评估，能够反映出在不同时期内，应急管理能力随着应急管理思想和技术的发展而发生的变化③。因而，选择的评价指标必须具有动态变化的特征，即在指标中包含静态和动态两个方面。同时，在突发事件发生之时，通过各职能部门之间的协同作用能够将事件的负面影响降到最低。所以，针对应急管理能力的评价在使各指标之间具有某种内在联系的同时，也要避免不同指标间的交叉性，排除由于重复设定而使评估结果不准确的潜在问题。

7.3.3　应急管理能力评价的体系

一般而言，针对应急管理能力的评价行为应当明确以下四方面内容：① 评价主体，即“谁来评价”；② 评价客体，即“评价谁”；③ 评价内容，即“评价的参考指标”；④ 评价方法，即“采取何种方法进行评价”。

根据国内外现有研究成果，从评价主体来看，应急管理能力评价的主体主要包括政府、企业、社会组织及个人等；从评价客体来看，应急管理能力评价可以针对某个地方政府，也可以针对某类突发事件以及某个社会机构；从评价内容来看，应急管理能力评价通常按照四个主要阶段来进行，包括预防、准备、响应以及恢复；从评价方法来看，按照属性划分主要包括定性评价方法与定量评价方法两类。

本部分将以针对地方政府这一评价客体的应急管理能力评价为例，从评价主体、评价客体、评价内容以及评价方法等角度解析应急管理能力评价行为的基本维度。

---

① 王锐兰：《政府应急管理的绩效评价指标体系研究》，《安徽大学学报（哲学社会科学版）》2009 年第 1 期。

② 曹惠民、黄炜能：《地方政府应急管理能力评估指标体系探讨》，《广州大学学报（社会科学版）》2015 年第 12 期。

③ 铁永波、唐川：《城市灾害应急能力评价指标体系建构》，《城市问题》2005 年第 6 期。

7.3.3.1 评价主体

地方政府应急管理能力评价的主体相对多元，评价行为可以由各级政府以及专业机构或研究团体等第三方机构发起。

(1) 政府组织

政府组织作为突发事件应对的核心主体，在对地方政府应急管理能力展开评价时通常占据主导地位。一方面，政府组织掌握大量人、财、物以及公共权力等应急管理资源；另一方面，政府组织作为公共利益的代表，在风险社会的语境之下，应当承担起维护社会稳定、保障公众权益的主要责任①。相对而言，针对地方政府应急管理能力的考核主体多为上级政府，大多为政府行政系统内部的应急能力评价；同时，地方政府也能够针对自身应急管理能力开展自我评价。各级政府通过评价行为获取突发事件相关信息，分析突发事件的成因及影响，以及评估应急管理制度与行为的效能，并以此为基础，在顶层设计层面寻求应急管理制度的优化与调整。

(2) 第三方机构

由政府之外的社会主体所发起的应急管理能力评价行为可以被称为第三方评价，其主体主要包括由政府委托或派出的专业机构以及包括高校及社会研究机构在内的研究团体等。其中，专业机构主要由应急管理领域的相关专家学者组成，其性质通常为挂靠单位或事业单位，能够基于专业优势发挥相应作用，承担部分政府部门职能。例如，承担评估自然气象及地质灾害的破坏性影响等工作与任务。研究团体则主要存在于国内外各大高校及社会研究机构之中。随着我国经济社会快速发展，自然灾害、人为事件等各类突发事件也呈现出易发频发的发展趋势。在这一社会背景之下，应急管理在保障社会公共安全以及维护社会平稳运行等方面的重要性愈发凸显。因而，学术界针对应急管理领域的研究也如雨后春笋般蓬勃发展。同时，部分研究团体能够与地方政府达成合作，为其应急管理工作提供智力支持与专业建议。

(3) 社会公众

相关实践证明，社会公众的有效参与有助于提升应急管理能力评价的客观公正性②，引导政府关注、回应社会热点问题，减轻突发事件的危害性，维护社会

---

① 周晓丽：《公共危机管理》，光明日报出版社2009年版，第67—70页。

② 陈迎欣、周蕾、郜旭彤等：《公众参与自然灾害应急救助的效率评价——基于2008—2017年应急救助案例的实证研究》，《中国软科学》2020年第2期。

公共秩序的和谐稳定。约翰·克莱顿·托马斯指出，“任何旨在预防和解决公共争议的措施的执行，其基础必然是拥有一个充分知情的公众群。”[①]社会公众的参与凸显了“以人为本”的现代应急管理理念，社会公众评价主体作用的充分发挥能够督促政府及时填补应急管理工作的不足之处，并且在一定程度上规避应急管理能力评价过程中所可能出现的“道德风险”或“逆向选择”等问题。同时，全社会广泛关注公共安全问题氛围的形成有助于推动公共安全系统的不断更新与完善[②]。

7.3.3.2 评价客体

针对地方政府所开展的应急管理能力评价行为，其评价客体主要可以划分为以下三个层级：针对地方政府决策者的评价、针对地方政府职能部门的评价以及针对部门工作人员的评价。

第一，针对地方政府决策者的评价。其评价客体主要包括决策者的统筹领导能力以及科学决策等方面的能力。决策者个人的综合素质是应急管理决策工作的基石，主要包括果断、专注、洞察、冷静和周密等[③]。例如，洞察要求决策者在应急信息错综复杂的情况之下，能够在短时间内相对全面地了解突发事件现状及其发展动向，辨别应急管理工作当下最重要的内容并及时作出部署。

第二，针对地方政府职能部门的评价。其评价客体主要包括相关部门履行职能、开展管理以及协同合作等方面的能力。具体而言，各职能部门的应急管理能力评价既涵盖共性指标，也包括根据部门职能所设定的个性指标。其中，共性的评价指标主要包括应急组织机构的人员权责划分以及应急管理协同能力等；个性评价指标则主要根据部门应急职责而设定，例如，在对灾害预测部门进行评价时应当着重考察其灾害预报的精准度，针对灾害救援部门的评价则侧重于到达现场的速度及受灾人员救助情况等。

第三，针对部门工作人员的评价。其评价客体主要包括部门工作人员具体政策执行及实际操作等方面的能力。根据《国家公务员通用能力标准框架(试行)》对公务员公共危机应对能力的相关要求，针对地方政府部门工作人员应急管理能力的评价主要关注其对工作相关信息的掌握程度、对突发事件的认知以及处理应对手段等[④]。

---

① [美]约翰·克莱顿·托马斯：《公共决策中的公民参与》，孙柏瑛等译，中国人民大学出版社2005年版，第121页。

② 肖群鹰、朱正威：《公共危机管理与社会风险评价》，社会科学文献出版社2013年版，第50页。

③ 欧黎明、王云强：《领导干部应急管理能力建设概论》，红旗出版社2016年版，第143页。

④ 欧黎明、王云强：《领导干部应急管理能力建设概论》，红旗出版社2016年版，第143页。

7.3.3.3　评价内容

地方政府应急管理能力评价的主要目的在于明确各级政府部门用于应对突发事件的人、财、物等资源的完备及协调程度，主要评价政府部门减轻灾害损失的综合管理能力[①]。地方政府应急管理能力的评价内容根据其特性可以划分为静态与动态两个层面。

（1）静态层面

静态层面的评价内容主要包括组织构成、人员配备、制度保障以及后勤支持等。例如，在组织构成层面，主要考察地方政府应急救援机构的设立情况等[②]；在人员配备层面，主要考察地方政府应急工作执行组织、志愿者队伍建设与培训体系健全程度等[③]；在制度保障层面，主要考察地方政府应急管理状态下相关法律法规的健全与完善程度以及规章制度的建设与创新情况等[④]；在后勤支持层面，则主要考察地方政府应急管理专项基金的设立、应急救援物资的储备以及互联网信息技术的投入情况等[⑤]。

（2）动态层面

动态层面的评价内容主要根据突发事件应对的四个阶段进行设置。罗伯特・希斯在其著作《危机管理》一书中正式提出了危机管理的4R模式，在学术界产生了广泛的影响力。在4R模式中，危机管理被划分为缩减（Reduction）、预备（Readiness）、反应（Response）以及恢复（Recover）四个阶段[⑥]。具体而言，缩减阶段的核心要务为监测和预防突发事件的发生，通过系列措施降低危机的发生概率及其潜在的负面影响。因而，在该阶段，地方政府应急管理能力的评价内容主要是指灾害防范和早期预警的协调进程；预备阶段的工作重点是建立健全应急预案，强化救灾行动演练，提高应急管理能力。因而，在该阶段，地方政府应急管理能力的评价内容主要包括领导组织、应急培训、警情预判以及综合保障等；反应阶段的主要工作是在突发事件发生之后，及时快速做出反应，协同高效组织救援，力争将突发事件的破坏性影响降到最低。因而，在该阶段，地方政府

① 邓云峰、郑双忠、刘功智等：《城市应急能力评估体系研究》，《中国安全生产科学技术》2005年第6期。
② 徐秀芹：《地方政府突发事件应急能力的评价研究》，东北大学硕士论文，2008年，第35页。
③ 王锐兰：《政府应急管理的绩效评价指标体系研究》，《安徽大学学报（哲学社会科学版）》2009年第1期。
④ 陈升、孟庆国、胡鞍钢：《政府应急能力及应急管理绩效实证研究——以汶川特大地震地方县市政府为例》，《中国软科学》2010年第2期。
⑤ 徐秀芹：《地方政府突发事件应急能力的评价研究》，东北大学硕士论文，2008年，第33页。
⑥ ［美］罗伯特・希斯著：《危机管理》，王成、宋炳辉、金瑛译，中信出版社2001年版，第31页。

应急管理能力的评价内容主要涵盖应急反应速度、救援行动组织、协同治理合作、事故处理效率以及物资后勤保障等；恢复阶段的关键任务是排除风险、恢复重建以及反思改进应急管理工作等。因而，在该阶段，地方政府应急管理能力的评价内容主要囊括心理辅导援助、基础设施重建以及应急管理优化等。

7.3.3.4 评价方法

地方政府应急管理能力评价可采用的方法包括定性评价方法与定量评价方法两类。

（1）定性评价

定性方法主要是为解决“有没有”“是不是”以及“是什么”等问题，即从“质”或者“类”的角度去分析、描绘事物的共性，揭示事物的内在联系。该方法要求具备大量符合实际的数据资料，用审慎的眼光对原始资料进行全面的分析和综合，在现象中发现本质。

定性评价即评价主体依据自己的价值判断和既有观念，对对象作出全面、系统的评估，其结果呈现往往会受到评价主体主观印象与情绪波动的影响。具有代表性的定性评价方法主要包括观察法、访谈法、反馈法、检查表法以及关键要素核查法等。

（2）定量评价

定量方法主要是为解决“是多大”和“有多少”等问题，其目的在于确定认知对象的数量、规模、速度、范围、程度等数量关系。定量的分析能够使人们对研究对象的理解更为准确，通过对事物的量化、测量以及计算，更好地理解本质、厘清关系、发现规律、预测未来发展道路①。

定量评价方法主要是指评价主体依据一定资料，按照一定的客观标准对被评价对象作出全面、科学的评价，但其最终结果并不一定以数值形式来呈现。相较而言，定量评价方法更为客观化、精细化与标准化，同时也更具可操作性。具有代表性的定量评价方法主要包括层次分析法、模糊综合评价法、多目标决策法等。

7.4 国外应急管理能力评价实践

在应急管理能力评价方面，近年来国内外政府部门均开展了系列探索，较

① 陈向明：《社会科学中的定性研究方法》，《中国社会科学》1996年第6期。

具代表性的国外实践案例主要包括美国的应急管理准备能力评估程序CAR(Capability Assessment for Readiness)、日本的"地方公共团体之地域防灾能力及危机管理对应力评估检讨会"以及加拿大的全面应急计划(Ontario County Comprehensive Emergency Management Plan)的研究成果[①]。

7.4.1 美国应急管理能力评价体系

美国是世界范围内最早开展应急能力评价实践的国家,并在全国所有州进行了试点与推广,积累了较为丰富的经验。1997年,为有效地评估州和当地政府的应急管理能力,美国联邦应急管理署(Federal Emergency Management Agency, FEMA)和全国应急管理协会(National Emergency Management Association, NEMA)联合设计了一套用于评价州和当地政府应急管理能力的自我评估系统CAR(Capability Assessment for Readiness)[②]。

7.4.1.1 评价指标

该体系包括13个方面的内容,主要涉及:法律法规、风险识别和评估、危机缓解、计划和管理、资源管理和后勤保障、应急指挥中心建设、指挥协调、通信预警、执行程序、训练、演习、公共教育信息、资金管理[③]。各州、地方政府可以在属性层面或特征层面对自身的应急管理能力进行评估,并根据这些属性或特征层面的评估结果为后续的深入分析提供详细的资料。其中,属性层面的指标评价范围相对更为广泛,而特征层面的指标则主要针对更为具体的内容展开评价。通过对应急管理能力的自我评估,州政府能够较为准确地检测:本州应急管理工作能否完全满足州政府在灾难发生时的实际应急需求;应急管理机构的工作和目标是否已完成;在灾害来临时,州政府能否将战略储备的资源再次进行调配;州政府能否使居民安全渡过灾害。通过以上检测与评价过程,州政府能够及时发现自身在应急管理方面的不足与短板,并积极寻求未来应急管理工作的改进与优化。

2000年,联邦应急管理署对1997年版评估体系进行了修订,分别构建了适合州和地方政府能力的包含要素、属性和特征的两个三级体系,前者由13个要

① 刘新建、陈晓君:《国内外应急管理能力评价的理论与实践综述》,《燕山大学学报》2009年第3期。
② 汪寿阳、刘铁民、陈收等:《突发性灾害对我国经济影响与应急管理研究——以2008年雪灾和地震为例》,科学出版社2010年版,第8页。
③ 刘新建、陈晓君:《国内外应急管理能力评价的理论与实践综述》,《燕山大学学报》2009年第3期。

素、104 个属性、453 个特点构成，后者由 13 个要素、98 个属性、520 个特点构成。其中，评估因素仍然为 13 个，具体包括：法律法规、风险识别和评估、危机缓解、计划和管理、资源管理和后勤保障、应急指挥中心建设、指挥协调、通讯预警、执行程序、训练、演习评估和改正措施、公共教育信息与危机沟通、资金管理等应急管理内容[①]。相较于 1997 年的版本，2000 年的指标体系略有差别，分别体现在：将第 11 个指标由 1997 年版的“演习”修改为“演习评估和改正措施”，第 12 个指标在 1997 年版的“公共教育信息”基础之上，增加了“危机沟通”的相关内容[②]。同时，根据政府层级的不同，评价指标在具体细节和表达方式上也有所差异。上述两个版本的内容比较可见表 7－8。

表 7－8 美国应急管理能力评价指标体系表[③]

序号	1997 年版 CAR	2000 年版 CAR
1	法律法规	法律法规
2	风险识别和评估	风险识别和评估
3	危机缓解	危机缓解
4	计划和管理	计划和管理
5	资源管理和后勤保障	资源管理和后勤保障
6	应急指挥中心建设	应急指挥中心建设
7	指挥协调	指挥协调
8	通信预警	通信预警
9	执行程序	执行程序
10	训练	训练
11	演习	演习

① Federal Emergency Management Agency, State Capability Assessment for Readiness, A Report to United States Senate Committee on Appropriations, USA, 1997, http://www1.va.gov/emshg/apps/kml/docs/Capability Assessment for Readiness.pdf.

② FEMA History. 2021－01－04, https://www.fema.gov/about/history, 2022－09－15.

③ Federal Emergency Management Agency, State Capability Assessment for Readiness, A Report to United States Senate Committee on Appropriations, USA, 1997, http://www1.va.gov/emshg/apps/kml/docs/CapabilityAssessment for Readiness.pdf.

续　表

序号	1997年版CAR	2000年版CAR
12	公共教育信息	公共教育信息
13	资金管理	资金管理

7.4.1.2　评分标准

CAR评价结果揭示了各州应急管理能力的性质和特点。每个属性得分是该属性中所有特征层面指标得分的平均分数,评价分数以小数形式记录。这是因为某些特征层面指标评分处在二级,而其余的特征层面指标得分处在一级或三级。全部得分平均后,得到该项目的应急管理能力评分。FEMA采用CAR方法确定评价结果。若得分在2.5—3.0范围内,表明被评价的州应急管理能力总是符合属性要求,以蓝色区块标示,评价报告中称为"实力较强的区域";若得分在1.5—2.5之间,表明被评价的州应急管理能力基本符合属性要求,以绿色区块标示,评价报告中称为"符合条件的区域";若得分在1—1.5之间,表明被评价的州应急管理能力无法满足属性要求,以红色区块标示,评价报告中称为"有待改进的区域"。通过对每个特征层面指标的分析,FEMA能够确定国家层面上哪些应急管理能力较强,哪些能力需要进一步提升。若某一州的评分≥2.5,判定该州应急管理能力等级为三级;若某一州的评分处于1.5—2.5之间,判定该州应急管理能力等级为二级;若某一州的评分≤1.5,判定该州应急管理能力等级为一级。排除评分等级为"N/A"的州,若超过50%的州评级为三级,则认为国家应急管理能力整体较强;若超过50%的州评级为一级,则认为国家应急管理能力有待提高[①],见表7-9。

美国FEMA于2000年对CAR的评分标准进行了调整。在此版本中,各州应急管理能力的等级被分为六个选项,包括"1、2、3、4、5以及不适用于当地"。其中,"1"表示完全不符合指标所要求的能力;"2"表示仅符合指标要求的一小部分内容,与理想状态差距较大;"3"表示具备基本能够符合指标要求的能力,需要付出较大努力才能够达成理想状态;"4"表示具备较强的能力,与理想状态只有一步之遥;"5"代表具备完全达到指标要求的能力,现阶段任务主要为例行维护[②]。

① 刘新建、陈晓君:《国内外应急管理能力评价的理论与实践综述》,《燕山大学学报》2009年第3期。
② 田依林:《城市突发公共事件综合应急能力评价研究》,武汉理工大学博士论文,2008年,第46页。

表 7-9　美国各州应急管理能力评价标准

得　分	能力评价	区域定位	能力等级
1—1.5 分	无法满足属性要求	有待改进的区域	一级
1.5—2.5 分	基本符合属性要求	符合条件的区域	二级
2.5—3.0 分	总是符合属性要求	实力较强的区域	三级

资料来源：Federal Emergency Management Agency, State Capability Assessment for Readiness, A Report to United States Senate Committee on Appropriations, USA, 1997, http://www1.va.gov/emshg/apps/kml/docs/Capability Assessment for Readiness.pdf.

7.4.2　日本应急管理能力评价体系

7.4.2.1　评价指标

日本消防厅消防课、防灾与情报研究所分别于 2002 年 10 月和 12 月，举办了“地方公共团体之地域防灾能力及危机管理对应力评估检讨会”，设定了地方公共团体防灾能力的评价项目，探讨日本防灾能力与应急管理能力的评价机制。在会上，日本确立了地方公共团体防灾能力的评价项目主要包括：危机的掌握与评估；减轻危险的对策；整顿体制；情报联络体系；器材与储备粮食的管理；应急反应与灾后重建计划；居民间的情报流通；教育与训练以及应急水平的维持与提升[①]。

7.4.2.2　评分标准

在前述评价项目的基础之上，该评价体系对每一个项目都设定了具体问题来进行考察，对问题的回答方式包括以下两种：① 是否实施方面，在有和无二者间选择一个；② 实施程度方面，应尽可能利用数字来进行客观的评估判断[②]。

地方公共团体在对防灾和危机管理体制进行客观评估后，参考评估结果制定方针，进而评估地区的防灾和危机应对能力。在制定评估地区性防灾能力计划时，主要项目包括九个方面：① 评估危险因素；② 降低危险；③ 体制建设；④ 信息沟通机制；⑤ 建筑机械材料和紧急储备资金的保障与管理；⑥ 工作计划的制定；⑦ 信息共享；⑧ 教育培训；⑨ 重新评估[③]。

---

① 吴新燕、顾建华：《国内外城市灾害应急能力评价的研究进展》，《自然灾害学报》2007 年第 6 期。
② 邓云峰、郑双忠、刘铁民：《突发灾害应急能力评估及应急特点》，《中国安全生产科学技术》2005 年第 5 期。
③ 王绍玉、冯百侠：《城市灾害应急与管理》，重庆大学出版社 2005 年版，第 19—21 页。

基于以上项目，进一步明确了日本地方防灾能力、危机应对能力评价具体问题的表述，见表 7－10。

表 7－10　日本地方防灾能力、危机应对能力评价的具体问题(部分)[①]

项目 1	项目 2	问　　题	只有县	只有市	灾害的分别	限定
特定灾害的危险性	地震发生的危险性	是否对曾发生地震的活断层进行调查				
		是否针对活断层进行过调查				
		是否掌握了地震的发生率与周期				
		是否有设定地震发生时的规模大小				
		是否针对海啸做好了完全的准备				
		是否已了解哪些地震容易引起海啸				

7.4.3　加拿大应急管理能力评价体系

7.4.3.1　评价指标

面对多发的自然及人为灾害，加拿大采取了一系列措施，也积累了一定的应急管理经验。目前，加拿大已经建立起了一套较为科学高效的三级应急管理体制，实行联邦、省和市镇分级管理[②]。其中，成立于 2003 年的公共安全和应急部主要负责联邦一级的国家应急工作，其主要职责为制定联邦层面的应急工作政策与规划；13 个省和市镇则分别成立了相应的地方性应急管理组织，主要负责当地的应急管理工作，包括计划、研究、培训以及应急行动等。当突发事件发生时，优先由当地政府进行处理与应对；省或地区应急管理组织收到地方协助请求时，可向其提供帮助；若前两级的应急资源不足以应对该突发事件，则由联邦政府一级介入处置。

为保障联邦与地方政府应急管理行动的一致性与高效性，促进各级政府间的沟通协调与通力合作，加拿大政府制定了《加拿大应急管理框架》，该框架每隔

① 吴新燕：《城市地震灾害风险分析与应急准备能力评价体系的研究》，中国地震局地球物理研究所博士学位论文，2006 年，第 48 页。

② 洪凯主编：《应急管理体制跨国比较》，暨南大学出版社 2012 年版，第 310 页。

5 年会根据现实状况进行修订，以保证其符合当下应急管理工作的变化需要。根据《应急管理框架》，加拿大的应急管理主要由预防和减灾、准备、应对和恢复四大功能组成，这四大功能并非独立存在，而是能够连续有序或同时执行[①]。省和市镇针对应急管理能力所展开的评价工作，也围绕这四大功能展开。

7.4.3.2　评分标准

根据《加拿大应急管理框架》对应急管理四大支柱及其相关内容的规定，安大略省在 2003 年颁布的《全面应急计划》中，分别从预防和减灾、应对及恢复等方面拟定了应急管理能力评价项目。在预防和减灾阶段，评价项目主要包括社区防灾减灾能力、灾害预警系统的准确与有效性以及社区预计和减少人员伤亡和经济损失的能力。在应对阶段，评价项目主要衡量灾害对地区政治、经济、社会、安全、卫生及法律等方面产生的影响。在恢复阶段，评价项目主要包括公共与个体两个层面。公共层面的评估主要围绕灾害对公共基础设施及财产的负面影响展开，而个体层面的评估则主要包括灾害对个人及其家庭、农业及私营部门的损害[②]，见表 7-11。

表 7-11　加拿大安大略省《全面应急计划》中的应急管理能力评价项目设计[③]

阶　段	评　价　项　目
预防和减灾	社区防灾减灾能力
	灾害预警系统的准确与有效性
	社区预计和减少人员伤亡和经济损失的能力
应对	灾害对地区政治的影响
	灾害对地区经济的影响
	灾害对地区社会的影响
	灾害对地区安全的影响
	灾害对地区卫生的影响
	灾害对地区法律的影响

① 洪凯主编：《应急管理体制跨国比较》，暨南大学出版社 2012 年版，第 322—323 页。
② 刘新建、陈晓君：《国内外应急管理能力评价的理论与实践综述》，《燕山大学学报》2009 年第 3 期。
③ 参见刘新建、陈晓君：《国内外应急管理能力评价的理论与实践综述》，《燕山大学学报》2009 年第 3 期。

续　表

阶　段	评 价 项 目	
恢复	公共层面	灾害对基础设施的负面影响
		灾害对财产的负面影响
	个体层面	灾害对个人及其家庭的负面影响
		灾害对农业的负面影响
		灾害对私营部门的负面影响

阅读材料

四川汶川特大地震应急处置

(一) 地震基本情况

2008年5月12日14时28分，四川省汶川县发生里氏8.0级特大地震，波及川、甘、陕、云等10省，影响417个县市区、4 667个乡镇，导致4 625.7万人受灾。灾区急需食品、饮水、衣被、临时住所以及医疗救助，生活救助任务艰巨前所未有。在中央统一部署下，全国上下紧急行动，迅速投入受灾民众生活救助工作。

(二) 地震应急工作情况

1. 应急响应

5月12日下午，民政部于会议中获悉四川省汶川县发生7.8级地震后(后修正为8.0级)，即刻终止会议议程，紧急转入部署救灾工作。15时40分，国家减灾委、民政部先期启动国家自然灾害救助Ⅱ级应急响应。16时40分，国务院总理温家宝乘专机飞赴四川灾区。在专机上，国务院抗震救灾总指挥部成立。22时15分，国家减灾委将响应等级提升为Ⅰ级。

震后30分钟内，四川省启动省级自然灾害救助Ⅰ级响应，省民政厅干部职工全部进入应急状态。地震当晚，四川省“5·12”抗震救灾指挥部成立，按照应急预案，全省21个市(州)均成立了抗震救灾指挥部。

2. 临时安置

汶川地震共造成4 625.7万人受灾，因灾紧急转移群众1 510.6万人，大量受灾群众无房可住。地震发生初期，各级政府把尽可能多地筹集救灾帐篷、为群众搭建临时住所作为救灾工作的重要任务之一。

在救灾物资的筹集及生产方面，5月13日，民政部会同财政部召开紧急会议，决定将年初安排的2008年中央级救灾储备物资采购资金全部用于灾区急需的帐篷采购，并要求各地民政厅（局）迅速筹集生活类救灾物资援助地震灾区。同时，各地企业也积极响应国家救灾号召，转产生产救灾物资。

在救灾物资的运输及生产保障方面，国家发展改革、商务、交通运输、铁道等部门全力支持配合救灾帐篷生产发运工作；民政部向每家帐篷生产企业派遣驻厂监督员，现场监控生产进度和质量，并协调生产企业在原料配件供应、银行贷款和运输过程中遇到的问题。

3. 生活保障

震后一个多月里，四川省民政厅共接收、调运和发放帐篷126.1万顶、彩条布和篷布3 594.9万平方米、食品3.4吨、棉被228万床、衣物132万件以及其他物资。

对于生活物资，灾区各级政府根据受灾区域大小、人口密度、群众需求进行分配，确保及时、快捷、高效、公开、公平、公正发放。从接收到发放皆经过了“登记接收、清点入库、计划发放、出库、反馈”等步骤。对于社会捐赠资金，则在审计、财政部门的监管下，存入银行特设的账户。纪检、监察、审计等部门对捐赠物资的管理和分配进行了全程监察。

4. 捐赠援助

5月13日，民政部紧急下发《关于组织开展向地震灾区捐赠工作的通知》，迅速开展全国性救灾捐赠活动。民政、红十字会、慈善总会等部门和机构及时设立救灾捐赠热线，公布接受捐赠账号，制定相关政策和保障措施。中组部下发紧急通告动员全国党员干部发挥模范带头作用，积极为灾区捐赠物资。

5月14日，四川省民政厅通过新闻媒体，向社会公布接收捐赠的单位、开户银行、账户和捐赠热线电话，为灾区人民送去温暖。全社会的爱心源源不断，至2009年9月30日，汶川地震累计接收国内外社会各界捐赠款物797.03亿元，创我国救灾史之最。

震后在中国出现了新中国成立以来最大规模的社会志愿服务行动，成千上万的志愿者、社会工作者奔赴灾区，为争取救灾斗争的胜利作出了巨大贡献。据不完全统计，汶川地震后，深入灾区的国内外志愿者超过300万人，在后方参与抗震救灾的志愿者超过1 000万人。

5. 款物监管

汶川地震救灾物资数额巨大，社会各界关注度高。5月20日，中央纪委、监察部、民政部、财政部、审计署五部门联合发出《关于加强抗震救灾资金物资监管的通知》，并于24日决定成立抗震救灾资金物资监督检查领导小组，形成监管合力。

震后，四川省立即派出16个监督工作组，加强对抗震救灾资金物资管理使用情况的监督检查。25日，四川省“5·12”抗震救灾指挥部决定面向社会公开招募一批救灾社会监督员，以进一步加强对抗震救灾资金物资管理发放工作的监督。

在抗震救灾物资管理方面，民政部迅速出台了一系列工作规程。例如，为规范救灾物资的分配、发放和使用，制定了抗震救灾生活类物资分配方法等。此外，民政部及时公开救灾款物接收、使用信息，说明分配原则和依据，主动接受社会各界监督。

资料来源：民政部救灾司：《“5·12”汶川特大地震灾害应急救助与农户住房重建》，《四川行政学院学报》2010年第3期。

思考题

1. 汶川特大地震的应急管理过程可以划分为几个阶段？各个阶段分别体现了应急管理主体哪些方面的应急管理能力？

2. 请结合案例材料总结汶川特大地震应急管理工作的可借鉴经验，并分析哪些方面存在可以优化的空间及具体措施。

第8章

应急管理技术

应急管理技术指应急管理中用以支持和改进应急响应、救援、恢复和减灾等活动的技术手段、设备和工具，如信息技术、通讯技术、监测和预警系统、决策支持系统、物资和资源管理工具，以及各种救援设备和手段。应急管理技术在提高应急响应速度、优化资源分配、增强决策能力、保障通讯协调以及提升救援效率等方面发挥着重要的作用。通过技术创新和应用，可以进一步提升应急管理的整体效能，更好地保护公众的生命财产安全。本章主要选择从信息挖掘技术、风险评估技术、监测预警技术以及应急疏散模型四个方面分析如何应用技术手段解决应急管理工作中的信息沟通、风险管理、舆情应对以及应急疏散问题。

8.1 信息挖掘技术

8.1.1 信息挖掘技术的内涵

信息指通过音讯、消息、通讯等不同方式传输和处理的数据或知识，泛指人类社会传播的内容[①]。互联网是由多种信息形式融合在一起形成的综合信息传播方式，其快速发展带来了庞杂的信息。如何从互联网上提取有用信息为应急管理工作服务是应急管理实务研究的重点内容。信息挖掘技术是利用信息技术分析信息资源，从庞杂的信息源中抽取未知但有价值的信息进行后续处理的技术，主要有描述型(descriptive)模式和预测型(predictive)模式两种类型[②]。

---

① 李文明、吕福玉：《信息的本体论意义与传播学价值》，《山西大学学报(哲学社会科学版)》2017年第1期。

② 王光宏、蒋平：《数据挖掘综述》，《同济大学学报(自然科学版)》2004年第2期。

信息挖掘技术的特征主要包括以下几个方面：一是自动化。信息挖掘过程大多是自动进行的，该过程能够处理巨量数据，减少人工参与，提高效率。二是智能化。通过机器学习和人工智能算法，信息挖掘可以智能化地识别数据中的复杂模式和趋势。三是多维度。数据挖掘技术能够运用算法和统计分析方法从不同维度分析数据，揭示数据之间的复杂关系。四是灵活性。信息挖掘技术可根据不同的应用需求调整挖掘策略和算法，适用于多种类型的数据源和分析场景。五是广应用。信息挖掘技术可广泛应用于各个行业和领域，如金融、医疗、零售、网络安全等。随着数据量的不断增加和计算技术的飞速进步，信息挖掘技术的应用越来越广泛，对应急管理工作的影响也日益显著。

信息挖掘技术已经成为应急管理的重要决策工具，应用信息挖掘技术从海量的信息中提取有效信息，通过归纳推演，可以挖掘事态的潜在发展模式，预测可能存在的危机，帮助政府及时掌握突发事件发展态势，适时调整策略并做好应急决策。

8.1.2　事发前信息挖掘过程

突发事件发生前危险源的信息采集与监控是风险管理的重要环节。互联网信息一般以文本的形式呈现，因此使用信息挖掘技术对突发事件的有关信息进行采集和识别，能够有效监测突发事件的发生，及时作出预警响应，帮助政府提升应急决策能力。作为一种高级的信息处理方法，信息挖掘技术不仅依托于传统的信息检索技术如全文检索，还融合了知识库技术和新型网络技术，如人工智能、模式识别、神经网络等领域的技术[①]。其中，智能搜索引擎系统的作用是收集个性化用户需求等相关信息，根据目标导向进行全范围信息搜寻。信息挖掘技术的核心目标是从海量的网络数据中发现有价值的信息，以支持决策制定、知识发现和智能分析。通过利用知识库技术，信息挖掘能够有效组织和解析数据，识别出数据之间的关联性和模式。同时，结合大数据分析和云计算，它能够高效处理和分析庞大的数据集，预测事物的发展趋势。这种综合方法使得信息挖掘技术能够在广阔且复杂的网络数据环境中有效地识别、提取并分析有价值的信息。

---

① 张鹏、屈健、倪叶舟等：《大数据环境下网络危机信息挖掘与应急决策模型研究》，《科技创新导报》2018 年第 15 期。

网络信息的具体搜寻包含以下步骤：首先，资源发现。检索相关网络信息，是信息挖掘的起始步骤；其次，信息选择和预处理。通过筛选和处理网络信息，在这一阶段需要对搜集到的信息进行初步处理；接着，概括化。对处理过的网络信息提取特征和评价该信息的权重；最后，分析。对挖掘出的文本特征进行分类分析，这一阶段方法众多，如 LDA 主体挖掘方法、决策树、随机森林、支持向量机、机器学习等算法[①]。信息挖掘技术可以对灾情发生的征兆进行实时监测，为突发事件的应急响应和救援处置提供决策支持。

8.1.3 事发中信息挖掘过程

挖掘突发事件发生过程中的危机信息可以提高应急指挥部门的管理决策能力。随着计算机技术和数据挖掘技术的快速发展，针对灾害数据收集、处理与分析的方法也越来越多。网络在线信息的数据分析方法如网络爬虫、Web 网络挖掘方法、系统动力学仿真、复杂网络理论等被广泛应用在应急管理实践活动中。运用数学模型和计算机仿真模型分析突发事件的时空格局、演化规律、发展态势，可以帮助应急救援队伍有效开展救援任务，提高应急指挥队伍的决策效率。在我国，自然灾害和各类事故灾难频繁发生，这不仅考验着地方政府和应急管理部门的反应能力，也突显了及时且高效救援的重要性。特别是在地震、洪水和地质灾害等自然灾害面前，及时、迅速的应急响应与救援至关重要。在此背景下，基于位置的数据挖掘技术成为应急救援和处置的重要决策支持技术。具体而言，数据挖掘技术从具有高维度、巨量、非线性等特性的位置数据中提取有用的信息与知识，这需要运用到统计分析方法、关联分析法、神经网络法、聚类分析法等具体分析方法[②]。基于地理位置数据的实时信息跟踪可以及时掌握受灾群众情况，借助大数据、物联网、云计算等技术的支持提高国家应急响应、处置和救援能力。

8.1.4 事发后信息挖掘过程

互联网中的海量信息为应急管理决策提供了支持，但是少数组织或个人也可能在互联网上散布不实危机信息，甚至酿成影响严重的社会舆情。这不仅会

---

① 何清、李宁、罗文娟等：《大数据下的机器学习算法综述》，《模式识别与人工智能》2014 年第 4 期。
② 刘大有、陈慧灵、齐红等：《时空数据挖掘研究进展》，《计算机研究与发展》2013 年第 2 期。

阻碍应急管理工作,也会影响社会稳定。利用信息挖掘技术挖掘舆情信息并加以处理分析,在此基础上进行科学决策对于提升应急管理效能非常重要[①]。在此过程中,数据挖掘技术的应用与前两阶段相似,皆是从网络信息中发现隐藏的模型、模式、规则或规律等有用信息的过程。舆情信息挖掘指相关部门依托大数据技术,利用计算机分析突发事件的舆情信息,发现和挖掘其相关性、规律、趋势和模式等属性,从而为相关部门采取的应急处置措施提供有力的技术支持。舆情决策模型已有众多的研究,学者们将其主要分为三个板块:数据采集与存储层、数据处理分析层和决策层。其中,数据采集主要指通过网络爬虫获取相关数据,数据存储层包括 SQL 数据库以及其他存储云平台;数据处理与分析指数据预处理、对舆情进行跟踪识别、进行语义分析和情感分析、运用朴素贝叶斯法或机器学习分类算法进行分类[②];决策层指根据舆情信息的识别、处理和分析,为相关部门监测预警舆情、治理不实信息散布、反馈沟通信息提供支持[③]。

8.2 风险评估技术

8.2.1 风险评估技术概述

风险评估技术作为应急管理领域中备受重视的技术,旨在识别和评估潜在的风险,预测风险带来的后果,并为降低这些风险提供依据。通过系统的分析,风险评估能够帮助组织或个人了解可能面临的危险,制定出应对措施,以减少或避免这些风险造成的损失。这项技术在防灾减灾、应急预备和灾害响应计划制定中日益发挥着重要的作用。

风险评估技术应用的核心包括三个主要阶段:风险识别、风险分析和风险评价。首先是风险识别。这一步骤涉及识别可能导致损失或伤害的各种风险源,包括自然灾害、技术故障、人为错误等。其次是风险分析。在识别了潜在的风险后,需要评估这些风险转化为突发事件的可能性和如果转化为突发事件可

① 储节旺、朱玲玲:《基于大数据分析的突发事件网络舆情预警研究》,《情报理论与实践》2017 年第 8 期。
② 夏火松、甄化春:《大数据环境下舆情分析与决策支持研究文献综述》,《情报杂志》2015 年第 2 期。
③ 张鹏、屈健、倪叶舟等:《大数据环境下网络危机信息挖掘与应急决策模型研究》,《科技创新导报》2018 年第 15 期。

能导致的后果。这一阶段通常涉及定量和定性的分析方法。最后是风险评价。在上述两个阶段的基础上，根据风险的可能性和其潜在影响的严重性，对风险进行排序，确定哪些风险需要优先管理和应对。

国家标准《风险管理—风险评估技术》提供了32种方法来识别、分析和评估风险。这些技术涵盖了广泛的应用场景，从简单的方法讨论到复杂的分析模型，旨在适应不同的风险管理需求。具体而言，这些风险评估技术包括：头脑风暴法、结构化/半结构化访谈、德尔菲法、情景分析、检查表、失效模式和效应分析（FMEA）、危险与可操作性分析（HAZOP）、危险分析与关键控制点（HACCP）、保护层分析法（LOPA）、结构化假设分析（STIFT）、风险矩阵、人因可靠性分析（HRA）、以可靠性为中心的维修、业务影响分析（BIA）、风险指数、故障树分析（FTA）、事件树分析（ETA）、因果分析、决策树分析、Bow-tie法、层次分析法、在险值法（VaR）、资本资产定价模型、FN曲线、马尔可夫分析法、蒙特卡罗模拟法、贝叶斯分析等[①]。在应急管理领域，风险评估技术多应用在监测与预警环节，用于预测风险转变为突发事件的可能性和危害性，为风险监测和预警、应急决策提供技术支持。

8.2.2　风险评估的具体技术

8.2.2.1　决策树分析

决策树分析法是一种运用概率与图论中的树状结构对决策中的不同方案进行比较，从而获得最优方案的风险型决策方法[②]。整个决策树由决策结点、方案分枝、状态结点、概率分枝和结果点五个要素构成。决策树分析主要包含以下步骤：首先，绘制决策树图，其目的是重新梳理问题，以便决策部门更快地决策。其次，计算决策树各个决策方案的期望值，并将期望值标记在相应方案节点上方。最后，对比各方案的期望值的大小，进行剪枝优选。决策树分析可以运用在风险预测、风险早期预警、风险评估、风险决策、风险管控等环节。

8.2.2.2　贝叶斯分析

由于风险的不确定性和随机性，概率论和随机过程等方法在风险预测中得到广泛运用，如故障树、事件树、贝叶斯分析。其中贝叶斯分析最早应用于核电

---

① 国家标准化管理委员会：《风险管理——风险评估技术》(GB/T 27921—2023)，2023年8月6日。
② 唐华松、姚耀文：《数据挖掘中决策树算法的探讨》，《计算机应用研究》2001年第8期。

站风险评估[①]，后逐渐应用到安全生产[②]、金融[③]、应急管理领域[④]。在应急管理领域，贝叶斯分析主要通过三个核心概念来评估和预测风险：先验概率、或然概率和后验概率。其中先验概率指过去发生的事情的统计概率，或然概率指现在发生的事情对未来影响的概率，后验概率是结合先验概率和或然概率而形成的主观概率，综合这三种概率，能够更准确地预测风险，从而做出更为科学的决策。先验概率提供了基础，或然概率带来了新的视角，而后验概率进一步提供了更为全面和精确的风险预测。

从上述分析可以看出，贝叶斯分析作为一种重要的风险评估工具，主要基于概率论来预测和分析风险。然而，这种分析工具较多关注于静态的情况分析，一定程度上忽略了风险因素之间逻辑关联的强弱。为了弥补这一不足，贝叶斯分析常常与其他评估工具结合使用，以获得更全面和深入的风险理解。这些补充工具包括层次分析法[⑤]、故障树[⑥]、地理探测器[⑦]、Bow-tie 模型[⑧]。上述每种工具都有其独特的优势，能够从不同角度分析风险因素之间的关系。例如，层次分析法能够帮助评估和排序各种风险因素的重要性；故障树分析专注于识别可能导致系统故障的途径；而 Bow-tie 模型则结合了故障树和事件树分析，旨在识别风险的原因和后果，以及中间的控制措施。此外，为了进一步提高贝叶斯分析的适应性和准确性，也可以采用模糊贝叶斯网络[⑨]、动态贝叶斯网络[⑩]、朴素贝叶斯、贝叶斯时空模型等风险评估分析模型。这些模型通过引入模糊逻辑、时间动态性和空间特征，能够更好地处理不确定性和复杂性，提供更为精细化的风险评估。

---

① 茆定远、薛大知：《核电站 PSA 分析中可靠性数据处理的贝叶斯方法》，《核动力工程》2000 年第 5 期。
② 刘书杰、李相方，周悦等：《基于贝叶斯——LOPA 方法的深水钻井安全屏障可靠性分析》，《中国安全生产科学技术》2014 年第 9 期。
③ 王春峰、蒋祥林、李刚：《基于随机波动性模型的中国股市波动性估计》，《管理科学学报》2003 年第 4 期。
④ 丁继勇、王卓甫、郭光祥：《基于贝叶斯和动态博弈分析的城市暴雨内涝应急决策》，《统计与决策》2012 年第 23 期。
⑤ 史运涛、朱翔、丁辉等：《基于层次分析——贝叶斯网络的社区配电网风险动态综合评估方法》，《安全与环境工程》2020 年第 1 期。
⑥ 王广彦、马志军、胡起伟：《基于贝叶斯网络的故障树分析》，《系统工程理论与实践》2004 年第 6 期。
⑦ 张湘雪、程昌秀、徐成东等：《基于贝叶斯时空层次模型（BSTHM）和地理探测器法（GeoDetector）对细菌性痢疾的环境风险评估》，《环境化学》2022 年第 7 期。
⑧ 李琼、杨洁、詹夏情：《智慧社区项目建设的社会稳定风险评估——基于 Bow-tie 和贝叶斯模型的实证分析》，《上海行政学院学报》2019 年第 5 期。
⑨ 陆莹、李启明、周志鹏：《基于模糊贝叶斯网络的地铁运营安全风险预测》，《东南大学学报（自然科学版）》2010 年第 5 期。
⑩ 周忠宝、马超群、周经伦等：《基于动态贝叶斯网络的动态故障树分析》，《系统工程理论与实践》2008 年第 2 期。

8.2.2.3　故障树分析

故障树分析是1961年由贝尔电话实验室的研究人员提出的。故障树分析法是一种使用图形来揭示系统故障的演绎技术，能够详细展现在特定条件下，系统故障发生的逻辑顺序和规律。通过绘制一种类似于倒置的树状结构，故障树分析法能够清楚地展示出系统失效的具体方式和原因。在树状图中，每个分支代表了导致系统失效的一个可能原因，而不同分支的汇合点则表示原因如何相互作用导致了最终的故障。故障树分析呈现的逻辑因果关系图不仅有助于理解系统失效的过程，而且为识别和预防潜在故障提供了重要信息。该分析方法目前已被广泛地应用于宇航、核能、电子、机械、化工、采矿等领域。故障树分析方法通常融合模糊理论，运用定性或定量研究方法，开展安全风险评价和完备性评价。故障树分析主要包括以下几个阶段：事故调查和信息收集、事故原因分析、故障树编制、事故树分析等。

8.2.2.4　层次分析法

层次分析法是一种将复杂的决策问题分解为多个层次进行分析的方法，主要由目标层、准则层和指标层构成。目标层为模型顶层，包含“风险指数”这一关键元素，该元素取值由准则层所确定；准则层包含“安全事件可能性”和“安全事件损失”，其取值由指标层各要素的属性所确定；指标层指准则层的目标所需的方案，为准则层提供服务[①]。层次分析法不仅有助于更系统地识别和量化风险因素，还能减少因素之间的相互依赖，确保最终评估对象的保密性、完整性和可用性，最终为决策提供客观、准确的依据。层次分析法适用于多目标、多层次、多因素的复杂系统决策问题，已被广泛应用于社会、经济、科技、生态、规划等多领域的评估、决策、预测层面[②]。然而，层次分析法也存在一些不足，如依赖人们的经验，存在主观影响；判断过程比较粗，不适用精度要求较高的决策问题。因此，目前层次分析法多结合模糊数学理论[③]、德尔菲法[④]、熵权法[⑤]、模糊综合评价法、风险矩阵[⑥]、证

① 柴继文、王胜、梁晖辉等：《基于层次分析法的信息安全风险评估要素量化方法》，《重庆大学学报》2017年第4期。

② 刘满凤：《运筹学教程》，清华大学出版社2010年版，第465页。

③ 张吉军：《模糊层次分析法(FAHP)》，《模糊系统与数学》2000年第2期。

④ 刘光富、陈晓莉：《基于德尔菲法与层次分析法的项目风险评估》，《项目管理技术》2008年第1期。

⑤ 邓红雷、戴栋、李述文：《基于层次分析——熵权组合法的架空输电线路综合运行风险评估》，《电力系统保护与控制》2017年第1期。

⑥ 黄凯宁、尚昭琪、刘岳峰：《基于层次分析和风险矩阵法的城市供水系统风险评估》，《供水技术》2012年第4期。

据推理[①]等方法进行风险评估。

8.2.2.5 马尔可夫分析法和蒙特卡罗模拟法

马尔可夫分析法特别适用于分析和预测风险变化的过程，即系统的未来发展状况仅取决于其现在的状况。蒙特卡罗模拟法是按照一定的步骤在计算机上模拟随机出现的系统状态，并从大量的模拟实验中统计出系统的风险指标。马尔可夫分析法与蒙特卡罗模拟法结合构建成马尔科夫链蒙特卡罗法（MCMC），将随机过程中的马尔可夫链应用到蒙特卡洛方法中实现动态模拟[②]。MCMC的核心思想是建立一个平稳分布且与系统的先验概率分布相同的马尔科夫链，从而得到系统的状态样本，最后基于上述样本进行风险评估。MCMC方法已经被广泛应用于理论物理、社会学、生物学、医学、人工智能、信号通信、金融学等领域。已有研究将MCMC方法运用到突发水污染事件预测模型中，为模型构建提供了新思路[③]。

8.3 监测预警技术

8.3.1 自然灾害监测预警技术

我国在自然灾害防范方面还存在部门之间沟通协调不足、不同灾种时空尺度存在“联动”效应、预警信息传递和响应能力不足等问题。建立自然灾害综合预警系统离不开先进的监测和预警技术，具体涉及监测、数据处理、分析预测、通信传输等技术[④]。自然灾害风险监测预警主要包括以下步骤：首先，汇集气象灾害、地质灾害、地震灾害、森林火灾等事件信息以及预测预警信息、实时监测数据，构建自然灾害风险感知信息网络，同时对异常灾害信息进行风险识别和监测，确定危险源地点、周边环境、可能波及区域。其次，监测部门根据事先收集数据、实时监测数据、地理遥感数据，利用自然灾害风险评估模型、人工智能模型、

---

① 曹菊英、赵跃龙：《基于DS证据推理的信息安全风险评估方法研究》，《计算机工程与应用》2009年第11期。

② 石文辉、别朝红、王锡凡：《大型电力系统可靠性评估中的马尔可夫链蒙特卡洛方法》，《中国电机工程学报》2008年第4期。

③ 杨海东、刘碧玉、黄建华：《基于改进Bayesian-MCMC的突发水污染事件预测模型参数率定方法》，《控制与决策》2018年第4期。

④ 王文、张志、张岩等：《自然灾害综合监测预警系统建设研究》，《灾害学》2022年第2期。

知识图谱等技术，对区域内不同程度的灾害风险进行评估，为后续应急管理决策提供技术保障。之后，监测部门对上述信息和监测数据运用自然灾害态势分析模型、大数据分析法等进行灾害态势推演，推测灾害未来发展趋势。最后，监测部门将分析结果反馈给上级部门，上级部门基于应急管理预案体系，整合上述评估结果与态势推演结果生成自然灾害预警信息，发布自然灾害预警。

8.3.2 事故灾难监测预警技术

事故灾难监测预警技术是应急管理技术的重要组成部分，旨在通过技术手段提前识别和评估潜在的事故和灾难风险，以便采取预防措施或减轻灾害带来的影响。这一技术涉及一系列的方法和工具，从基本的监测设备到复杂的分析和预测模型，共同构成了一个综合性的监测预警系统。其主要内容包括以下几个方面：一是事故灾难风险数据收集。利用各种监测工具和传感器收集相关事故灾难风险数据，包括气象数据、地质变化数据、化学物质浓度数据等。二是事故灾难风险数据处理与分析。应用数据处理软件和算法对收集到的数据进行处理和分析，识别潜在的事故灾难风险。三是事故灾难风险评估。基于分析结果，评估可能发生的事故灾难类型、程度和影响范围，确定事故灾难风险等级。四是预警信息生成。根据事故灾难风险评估结果，生成预警信息，并确定预警级别和紧急响应建议。

事故灾难监测预警技术的发展和应用，对于提高社会的灾害应对能力、促进可持续发展具有重要意义。随着科技的进步，事故灾难监测预警技术将继续向着更加智能化、精准化和系统化的方向发展。

8.3.3 公共卫生事件监测预警技术

公共卫生事件监测预警技术是一整套专门用于识别、评估并预警可能对公共健康构成威胁的事件或疾病暴发的技术体系，其目标是通过实时监测和分析相关健康数据，提前发现公共卫生威胁，以便及时采取预防措施，减轻疾病暴发和传播的影响。近年来，公共卫生事件监测预警技术日益受到重视，尤其是自新冠肺炎疫情暴发以来，公共卫生事件监测与预警系统已经成为关注的焦点，但是在技术支持等方面仍然存在一些不足[①]。公共卫生事件监测预警技术对于提前

---

① 姜长云、姜惠宸：《新冠肺炎疫情防控对国家应急管理体系和能力的检视》，《管理世界》2020年第8期。

识别疾病暴发、制定有效的预防和控制措施、保护公共健康安全具有重要的作用。随着科技的快速发展，可以进一步利用大数据分析、云计算和人工智能等先进技术，提高公共卫生事件监测预警的准确性和效率。

8.4　应急疏散模型

8.4.1　应急疏散的内涵

应急疏散作为一项重要的应急管理活动，旨在确保紧急情况下能够迅速有效地将潜在的受灾群体从危险区域转移到安全地带。从狭义的角度来看，应急疏散主要指在事故发生后，将受影响区域内的人员在最短的时间内安全转移。而从广义的角度考虑，应急疏散不仅涵盖突发事件发生后的人员转移，还包括一系列广泛的活动和准备工作，这些工作涉及应急管理专家、救援人员、政府相关部门以及受影响区域的所有人员。应急疏散的广义理解包括以下几个方面：一是事前准备。这涉及制定应急疏散流程、建设应急通道、准备应急物资等，其目的是确保在紧急情况下能够立即执行疏散计划。二是事中执行。这涉及应急交通运输的配备、避难场所的建立和疏散措施的实施，其目的是确保疏散过程的顺畅和安全。三是事后处理。这涉及对受影响区域人员的救治、应急现场的恢复重建等工作，以尽快恢复正常生活秩序。在进行应急疏散规划时，需要考虑到突发事件的紧迫性、突发性和不确定性。因此，构建应急疏散模型时需要考虑多种参数，包括疏散时间、救援车辆、疏散路线、疏散地点以及受灾人员的特征与数量等。下文主要介绍人员密集场所应急疏散、交通控制、资源调度这三个方面。

8.4.2　人员密集场所应急疏散

人员密集场所应急疏散是指在商场、交通枢纽、体育场馆、展览中心等人员密集场所发生火灾、恐怖袭击等突发情况时，为了最大限度地保护在场人员的生命安全，采取的一系列预先规划和即时执行的疏散行动。这一过程涉及复杂的人流管理、安全通道规划、信息传达和紧急响应措施采取等工作。

人员密集场所应急疏散包括以下主要内容：一是疏散预案制定。这主要涉及疏散路线设计、疏散标识运用、人流控制等工作。疏散路线设计是基于场所布局，设计多条安全、高效的疏散路线，确保在不同紧急情况下均能使用；疏散标识运用涉及设置清晰的疏散标识，包括疏散方向指示牌和紧急出口标志，以指导人员迅速疏散；而人流控制则涉及制定人流控制策略，如在高峰时段限制入口人数，减少拥挤情况。二是应急演练和培训。这主要涉及定期演练和人员培训两项工作。定期演练指定期组织应急疏散演练，使在场人员熟悉疏散程序和路线；人员培训指对场所工作人员进行专业培训，包括应急响应、人群管理和急救技能等。三是应急疏散执行。这主要涉及紧急情况确认、信息快速传达、疏散引导等工作。紧急情况确认指一旦发生紧急情况，立即启动预案，对情况进行快速评估和确认；信息快速传达指通过公共广播系统、电子显示屏等方式，迅速向在场人员传达紧急情况和疏散指令；疏散引导指工作人员应引导和协助人员按疏散路线安全疏散，特别是帮助老人、儿童和残障人士等。四是疏散后评估与改进。这主要涉及疏散效果评估和预案调整两项工作。疏散效果评估指事后对疏散行动的效率和安全性进行评估，识别存在的问题和不足；而预案调整指根据评估结果调整疏散预案和安全措施，以提高未来应急响应的效果。人员密集场所应急疏散的目的是在紧急情况下迅速、有序地疏散人群，避免因混乱导致的二次伤害，保障人员生命安全。

人员密集场所应急疏散技术一般包括以下几个方面的内容：第一，应急疏散过程中人员及其行为模拟技术。这包括模拟个体在火灾紧急情况下行为的计算模型①、楼梯间内人群疏散行为的仿真模型②、疏散人员恐慌模型和建筑内机器人行为模型③，以及基于 Agent 改进的元胞自动机模型④；第二，运用仿真技术进行应急疏散场景模拟。相关仿真软件包括芬兰 VTT 技术研究中心的 FDS+Evas 软件等。第三，运用物联网、人工智能、GIS 等技术开发的应急疏散手段⑤。

8.4.3　应急疏散交通控制

应急疏散时间紧、任务重，如何快速疏散受灾群众是一个需要着重考虑的重

---

① 成琳娜：《基于 Pathfinder 的地铁站火灾应急疏散仿真研究》，兰州交通大学硕士学位论文，2014 年，第 31—37 页。

② 霍非舟：《建筑楼梯区域人员疏散行为的实验与模拟研究》，中国科学技术大学博士学位论文，2015 年，第 73—77 页。

③ 翁文国、袁宏永、范维澄：《一种基于移动机器人行为的人员疏散的元胞自动机模型》，《科学通报》2006 年第 23 期。

④ 张鑫龙、陈秀万、李怀瑜等：《一种改进元胞自动机的人员疏散模型》，《武汉大学学报（信息科学版）》2017 年第 9 期。

⑤ 朱天璋：《基于 BIM 技术的室内应急疏散安全研究》，北京建筑大学硕士学位论文，2020 年，第 6 页。

要问题，这就离不开应急疏散交通控制的支持。应急疏散交通控制是指在发生重大自然灾害、事故灾难或其他紧急情况等突发事件时，通过科学合理的安排，借助相关技术的支持，有效管理和控制交通流，以确保人员能够快速、安全地从受威胁区域撤离到安全地带的过程。应急疏散过程中的交通控制强调根据疏散需求评估分析疏散者对疏散指令的反应，得出疏散需求的时空分布状况以及优化疏散路径[①]，其目的在于优化交通资源配置，减少交通拥堵，提高疏散效率。有学者运用模拟仿真技术实现时间上和空间上的应急疏散交通控制，既有助于保证疏散车辆的优先通行权又能够提高整个交叉口的通行能力[②]。应急疏散交通控制是应急管理中的重要环节，要求政府、相关部门和社会各方共同协作，借助先进技术的支持，通过科学的规划和有效的管理，确保在紧急情况下能够迅速、有序地完成人员疏散，最大限度地减轻灾害带来的损失。

8.4.4　应急资源调度优化

重大突发事件，尤其是重大自然灾害和事故灾难事件，一旦发生可能导致建筑物坍塌受损、生态环境恶化等严重问题，不仅会造成生命财产的重大损失，也会对经济发展和社会秩序造成极大的冲击。地震、洪灾、旱灾等重大自然灾害难以从根源防范，因此如何快速疏散受灾群众、增强应急救援能力和做好灾后恢复与重建是应急管理中需要考虑的重大课题。优化应急资源调度能够提供充足的救援资源，快速响应人员疏散，提高应急救援能力，而回应应急资源调度面临的挑战可以从以下几个方面考虑：首先，应急资源分配问题。这包括确保应急物资分配的公平性，适应受灾区域物资供需的变化，解决不确定情况下的应急物资分配问题，以及明确在有限的应急资源下进行大规模资源分配的策略。其次，应急资源运输问题。这涉及优化车辆的配送路线，解决多配送中心和多种应急物资的车辆配送优化问题，最小化运输时间和考虑路况风险系数，以提高运输配送的效果。最后，应急资源调度优化方法。为了解决上述问题，研究人员开发了各种算法和模型。这些包括精确算法（如动态规划算法、分支定界算法、割平面算法等）和启发式算法（如禁忌搜索算法、模拟退火算法、蚁群算法[③]、遗传算法[④]

---

① 刘小明、胡红：《应急交通疏散研究现状与展望》，《交通运输工程学报》2008 年第 3 期。
② 刘锋：《重大灾害条件下应急疏散交通控制技术研究》，吉林大学硕士学位论文，2011 年，第 4—6 页。
③ 赵惠良、刘建平、刘向东：《城市交通非常规突发事件的应急资源调度最优路径研究》，《北京理工大学学报（社会科学版）》，2010 年第 6 期。
④ 康斌：《突发事件下应急资源调度问题研究》，国防科技大学硕士学位论文，2019 年，第 25—27 页。

等），以及多种研究模型（如超网络模型、多目标调度模型[①]、障碍道路修复以及配送路径选择的综合优化模型等），旨在实现应急资源调度的综合优化。

阅读材料

浦东城运中心“一网统管”城市治理经验

浦东新区位于上海市东部，占地面积1 210平方公里，常住人口576.77万。浦东开放30多年的发展，已经从过去以农业为主的区域，变成了一座设施齐备、要素先进、功能高效的现代化新城。这对浦东新区的城市治理能力也提出了越来越高的要求。

2017年，通过组建城市运行综合管理中心，打造浦东“城市大脑”综合智能指挥平台，构建10类、57个智能化应用场景，推动城市管理突出问题主动智能发现、快速闭环处置。

2019年10月，浦东新区的“城市大脑”2.0版上线，打破部门的信息和技术壁垒，共接入109个单位341个系统，归集使用数据11.8 PB，部署物联感知设备近4万个，进一步促进了信息共享、推动智能平台的实战实用。

2020年7月1日，浦东城市运行“一网统管”“城市大脑”3.0版上线，构建“城市大脑”日常管理总平台、街镇智能综合管理分平台、居村联勤联动微平台，打造专业部门智能综合管理平台、迭代拓展专项应用场景，总体形成智能化应用场景体系。

2020年10月起，“城市大脑”开启了更深层次的统筹，即聚焦“经济治理、社会治理、城市治理三大治理平台深化整合”，有助于将涉及经济、社会、城市治理的“三合一”环节彻底打通。

2022年10月21日，“城市大脑”4.0版正式上线，不断推动“一网统管”向更实战、更实用方向深化，由此浦东“城市大脑”又有了新的目标，即实现全域感知、全数融通、全时响应、全景赋能，推动上下左右联动协同，加快建设科学、权威、高效的应急管理体系。

在“城市大脑”指挥平台上，借助大数据、云计算、人工智能、物联网等技

① 文仁强、钟少波、袁宏永等：《应急资源多目标优化调度模型与多蚁群优化算法研究》，《计算机研究与发展》2013年第7期。

术，城市中的交通出行、垃圾分类、物业管理、综合执法等各个领域都能实现“一屏观全域、一网管全城”，一旦出现异常，“城市大脑”能及时发现并推送解决方案，构筑城市的“安全线”；而以无人机、车载视频等智能化设备为辅助，形成“云端无人机巡航、高空鹰眼瞭望、街面监控雪亮、现场单兵补盲”的监控体系，提升了对城市管理问题的动态监测预警和对重大活动、突发事件的保障能力。

资料来源：《浦东城运中心努力抓好“一平台”“一大脑”“一张网”“一件事”全力打造现代城市治理示范样板》，2022年6月21日，https://www.shanghai.gov.cn/nw15343/20220629/08dc0d9a349844fb85ded52d9e67b21a.html，2024年2月25日。

《浦东概况》，2023年2月20日，https://www.pudong.gov.cn/008001001/20211020/1746.html，2024年2月25日。

思考题

1. 浦东新区“城市大脑”在赋能应急管理全过程中有哪些优势？
2. “城市大脑”在政府职能履行中可以发挥哪些作用？
3. 据你了解，还有哪些城市治理的先进经验？请列举并说明。

参 考 文 献

一、中文文献

1. 中文专著

[1] 陈安、陈樱花:《公共危机与应急管理领导干部读本》,北京:中共中央党校出版社2020年版。

[2] 陈业新:《灾害与两汉社会研究》,上海:上海人民出版社2004年版。

[3] 范维澄、闪淳昌等:《公共安全与应急管理》,北京:科学出版社2017年版。

[4] 何文炯:《风险管理》,大连:东北财经大学出版社1999年版。

[5] 洪凯:《应急管理体制跨国比较》,广州:暨南大学出版社2012年版。

[6] 雷晓康、席恒等:《突发公共事件的危机管理》,西安:陕西人民出版社2006年版。

[7] 李文海、夏明方、朱浒:《中国荒政书集成第一册》,天津:天津古籍出版社2010年版。

[8] 李雪峰、佟瑞鹏:《应急管理概论》,北京:应急管理出版社2021年版。

[9] 刘钧、徐晓华、刘文敬:《风险管理概论(第三版)》,北京:清华大学出版社2013年版。

[10] 刘晓亮:《城市公共安全风险防控体系研究》,上海:华东理工大学出版社2021年版。

[11] 罗云、樊运晓、马晓春:《风险分析与安全评价——安全健康新知丛书》,北京:化学工业出版社2004年版。

[12] 马怀德:《应急反应的法学思考——"非典"法律问题研究》,北京:中国政法大学出版社2004年版。

[13] 欧黎明、王云强：《领导干部应急管理能力建设概论》，北京：红旗出版社2016年版。
[14] 乔仁毅、龚维斌：《政府应急管理》，北京：国家行政学院出版社2014年版。
[15] 全国人大常委会法制工作委员会：《中华人民共和国突发事件应对法释义》，北京：法律出版社2007年版。
[16] 闪淳昌、薛澜：《应急管理概论：理论与实践（第二版）》，北京：高等教育出版社2020年版。
[17] 石涛：《北宋时期自然灾害与政府管理体系研究》，北京：社会科学文献出版社2010年版。
[18] 孙建平等：《城市风险管理学：城市运行安全的中国实践》，上海：同济大学出版社2021年版。
[19] 唐彦东、于汐、郎爱云：《应急管理学原理》，北京：应急管理出版社2021年版。
[20] 滕五晓：《应急管理能力评估——基于案例分析的研究》，北京：社会科学文献出版社2014年版。
[21] 童星等：《中国应急管理：理论、实践、政策》，北京：社会科学文献出版社2012年版。
[22] 王宏伟：《新时代应急管理通论》，北京：应急管理出版社2019年版。
[23] 王宏伟：《应急管理新论》，北京：中国人民大学出版社2021年版。
[24] 王绍玉、冯百侠：《城市灾害应急与管理》，重庆：重庆出版社2005年版。
[25] 肖群鹰、朱正威：《公共危机管理与社会风险评价》，北京：社会科学文献出版社2013年版。
[26] 薛澜、张强、钟开斌：《危机管理：转型期中国面临的挑战》，北京：清华大学出版社2003年版。
[27] 于汐、唐彦东：《灾害风险管理》，北京：清华大学出版社2017年版。
[28] 张永理、李程伟：《公共危机管理》，武汉：武汉大学出版社2010年版。
[29] 中国电子信息产业发展研究院：《2019—2020年中国安全（应急）产业发展蓝皮书》，北京：电子工业出版社2020年版。
[30] 钟开斌：《应急管理十二讲》，北京：人民出版社2020年版。
[31] 周晓丽：《公共危机管理》，北京：光明日报出版社2009年版。
[32] 邹建章：《抗逆力：如何应对生活中的坏事件》，长春：吉林文史出版社2019年版。

2. 中文译著

[1] [德] 尼克拉斯・卢曼：《风险社会学》，孙一洲译，南宁：广西人民出版社 2020 年版。

[2] [德] 乌尔里希・贝克：《风险社会：新的现代性之路》，张文杰、何博闻译，南京：译林出版社 2022 年版。

[3] [法] 亨利・法约尔：《工业管理与一般管理》，迟力耕、张璇译，北京：机械工业出版社 2007 年版。

[4] [美] 埃里克・克里纳伯格：《热浪：芝加哥灾难的社会剖析》，徐家良等译，北京：商务印书馆 2014 年版。

[5] [美] 格来哲・摩根等：《不确定性》，王红漫译，北京：北京大学出版社 2011 年版。

[6] [美] 伦斯・巴顿：《组织危机管理》，符彩霞译，北京：清华大学出版社 2002 年版。

[7] [英] 安东尼・吉登斯：《失控的世界》，周红云译，南昌：江西人民出版社 2001 年版。

[8] [英] 巴鲁克・费斯科霍夫等：《人类可接受风险》，王红漫译，北京：北京大学出版社 2009 年版。

[9] [英] 马丁・冯、彼得・杨：《公共部门风险管理》，陈通等译，天津：天津大学出版社 2003 年版。

3. 学术论文

[1] 包涵川：《风险演化进程中的社区参与模式研究》，《甘肃行政学院学报》2022 年第 3 期。

[2] 鲍晓娜、张舒畅、林琳：《基于利益相关者视角的战略性企业社会责任践行路径研究》，《学习与探索》2022 年第 10 期。

[3] 曹惠民、黄炜能：《地方政府应急管理能力评估指标体系探讨》，《广州大学学报(社会科学版)》2015 年第 12 期。

[4] 曹杰、杨晓光、汪寿阳：《突发公共事件应急管理研究中的重要科学问题》，《公共管理学报》2007 年第 2 期。

[5] 曹菊英、赵跃龙：《基于 DS 证据推理的信息安全风险评估方法研究》，《计算机工程与应用》2009 年第 11 期。

[6] 曹薇：《复杂适应系统理论在企业为主体的产学研合作中的应用》，《系统

科学学报》2015 年第 4 期。

[7] 柴继文、王胜、梁晖辉等：《基于层次分析法的信息安全风险评估要素量化方法》，《重庆大学学报》2017 年第 4 期。

[8] 陈安：《应急管理的机理体系》，《安全》2007 年第 6 期。

[9] 陈成文、潘泽泉：《论社会支持的社会学意义》，《湖南师范大学社会科学学报》2000 年第 6 期。

[10] 陈璟浩、李纲：《突发社会安全事件网络舆情演化的生存分析——基于 70 起重大社会安全事件的分析》，《情报杂志》2016 年第 4 期。

[11] 陈升、孟庆国、胡鞍钢：《政府应急能力及应急管理绩效实证研究——以汶川特大地震地方县市政府为例》，《中国软科学》2010 年第 2 期。

[12] 陈潭、梁世杰：《组织动员、社区学习与应急治理——社区公共卫生应急治理的响应范式与实践逻辑》，《社会科学》2021 年第 12 期。

[13] 陈向明：《社会科学中的定性研究方法》，《中国社会科学》1996 年第 6 期。

[14] 陈新明、刘一弘：《应急领导力：应急管理能力现代化的关键环节》，《天津行政学院学报》2023 年第 4 期。

[15] 陈尧：《全球民主化进程中公民社会的脆弱性》，《上海交通大学学报(哲学社会科学版)》2010 年第 2 期。

[16] 陈迎欣、周蕾、郜旭彤等：《公众参与自然灾害应急救助的效率评价——基于 2008—2017 年应急救助案例的实证研究》，《中国软科学》2020 年第 2 期。

[17] 陈玉梅：《协同治理下应急管理协作中的信息共享之关键影响因素分析》，《暨南学报(哲学社会科学版)》2018 年第 12 期。

[18] 储节旺、朱玲玲：《基于大数据分析的突发事件网络舆情预警研究》，《情报理论与实践》2017 年第 8 期。

[19] 崔永东：《古代中国的防灾问题试探》，《北京联合大学学报(人文社会科学版)》2014 年第 1 期。

[20] 邓红雷、戴栋、李述文：《基于层次分析—熵权组合法的架空输电线路综合运行风险评估》，《电力系统保护与控制》2017 年第 1 期。

[21] 邓云峰、郑双忠、刘铁民：《突发灾害应急能力评估及应急特点》，《中国安全生产科学技术》2005 年第 5 期。

[22] 丁继勇、王卓甫、郭光祥：《基于贝叶斯和动态博弈分析的城市暴雨内涝应

急决策》,《统计与决策》2012 年第 23 期。
[23] 丁留谦、李娜、王虹：《美国应急管理的演变及对我国的借鉴》,《中国防汛抗旱》2018 年第 7 期。
[24] 董荣胜、古天龙：《计算思维与计算机方法论》,《计算机科学》2009 年第 1 期。
[25] 董幼鸿、叶岚：《技术治理与城市疫情防控：实践逻辑及理论反思——以上海市 X 区“一网统管”运行体系为例》,《东南学术》2020 年第 3 期。
[26] 董泽宇：《基于结构,功能与过程的突发事件预警管理》,《中国应急管理》2023 年第 9 期。
[27] 范辉、刘卫东、张恒义：《基于利益相关者理论的失地农民土地权益保护研究》,《地域研究与开发》2016 年第 4 期。
[28] 房凯：《重大灾害现场消防应急通信保障方法研究》,《中国新通信》2020 年第 21 期。
[29] 高尚涛：《外交决策分析的利益相关者理论》,《社会科学》2016 年第 1 期。
[30] 郭其云、董希琳、岳清春等：《基于利益相关者分析模型的危机管理研究》,《消防科学与技术》2014 年第 4 期。
[31] 郭星华：《“无直接利益相关者”新解》,《人民论坛》2009 年第 16 期。
[32] 韩菁雯、雷长群：《社区风险管理标准化流程研究——基于美国社区风险管理启示》,《城市发展研究》2020 年第 4 期。
[33] 韩雪：《突发公共事件应急响应：程序的效率价值与政治责任》,《行政论坛》2016 年第 2 期。
[34] 韩志明：《政府公共危机管理能力的不确定性分析》,《湖北社会科学》2007 年第 3 期。
[35] 韩自强：《应急管理能力：多层次结构与发展路径》,《中国行政管理》2020 年第 3 期。
[36] 郝韦霞：《基于复杂适应系统理论的生态预算在我国的适应性演化研究》,《系统科学学报》2015 年第 2 期。
[37] 何清、李宁、罗文娟等：《大数据下的机器学习算法综述》,《模式识别与人工智能》2014 年第 4 期。
[38] 何文盛、李雅青：《突发公共卫生事件中信息公开共享的协同机制分析与优化》,《兰州大学学报(社会科学版)》2020 年第 2 期。

[39] 胡发贵:《试论中国古代道德教化的特点》,《江苏大学学报(社会科学版)》2009 年第 2 期。
[40] 黄琛:《中国传统"应急之道"及对当代的启示》,《厦门特区党校学报》2014 年第 5 期。
[41] 黄崇福:《自然灾害风险分析的基本原理》,《自然灾害学报》1999 年第 2 期。
[42] 黄恒振、杨博文:《技术与组织变迁——基于复杂适应系统理论的研究》,《科学学研究》2008 年第 S2 期。
[43] 黄凯宁、尚昭琪、刘岳峰:《基于层次分析和风险矩阵法的城市供水系统风险评估》,《供水技术》2012 年第 4 期。
[44] 黄朴民、郭相宜:《中国古代兵家思想的演变轨迹及其研究进路》,《齐鲁学刊》2023 年第 2 期。
[45] 黄杨森:《风险沟通中需求处理和议题讨论的阻滞与优化》,《内蒙古社会科学》2023 年第 1 期。
[46] 贾生华、陈宏辉:《利益相关者的界定方法述评》,《外国经济与管理》2002 年第 5 期。
[47] 江源、田晓伟:《社会脆弱性问题研究进展评述与展望》,《软科学》2023 年第 9 期。
[48] 姜传胜、邓云峰、贾海江等:《突发事件应急演练的理论思辨与实践探索》,《中国安全科学学报》2011 年第 6 期。
[49] 姜长云、姜惠宸:《新冠肺炎疫情防控对国家应急管理体系和能力的检视》,《管理世界》2020 年第 8 期。
[50] 金晓伟:《我国应急法律体系的冲突与弥合——以紧急状态的多重逻辑为切入点》,《河南社会科学》2021 年第 4 期。
[51] 金莹、刘艳灵:《抗逆力塑造:乡村社区应急治理新框架》,《农业经济问题》2022 年第 2 期。
[52] 孔锋:《古代中国灾害管理特征与灾害文化的理解》,《中国减灾》2023 年第 18 期。
[53] 李国和:《失衡与自觉:风险社会的理论溯源与现实诉求》,《甘肃社会科学》2023 年第 4 期。
[54] 李湖生:《各类突发事件应对异同及健全应急管理体系相关问题探讨》,

《安全》2020 年第 3 期。
[55] 李军、胡鹏：《中国传统社会救灾模式选择及原因探讨》，《中国农史》2014 年第 1 期。
[56] 李军、马国英：《中国古代政府的政治救灾制度》，《山西大学学报（哲学社会科学版）》2008 年第 1 期。
[57] 李粮：《公司治理、内部控制与混改国企协调发展——基于利益相关者理论的视角》，《经济问题》2020 年第 5 期。
[58] 李路路：《社会变迁：风险与社会控制》，《中国人民大学学报》2004 年第 2 期。
[59] 李明：《海原大地震与中国灾害治理思想的近代化转型》，《中国减灾》2020 年第 23 期。
[60] 李牧、董明皓：《论基层应急法治能力提升的三重向度》，《学术交流》2022 年第 9 期。
[61] 李倩倩、王红兵、刘怡君等：《我国群体性事件的典型特征、治理问题与对策建议》，《智库理论与实践》2022 年第 2 期。
[62] 李青：《中国法律近代化的开端——洋务派的“稍变成法”引进西法》，《政法论坛》2009 年第 4 期。
[63] 李琼、杨洁、詹夏情：《智慧社区项目建设的社会稳定风险评估——基于 Bow-tie 和贝叶斯模型的实证分析》，《上海行政学院学报》2019 年第 5 期。
[64] 李瑞昌：《城市治理网络的嵌入机制——以上海市基层应急管理单元为研究个案》，《江苏行政学院学报》2008 年第 3 期。
[65] 李维安、王世权：《利益相关者治理理论研究脉络及其进展探析》，《外国经济与管理》2007 年第 4 期。
[66] 李文明、吕福玉：《信息的本体论意义与传播学价值》，《山西大学学报（哲学社会科学版）》2017 年第 1 期。
[67] 李洋、王辉：《利益相关者理论的动态发展与启示》，《现代财经—天津财经学院学报》2004 年第 7 期。
[68] 李尧远、曹蓉、许振宇：《国家应急管理现代化：意涵、标准与路径》，《中国地质大学学报（社会科学版）》2017 年第 3 期。
[69] 林鸿潮、詹承豫：《非常规突发事件应对与应急法的重构》，《中国行政管理》2009 年第 7 期。

[70] 林鸿潮:《公共应急管理中的市场机制:功能、边界和运行》,《理论与改革》2015 年第 3 期。
[71] 林鸿潮:《论公共应急管理机制的法治化——兼辨“一案三制”》,《社会主义研究》2009 年第 5 期。
[72] 林蓉蓉:《突发公共事件应急管理合作中的合作结构、过程和结果——基于应急合作的研究述评》,《中国行政管理》2021 年第 1 期。
[73] 刘大有、陈慧灵、齐红等:《时空数据挖掘研究进展》,《计算机研究与发展》2013 年第 2 期。
[74] 刘光富、陈晓莉:《基于德尔菲法与层次分析法的项目风险评估》,《项目管理技术》2008 年第 1 期。
[75] 刘厚俭、熊悦安:《紧急医疗救援应急能力建设再思考》,《中国急救复苏与灾害医学杂志》2007 年第 7 期。
[76] 刘仁辉、安实:《面对突发事件企业应急管理策略》,《管理世界》2008 年第 5 期。
[77] 刘书杰、李相方、周悦等:《基于贝叶斯——LOPA 方法的深水钻井安全屏障可靠性分析》,《中国安全生产科学技术》2014 年第 9 期。
[78] 刘铁民:《应急预案重大突发事件情景构建——基于“情景—任务—能力”应急预案编制技术研究之一》,《中国安全生产科学技术》2012 年第 4 期。
[79] 刘铁民:《重大事故灾难情景构建理论与方法》,《复旦公共行政评论》2013 年第 2 期。
[80] 刘彤、闫天池:《我国的主要气象灾害及其经济损失》,《自然灾害学报》2011 年第 2 期。
[81] 刘小明、胡红:《应急交通疏散研究现状与展望》,《交通运输工程学报》2008 年第 3 期。
[82] 刘新建、陈晓君:《国内外应急管理能力评价的理论与实践综述》,《燕山大学学报》2009 年第 3 期。
[83] 刘一弘、高小平:《新中国 70 周年应急管理制度创新》,《甘肃行政学院学报》2019 年第 4 期。
[84] 陆凤英:《公共危机管理视野下的政府形象塑造策略》,《西北师大学报(社会科学版)》2012 年第 3 期。
[85] 陆莹、李启明、周志鹏:《基于模糊贝叶斯网络的地铁运营安全风险预测》,

《东南大学学报(自然科学版)》2010 年第 5 期。
[86] 罗东霞、时勘、彭浩涛：《组织抗逆力问题研究》,《中国人力资源开发》2010 年第 8 期。
[87] 马宝成：《加快推进应急管理体系和能力现代化》,《中国应急管理科学》2020 年第 7 期。
[88] 马伟娜、桑标、洪灵敏：《心理弹性及其作用机制的研究述评》,《华东师范大学学报(教育科学版)》2008 年第 1 期。
[89] 毛瑞明：《论我国政府应急管理制度建设》,《江西社会科学》2010 年第 5 期。
[90] 茆定远、薛大知：《核电站 PSA 分析中可靠性数据处理的贝叶斯方法》,《核动力工程》2000 年第 5 期。
[91] 梅扬：《紧急状态的概念流变与运作机理》,《法制与社会发展》2023 年第 6 期。
[92] 米硕、刘润泽、张林：《数字技术何以提升公众的应急安全意识与能力？——来自深圳市应急宣教平台的证据》,《行政论坛》2023 年第 5 期。
[93] 莫于川：《我国的公共应急法制建设——非典危机管理实践提出的法制建设课题》,《中国人民大学学报》2003 年第 4 期。
[94] 穆丽：《重大突发公共卫生事件国际应急管理合作机制探究》,《延边大学学报(社会科学版)》2020 年第 5 期。
[95] 孔娜娜、王超兴：《社会组织参与突发事件治理的边界及其实现：基于类型和阶段的分析》,《社会主义研究》2016 年第 4 期。
[96] 庞卉、金晓楠、姜媛等：《民众社会风险感知量表的编制》,《心理与行为研究》2023 年第 4 期。
[97] 齐宝鑫、武亚军：《战略管理视角下利益相关者理论的回顾与发展前瞻》,《工业技术经济》2018 年第 2 期。
[98] 齐明山、李彦娅：《社会转型时期政府危机管理能力的缺失及其提升路径分析》,《天津行政学院学报》2008 年第 6 期。
[99] 钱洪伟、郭晶、李甜甜：《复杂适应系统理论视角下我国应急科技系统发展研究》,《科技进步与对策》2022 年第 17 期。
[100] 钱洪伟、黄宇茜：《国家突发事件应急体系建设“十四五”规划设计若干思考(二)》,《决策探索(中)》2020 年第 2 期。

[101] 任政:《以共享为核心的社会公平正义观的转型与建构》,《思想理论教育》2023 年第 5 期。
[102] 闪淳昌、周玲、钟开斌:《对我国应急管理机制建设的总体思考》,《国家行政学院学报》2011 年第 1 期。
[103] 闪淳昌、周玲、秦绪坤等:《我国应急管理体系的现状、问题及解决路径》,《公共管理评论》2020 年第 2 期。
[104] 闪淳昌:《建设现代化应急管理体系的思考》,《社会治理》2015 年第 1 期。
[105] 邵亦文、徐江:《城市韧性: 基于国际文献综述的概念解析》,《国际城市规划》2015 年第 2 期。
[106] 石涛、李婉婷:《试论北宋中央政府的减灾管理机构》,《首都师范大学学报(社会科学版)》2008 年第 4 期。
[107] 石文辉、别朝红、王锡凡:《大型电力系统可靠性评估中的马尔可夫链蒙特卡洛方法》,《中国电机工程学报》2008 年第 4 期。
[108] 史运涛、朱翔、丁辉等:《基于层次分析——贝叶斯网络的社区配电网风险动态综合评估方法》,《安全与环境工程》2020 年第 1 期。
[109] 双修海、陈晓平:《进化生物学与目的论: 试论“进化”思想的哲学基础》,《自然辩证法通讯》2018 年第 5 期。
[110] 司海燕:《安全生产应急管理法制的完善》,《广西社会科学》2012 年第 8 期。
[111] 宋学锋:《复杂性、复杂系统与复杂性科学》,《中国科学基金》2003 年第 5 期。
[112] 宋友文:《风险社会及其价值观前提批判》,《天津社会科学》2005 年第 1 期。
[113] 苏桂武、高庆华:《自然灾害风险的分析要素》,《地学前缘》2003 年第 1 期。
[114] 苏杭:《经济韧性问题研究进展》,《经济学动态》2015 年第 8 期。
[115] 孙伟锋:《完善基层应急管理体系》,《现代职业安全》2020 年第 11 期。
[116] 孙语圣、徐元德:《中国近代灾荒史理论探析》,《灾害学》2011 年第 2 期。
[117] 谭跃进、邓宏钟:《复杂适应系统理论及其应用研究》,《系统工程》2001 年第 5 期。
[118] 汤爱平、谢礼立、陶夏新等:《自然灾害的概念、等级》,《自然灾害学报》

1999 年第 3 期。
[119] 唐巍、李殿璞、陈学允：《混沌理论及其应用研究》，《电力系统自动化》2000 年第 7 期。
[120] 陶建钟：《风险社会的秩序困境及其制度逻辑》，《江海学刊》2014 年第 2 期。
[121] 陶鹏、童星：《灾害社会科学：基于脆弱性视角的整合范式》，《南京社会科学》2011 年第 11 期。
[122] 陶鹏、薛澜：《论我国政府与社会组织应急管理合作伙伴关系的建构》，《国家行政学院学报》2013 年第 3 期。
[123] 陶鹏：《论应急预案编制与管理的政策过程面向》，《西南民族大学学报（人文社会科学版）》2021 年第 2 期。
[124] 陶鹏：《应急预案体现了府际差异性吗？——以北京市 M 区为例的研究》，《中国行政管理》2018 年第 3 期。
[125] 陶振：《突发事件应急预案：体系、编制与优化》，《行政论坛》2013 年第 5 期。
[126] 铁永波、唐川：《城市灾害应急能力评价指标体系建构》，《城市问题》2005 年第 6 期。
[127] 同雪莉：《抗逆力叙事：本土个案工作新模式》，《首都师范大学学报（社会科学版）》2015 年第 1 期。
[128] 童星、张海波：《群体性突发事件及其治理——社会风险与公共危机综合分析框架下的再考量》，《学术界》2008 年第 2 期。
[129] 汪婧、荣莉莉、蔡莹莹：《基于复杂网络的应急预案体系演化模型》，《系统工程》2015 年第 3 期。
[130] 王晟昱、何兰萍、李想：《社会组织参与应急管理的危机学习——协同治理机制研究》，《河海大学学报（哲学社会科学版）》2023 年第 5 期。
[131] 王春峰、蒋祥林、李刚：《基于随机波动性模型的中国股市波动性估计》，《管理科学学报》2003 年第 4 期。
[132] 王春峰、万海辉、李刚：《基于 MCMC 的金融市场风险 VaR 的估计》，《管理科学学报》2000 年第 2 期。
[133] 王丛虎：《构建和完善服务需求导向的应急物资保障》，《人民论坛》2022 年第 9 期。

[134] 王丛虎：《总结成功经验持续推动理论与实践创新》，《中国应急管理报》2021 年第 3 期。

[135] 王光宏、蒋平：《数据挖掘综述》，《同济大学学报（自然科学版）》2004 年第 2 期。

[136] 王广彦、马志军、胡起伟：《基于贝叶斯网络的故障树分析》，《系统工程理论与实践》2004 年第 6 期。

[137] 王海涛：《应急通信发展现状和技术手段分析》，《电力系统通信》2011 年第 2 期。

[138] 王力军：《"脆弱性相互依赖"析论》，《太平洋学报》2016 年第 2 期。

[139] 王奇才：《应对突发公共卫生事件的法治原则与法理思维》，《法制与社会发展》2020 年第 3 期。

[140] 王庆华、孟令光：《价值、管理与行动：理解危机学习的三重面向》，《行政论坛》2023 年第 5 期。

[141] 王锐兰：《政府应急管理的绩效评价指标体系研究》，《安徽大学学报（哲学社会科学版）》2009 年第 1 期。

[142] 王身余：《从"影响"、"参与"到"共同治理"——利益相关者理论发展的历史跨越及其启示》，《湘潭大学学报（哲学社会科学版）》2008 年第 6 期。

[143] 王述伟、魏子勇：《环境安全预警和应急监测体系建设探讨》，《中国环境管理》2013 年第 4 期。

[144] 王文、张志、张岩等：《自然灾害综合监测预警系统建设研究》，《灾害学》2022 年第 2 期。

[145] 王振辉、王永杰等：《医患信任脆弱性：理论框架与反脆弱发展体系》，《甘肃行政学院学报》2019 年第 6 期。

[146] 王正攀：《灾后恢复重建的社会治理重构研究：一个理论分析框架》，《中国应急管理科学》2020 年第 11 期。

[147] 魏建国：《法治文化：特质、功能及培育机理分析》，《社会科学战线》2012 年第 6 期。

[148] 魏永忠：《论我国城市社会安全指数的预警等级与指标体系》，《中国行政管理》2007 年第 2 期。

[149] 温志强、郝雅立：《转危为机：应急管理体系的完善与发展困境——汶川地震十周年回顾》，《理论学刊》2018 年第 4 期。

[150] 温志强、李永俊：《“常态—安全”与“非常态—应急”：基于双螺旋递升模型的应急文化研究》，《上海行政学院学报》2022 年第 5 期。
[151] 翁文国、袁宏永、范维澄：《一种基于移动机器人行为的人员疏散的元胞自动机模型》，《科学通报》2006 年第 23 期。
[152] 乌尔里希·贝克、郗卫东：《风险社会再思考》，《马克思主义与现实》2002 年第 4 期。
[153] 吴芳、张岩：《基于工具性利益相关者视角的员工责任与企业创新绩效研究》，《管理学报》2021 年第 2 期。
[154] 吴光兴：《我国特大自然灾害下的应急通信管理方法研究》，《通讯世界》2017 年第 9 期。
[155] 吴新燕、顾建华：《国内外城市灾害应急能力评价的研究进展》，《自然灾害学报》2007 年第 6 期。
[156] 吴宗之、刘茂：《重大事故应急预案分级、分类体系及其基本内容》，《中国安全科学学报》2003 年第 1 期。
[157] 武蓓蓓、徐辉：《中国气象局公共气象服务中心发展历程》，《气象科技进展》2017 年第 1 期。
[158] 武瑞敏、张志强：《网络信息学及其知识发现前沿与前瞻》，《图书与情报》2023 年第 1 期。
[159] 夏火松、甄化春：《大数据环境下舆情分析与决策支持研究文献综述》，《情报杂志》2015 年第 2 期。
[160] 夏一雪、郭其云、杨隽等：《我国古代公共危机应急救援的历史经验与有益启示》，《学术论坛》2012 年第 7 期。
[161] 项继权、马光选：《政治风险与风险政治——风险的政治学研究传统及新范式建构》，《深圳大学学报(人文社会科学版)》2012 年第 6 期。
[162] 谢晖：《论法律程序的实践价值(下)》，《北京行政学院学报》2005 年第 2 期。
[163] 谢山河、左功叶、周黎：《网络舆情中的社会安全隐患研究》，《求实》2010 年第 7 期。
[164] 谢旭阳、邓云峰、李群等：《应急管理信息系统总体架构探讨》，《中国安全生产科学技术》2006 年第 6 期。
[165] 谢迎军、朱朝阳、周刚等：《应急预案体系研究》，《中国安全生产科学技

术》2010 年第 3 期。

[166] 徐兴良、于贵瑞:《基于生态系统演变机理的生态系统脆弱性、适应性与突变理论》,《应用生态学报》2022 年第 3 期。

[167] 薛澜、钟开斌:《国家应急管理体制建设: 挑战与重构》,《改革》2005 年第 3 期。

[168] 薛澜、钟开斌:《突发公共事件分类、分级与分期: 应急体制的管理基础》,《中国行政管理》2005 年第 2 期。

[169] 薛澜、周玲:《风险管理:"关口再前移"的有力保障》,《中国应急管理》2007 年第 11 期。

[170] 杨飞、马超、方华军:《脆弱性研究进展: 从理论研究到综合实践》,《生态学报》2019 年第 2 期。

[171] 杨海东、刘碧玉、黄建华:《基于改进 Bayesian - MCMC 的突发水污染事件预测模型参数率定方法》,《控制与决策》2018 年第 4 期。

[172] 杨海坤、马迅:《总体国家安全观下的应急法治新视野——以社会安全事件为视角》,《行政法学研究》2014 年第 4 期。

[173] 杨俭、潘凤英:《我国秦至清末的疫病灾害研究》,《灾害学》1994 年第 3 期。

[174] 杨晴青、高岩辉、杨新军:《基于扎根理论的乡村人居环境系统脆弱性—恢复力整合研究——演化特征、路径与理论模型》,《地理研究》2023 年第 1 期。

[175] 杨文光、尚华、罗琮:《改进 TOPSIS 方法下的全国城市应急管理能力评估研究》,《数学的实践与认识》2020 年第 14 期。

[176] 杨雪冬:《风险社会理论述评》,《国家行政学院学报》2005 年第 1 期。

[177] 杨耀臣:《马尔可夫链——蒙特卡罗方法与人口学研究》,《西北人口》2008 年第 2 期。

[178] 姚国章、谢润盛:《加拿大应急管理框架》,《中国应急管理》2008 年第 11 期。

[179] 姚伟:《论社会风险不平等》,《长白学刊》2011 年第 3 期。

[180] 易承志:《从刚性应对到弹性治理: 韧性视角下城市应急管理的转型分析》,《南京社会科学》2023 年第 5 期。

[181] 易鹏、薛莎:《重大突发事件中的网络舆论生态修复: 旨趣、价值与机制》,《理论导刊》2021 年第 12 期。

[182] 游志斌、薛澜:《美国应急管理体系重构新趋向: 全国准备与核心能力》,

《国家行政学院学报》2015 年第 3 期。
[183] 于振波：《汉代“天人感应”思想对宰相制度的影响》，《中国社会科学院研究生院学报》1994 年第 6 期。
[184] 余敏江、方熠威：《“隐秩序”画像：城市精细化治理的机制设计——以复杂适应系统理论为分析视角》，《求实》2022 年第 6 期。
[185] 詹承豫：《动态情景下突发事件应急预案的完善路径研究》，《行政法学研究》2011 年第 1 期。
[186] 张成福：《公共危机管理：全面整合的模式与中国的战略选择》，《中国行政管理》2003 年第 7 期。
[187] 张道明：《古代治乱安危思想在应急管理中的现实关照》，《大庆社会科学》2020 年第 5 期。
[188] 张改平、萧赓、李红昌等：《我国应急交通运输体系的问题及建议》，《中国公路》2020 年第 7 期。
[189] 张海波、童星：《中国应急预案体系的优化——基于公共政策的视角》，《上海行政学院学报》2012 年第 6 期。
[190] 张海波：《应急管理的全过程均衡：一个新议题》，《中国行政管理》2020 年第 3 期。
[191] 张海波：《中国应急预案体系：结构与功能》，《公共管理学报》2013 年第 2 期。
[192] 张海波：《中国总体国家安全观下的安全治理与应急管理》，《中国行政管理》2016 年第 4 期。
[193] 张海龙、李雄飞、董立岩：《应急预案评估方法研究》，《中国安全科学学报》2009 年第 7 期。
[194] 张昊、吕欣驰：《论重特大灾害消防应急通信技术》，《消防科学与技术》2011 年第 2 期。
[195] 张红：《我国突发事件应急预案的缺陷及其完善》，《行政法学研究》2008 年第 3 期。
[196] 张红：《我国应急物资储备制度的完善》，《中国行政管理》2009 年第 3 期。
[197] 张吉军：《模糊层次分析法(FAHP)》，《模糊系统与数学》2000 年第 2 期。
[198] 张介明：《我国古代对冲自然灾害风险的“荒政”探析》，《学术研究》2009 年第 7 期。

[199] 张宁:《风险文化理论研究及其启示——文化视角下的风险分析》,《中央财经大学学报》2012 年第 12 期。
[200] 张鹏、屈健、倪叶舟等:《大数据环境下网络危机信息挖掘与应急决策模型研究》,《科技创新导报》2018 年第 15 期。
[201] 张涛:《中国古代灾害治理的历史经验》,《理论学刊》2022 年第 5 期。
[202] 张鑫龙、陈秀万、李怀瑜等:《一种改进元胞自动机的人员疏散模型》,《武汉大学学报(信息科学版)》2017 年第 9 期。
[203] 张玉磊:《当前我国群体性突发事件的六大特征》,《党政干部学刊》2008 年第 10 期。
[204] 章先华、贾仁安、王翔:《论我国应急管理机制创新——从疫情应急角度分析》,《江西社会科学》2012 年第 2 期。
[205] 赵玉芳、毕重增:《突发公共事件的心理健康服务体系的建构》,《心理科学》2008 年第 5 期。
[206] 郑琛、董武:《脆弱性视角下京津冀应急联动机制研究》,《天津行政学院学报》2018 年第 4 期。
[207] 郑海东、郝云宏:《基于学科背景的利益相关者理论研究述评》,《生产力研究》2008 年第 15 期。
[208] 郑杭生、洪大用:《中国转型期的社会安全隐患与对策》,《中国人民大学学报》2004 年第 2 期。
[209] 郑雨婷、朱华桂:《利益相关者理论视角下的社区抗逆力提升路径探索》,《天津行政学院学报》2019 年第 6 期。
[210] 郑远长:《全球自然灾害概述》,《中国减灾》2000 年第 1 期。
[211] 中共南京市委党校课题组:《关于提升南京城市应急管理能力的调查与思考》,《中共南京市委党校学报》2010 年第 5 期。
[212] 中国行政管理学会课题组:《我国转型期群体性突发事件主要特点、原因及政府对策研究》,《中国行政管理》2002 年第 5 期。
[213] 钟开斌、张佳:《论应急预案的编制与管理》,《甘肃社会科学》2006 年第 3 期。
[214] 钟开斌:《"一案三制":中国应急管理体系建设的基本框架》,《南京社会科学》2009 年第 11 期。
[215] 钟开斌:《风险管理:从被动反应到主动保障》,《中国行政管理》2007 年

第 11 期。
[216] 钟开斌：《风险管理研究：历史与现状》，《中国应急管理》2007 年第 11 期。
[217] 钟开斌：《国家应急管理体系：框架构建、演进历程与完善策略》，《改革》2020 年第 6 期。
[218] 钟开斌：《突发事件概念的来源与演变——基于对〈人民日报〉、党的中央全会报告、国务院政府工作报告的分析》，《上海行政学院学报》2012 年第 5 期。
[219] 钟开斌：《中国应急管理机构的演进与发展：基于协调视角的观察》，《公共管理与政策评论》2018 年第 6 期。
[220] 钟开斌：《中国应急预案体系建设的四个基本问题》，《政治学研究》2012 年第 6 期。
[221] 周光辉、赵德昊：《荒政与大一统国家：国家韧性形成的内在机制》，《学海》2021 年第 1 期。
[222] 周利敏：《社会脆弱性：灾害社会学研究的新范式》，《南京师大学报(社会科学版)》2012 年第 4 期。
[223] 周文霞、郭桂萍：《自我效能感：概念、理论和应用》，《中国人民大学学报》2006 年第 1 期。
[224] 周忠宝、马超群、周经伦等：《基于动态贝叶斯网络的动态故障树分析》，《系统工程理论与实践》2008 年第 2 期。
[225] 周孜予、杨鑫：《"1+4"全过程：我国应急管理法律体系的构建》，《行政论坛》2021 年第 3 期。
[226] 周祖城：《论道德管理》，《南开学报》2003 年第 6 期。
[227] 朱力：《突发事件的概念、要素与类型》，《南京社会科学》2007 年第 11 期。
[228] 朱力：《中国社会风险解析——群体性事件的社会冲突性质》，《学海》2009 年第 1 期。
[229] 朱陆民、董琳：《我国应急管理的法制建设探析》，《行政管理改革》2011 年第 6 期。
[230] 朱婉菁、高小平：《公众参与逻辑下的应急管理制度变迁——兼论制度变迁理论在中国的适切性》，《浙江学刊》2019 年第 5 期。
[231] 朱正威、吴佳：《新时代中国应急管理：变革、挑战与研究议程》，《公共管

理与政策评论》2019 年第 4 期。
[232] 祝哲、彭宗超：《突发公共卫生事件中的政府角色厘定：挑战和对策》,《东南学术》2020 年第 2 期。

二、外文文献

1. 英文专著

[1] Alexander D. How to Write an Emergency Plan[M]. London: Dunedin Academic Press, 2016.
[2] Beck U. Risk Society: Towards a New Modernity[M]. London: Sage, 1992.
[3] Freeman R E. Strategic Management: A Stakeholder Approach[M]. Cambridge: Cambridge University Press, 2010.
[4] Hanson R. Resilient: How to Grow an Unshakable Core of Calm, Strength, and Happiness[M]. New York: Harmony, 2018.
[5] Holland J H. Adaptation in Natural and Artificial Systems: An Introductory Analysis With Applications to Biology, Control, and Artificial Intelligence [M]. Cambridge: MIT Press, 1992.
[6] Foster H D. Disaster Planning: The Preservation of Life and Property [M]. New York: Springer-Verlag, 1980.
[7] Kauffman S A. The Origins of Order: Self-Organization and Selection in Evolution[M]. New York: Oxford University Press, 1993.
[8] Maltz M. The New Psycho-Cybernetics: The Original Science of Self-Improvement and Success That Has Changed the Lives of 30 Million People[M]. Prentice Hall Press, 2002.
[9] O'Toole R. The Vanishing Automobile and Other Urban Myths: How Smart Growth Will Harm American Cities[M]. Bandon: Thoreau Institute, 2001.
[10] Polanyi K. The Great Transformation: The political and Economic Origins of Our Time[M]. Boston: Beacon Press, 2001.
[11] Prigogine I, Stengers I. The End of Certainty: Time, Chaos, and the New Laws of Nature[M]. New York: Free Press, 1997.

2. 英文论文

[1] Holling C S. Resilience and Stability of Ecological Systems[J]. Annual Review of Ecology and Systematics, 1973, 4: 1-23.

[2] Kaiser E J, Davies J. What a Good Local Development Plan Should Contain: A Proposed Model[J]. Carolina Planning Journal, 1999, 24(2): 29-41.

[3] Kruger J, Dunning D. Unskilled and Unaware of It: How Difficulties in Recognizing One's Own Incompetence Lead to Inflated Self-assessments [J]. Journal of Personality and Social Psychology, 1999, 77(6): 1121-1134.

[4] McClelland D C. Testing for Competence rather than for "Intelligence" [J]. American Psychologist, 1973, 28(1): 1-14.

[5] Pearson C M, Clair J A. Reframing Crisis Management[J]. Academy of Management Review, 1998, 23(1): 59-76.

[6] Sander L W. Awareness of Inner Experience: A Systems Perspective on Self-regulatory Process in Early Development[J]. Child Abuse & Neglect, 1987, 11(3): 339-346.

后　　记

应急管理是公共管理学一级学科下设置的二级学科。学科建设是由人才培养、队伍建设、科学研究、社会服务、交流合作、文化传承与创新等要素构成的系统工程。教材建设作为人才培养工作的重要组成部分，在学科建设中发挥着重要的作用。在此背景下，随着公共管理学一级学科和应急管理二级学科建设的不断推进，在已有相关教材的基础上进一步推进应急管理学科教材建设意义重大。

当今世界已经进入风险社会阶段，人类社会面临的风险因素不断增多，也愈益复杂，由此呈现出的风险级联性、网络性、系统性特征日益突显，这对应急管理理论发展与实践回应提出了新的更高要求。在此背景下，应急管理理论与实践发展的整体性特征也不断彰显。

改革开放以来，为了更有效地应对风险，国家针对传统应急管理中存在的碎片化问题，日益重视从整体性的高度全面推进应急管理实践的发展。在此背景下，中国于 2018 年 3 月组建了应急管理部，整合了之前分散在多个部门中的与应急管理相关的职能，有力推进了整体性应急管理的实践进程。2019 年 10 月，党的十九届四中全会明确要求，“构建统一指挥、专常兼备、反应灵敏、上下联动的应急管理体制，优化国家应急管理能力体系建设，提高防灾减灾救灾能力。”2022 年 10 月，党的二十大进一步强调，“坚持安全第一，预防为主，建立大安全大应急框架”。这些都体现了中国的整体性应急管理实践不断推进。

为了更好地回应应急管理理论与实践发展的需要，本教材主要立足公共管理学的学科属性，吸收已有应急管理相关教材的经验，基于整体性的视角对内容进行设计。本教材的编写见证了集体的努力，具体分工如下：

导言：易承志

第 1 章 应急管理理论：陈廷栋、易承志
第 2 章 应急管理历程：陈廷栋、侯广峰
第 3 章 应急管理主体：杜依灵
第 4 章 应急管理对象：韦林沙
第 5 章 应急管理过程：黄倩倩
第 6 章 应急管理制度：陈廷栋
第 7 章 应急管理能力：车澔颖
第 8 章 应急管理技术：黄倩倩、彭洋

初稿完成后，由易承志和陈廷栋进行了统稿工作。

本教材的出版，得到了诸多单位和个人的关心和支持。首先，感谢上海交通大学国际与公共事务学院领导和同事的支持和帮助。学院对教材出版非常重视，不仅统筹推进教材的出版工作，也为本教材的出版提供了经费支持。2020年4月，国务院学位办发布《关于推动部分学位授予单位加强应急管理学科建设的通知》(学位办〔2020〕4号)，强调推进部分学位授予单位自主设置应急管理二级学科。上海交通大学是首批“应急管理”二级学科建设和人才培养试点单位。学院对应急管理教材进行通盘考虑，大力推进。以前后两任书记章晓懿、沈丽丹、院长吴建南、副院长黄琪轩为代表的院领导班子一直特别关心本教材的编写和出版进程。学院教务办的老师自始至终关注本教材的推进过程，陆洁敏老师定期跟我们沟通教材编写的进度，在带来压力的同时也给了源源不断的动力。学院同事也以不同的方式关心和支持本教材的进程。可以说，如果没有学院的关心和支持，本教材的顺利出版是不可能的。其次，本教材的顺利出版得到了上海交通大学应急管理学院的支持。上海交通大学应急管理学院依托国际与公共事务学院建设，于2020年9月成立。应急管理学院成立后规划了一系列教材，本教材是其中的一本。这本教材能够出版，也离不开应急管理学院及原执行院长樊博教授的支持，在此表示感谢。非常令人痛心的是，樊博教授因病离我们而去。谨以本教材的出版表达对樊博教授的缅怀。此外，应急管理学院吴旦特任教授和其他各位同事对教材编写给予了各种形式的关心和支持，在此一并感谢。我们在编写教材的过程中，为了更全面地反映应急管理理论和实践的最新发展，参考了大量相关文献，包括相关教材、专著和论文等，并尽可能地标注了引用来源。对此，我们也要向这些文献的著作者表示感谢。最后，感谢上海交通大学出版社吴芸茜编辑为本教材出版所提供的大力支持。吴编辑不仅督促我们加快教

材编写进度，而且对教材内容进行了精心编辑。

教材编写作为人才培养工作的重要环节，是一项需要精益求精的工作。为了提升教材的编写质量，我们在初稿编写完成之后，又围绕教材内容进行了多次大的修改校对工作。尽管如此，由于能力所限，本教材在编写中难免仍存在这样那样的一些问题、疏漏或不足。如果出现上述情况，我们向读者真诚地致歉，也请读者与我们联系，以便我们在教材有机会再版时能够对教材的内容进行修订更新，不断地提升教材的质量。

易承志

2024 年 12 月 17 日